조선이여, 법의 등불을 밝혀라

조선이여,
법의 등불을 밝혀라

배불정책에 맞서 평화공존을 모색한
함허득통과 백곡처능

:: 원행 저 ::

불교신문사

책을 내면서

한국 불교가 전래(傳來)된 데에는 몇 가지 설(說)이 있습니다.

하나는 부처님 재세 시에 인도로부터 발타라 존자께서 탐라국 (제주도) 서귀포 영실에 오셔서 존자암을 짓고 살았다는 설로서 불교 전래는 2500여 년이 됩니다.

또 하나는 가락국 수로왕의 왕비인 허황후가 인도에서 장유 화상과 함께 김해 쪽으로 도래한 경유이니 불교 전래는 기원 전후로 중국과 비슷한 2000여 년이 된다고 할 수 있습니다.

그리고 또 하나는 중국으로부터 아도 화상 등이 3세기 중반 무렵 도래한 것으로서 불교 전래는 1700여 년이 됩니다.

그리고 마지막 하나는 인도의 승려인 마라난타 스님이 동진을 거쳐 백제의 옛 땅 법성포에 도래한 것이니 고구려의 전래와 비슷한 시기입니다.

신라는 고구려로부터 200여 년 뒤에 전래되었습니다. 그로부터 통일신라, 고려로 이어지는 찬란한 불국정토의 시기가 있었으나 조선조가 개국되면서 당간(幢竿)은 무너지고 사찰이 철폐되는 사태(沙汰)가 500여 년이나 지속되었습니다.

이러한 훼불의 중심에는 조선조를 개국하는 데 일조한 정도전, 권근, 조준 등 역성혁명 무장군인과 신진사대부들이 있었습니다. 그들은 불교의 시폐(時弊)를 빌미삼아 고려 조정과 사찰의 토지와 노비들을 국유 내지 사유화 하였습니다.

중국에서 시원(始原)한 유학이지만 중국에서조차 유례가 없는 유학 입국(立國)을 주창하며 학문이 종교를 사태시키고 훼불하는 독선으로 중화주의와 사대주의에 매몰되어 종교와 사상의 자유를 빼앗아버린 정신사적인 암흑기를 초래하게 되었던 것입니다.

그러나 정법(正法)과 정의(正義)는 위대하며 영원합니다.

함허득통(涵虛得通) 스님이 『현정론(顯正論)』과 『유석질의론(儒釋質議論)』을 치켜들었고, 백곡처능(白谷處能) 스님이 「간폐석교소(諫廢釋敎疏)」를 올려 민중과 더불어 법등(法燈)을 지켜낸 것입니다. 불교 교단과 사부대중은 차마 참을 수 없는 고통을 수백 년간 감내해 왔지만 조선조 말 천주교는 그들의 방식대로 수많은 순교를 강요 당하였습니다.

이것은 유학의 벽이단(闢異端) 사상이 불러온 편협된 사상의 독선적 결과이며, 사상의 대립이나 종교 간의 분쟁이 왜 없어야 하는

조선이여, 법의 등불을 밝혀라 •

가를 증명해 주는 실체인 것입니다.

역사에서 교훈을 얻지 못하는 민족의 미래는 없다는 말처럼 학문 간, 종교 간에는 어떠한 경우라도 화합과 상생을 해야만 지구촌과 이 국토를 지켜낼 수 있습니다.

이 책은 저의 작은 관견(管見)이지만 인류평화 공존의 한 계단이 되기를 바라는 마음을 담았습니다. 2013년 2월 한양대학교 행정대학원에서 취득한 박사학위 논문인「조선 초기 관료들의 성리학적 정치이념과 함허선사의『현정론』에 관한 연구」를 기반으로 하여 저술하였습니다. 책의 내용에 대한 허물이 있다면 혜량하여 주기를 복망(伏望)해 마지않습니다.

은사이신 금산사 조실 태공 월주 대종사님과 금산사 본말사 사부대중, "명예만 갖고 나오라" 하신 중앙승가대학교 전 총장 종범스님, 안국사·금당사 사부대중, 한양대학교 전 행정대학원장 이희선 교수님과 '한선우' 회원님들, 조길문 박사님과 선연출판사 문종남 대표님 등 항상 도움을 주시는 분들께 깊은 감사를 드립니다. 아울러 책을 편집해 주신 불교신문 사장 정호스님과 주간 현법스님, 하정은 출판부장님께도 고마운 마음을 전합니다.

감사합니다.

불기 2565년 대한불교조계종 제36대 총무원장

벽산 원행 합장

차례

책을 내면서 —5

들어가는 글 —12

제1장 **격동의 세월을 살다** —21

성균관 유생에서 출가수행자로 —23

수행과 교화의 시기 —45

제2장 **조선의 건국과 불교 탄압** —57

불교 비판론의 형성 —59

배불과 불교 정책의 전개 과정 —71

정도전의 불교 비판론 —95

· 불교의 윤회와 인과설에 대한 비판 —99

· 불교의 심성론(心性論) 비판 —105

· 불교윤리 비판 —111

제3장 **불교 비판에 대응하다** ― 117

『현정론』과『유석질의론』을 쓰다 ― 119

· 성(性)과 도(道) ― 125

· 오상(五常)과 오계(五戒) ― 132

· 세간법(世間法)과 출세간법(出世間法) ― 139

· 인(仁)과 불살생(不殺生) ― 141

불교는 무부무군(無父無君)의 도가 아니다 ― 145

불교의 인과와 윤회의 도리는 분명하다 ― 180

불교 탄압에 대한 또 다른 상소, 「간폐석교소」 ― 191

· 이방역(異邦域)의 문제에 대한 반박 ― 204

· 수시대(殊時代)의 문제에 대한 반박 ― 210

· 무윤회(誣輪回)의 문제에 대한 반박 ― 214

· 모재백(耗財帛)의 문제에 대한 반박 ― 218

· 상정교(傷政敎)의 문제에 대한 반박 ― 221

· 실편오(失偏伍)의 문제에 대한 반박 ― 225

· 불교 무용론(無用論)에 대한 반박 ― 228

· 함허와 백곡의 호불론(護佛論)의 상관성 ― 233

조선이여, 법의 등불을 밝혀라 ·

제4장 **삼교(三敎)의 조화를 노래하다** — 239

삼교의 가르침은 동일하다 — 241

불교의 우월성 속에서 삼교의 조화를 주장하다 — 253

삼성화현설(三聖化現說)과 진리 인식 — 274

글을 마치며 — 286

• 참고문헌 — 300
• 수행 이력 — 307

들어가는 글

1700여 년의 역사를 지닌 한국불교가 우리 민족의 삶과 정신문화에 지대한 영향을 미쳐 왔음은 널리 알려진 사실이다. 불교는 인도, 중국으로부터 이 땅에 전래된 이후 단순히 인도와 중국불교의 이식과 답습이 아닌 호국과 통일이라는 시대적 과업을 달성하기 위한 민족 고유의 독창적인 불교사상으로 승화되었다. 예컨대 불교는 국가의 지배적인 종교로서 사상의 중요한 축을 형성하면서 수많은 고승 대덕을 배출하였고, 호국불교의 정신으로 나라의 위기를 극복하는 큰 원동력이 되었던 것이다.

한편 국가통치의 중추적인 역할과 함께 그 이념을 제시했던 통일신라 불교는 고려에 들어오면서 더욱 더 발전된 양상을 보이게 된다. 고려를 건국한 왕건은 「훈요십조(訓要十條)」를 통해 왕실의 발전과 평안을 기원할 뿐만 아니라 호국과 불교 중흥을 위해 진력하였으며, 후손들에게도 불교를 존중하고 숭상할 것을 강조하였다. 그러나 이와 같이 고려시대의 불교를 중시하는 정책은 시기를 거듭하면서 각종 폐단과 모순을 가져왔다. 특히 불교가 현세의 이익을 추구하는 나머지 기복신앙으로 기울었으며, 지배 권력과 유착함으로써 부패와 타락상을 보이게 되었다. 더 나아가 국가 주도의 대형 불사를 자주 실행함으로써 막대한 국가 재정이 낭비되고 백성들의 원망을 사는 결과를 초래했다.

불교 폐단의 심각성은 고려 말기에는 불교를 비판하고 배척하는 상황이 되었고, 불교의 존재 가치조차 부정하게 되는 상황을 맞게 되었다. 조선 개국과 더불어 실시된 개혁정치는 국가 행정 정책의 새로운 패러다임의 변화를 가져왔다. 말기 상황을 극복하는 정신적 지주 역할을 하지 못했던 불교에 대한 이러한 변화는 새로운 조선왕조의 지배적인 정치이념으로 성리학의 부상을 초래했다.

성리학은 주자의 학설에 근거한다 하여 주자학이라 하거나 인성(人性)의 '이(理)'를 밝히고자 하는 데서 성리학이라 하였다. 「이정전서(二程全書)」에 의하면 성리학은 주자(朱子, 1130~1200)에 이르러 집대성되었고, 주자의 학설은 정이천(程伊川)의 이기설을 이론적 체계로 삼아 주렴계(周廉溪)의 「태극도설」을 해석하려는 시도의 산물이었다.

조선왕조가 건국되면서 성리학은 새로운 왕조의 통치이념으로 채택되었고, 그 이념을 실현시키는 과정에서 불교를 통제하고 억압

하는 정책이 실시되었던 것이다. 숭유억불(崇儒抑佛) 정책은 조선이 정치적 안정을 얻고 유교의 이념이 조선 사회에 전반적으로 확산되었던 전시기에 걸쳐 지속되었다. 조선의 정치와 행정사(行政史)의 전개 과정에서 주자성리학의 가치 체계는 불교의 시폐(時弊)를 지적하면서 그것의 시정을 요구하는 형태로 제기되었다. 그러나 점차 불교의 근본교리까지 비판하기에 이르렀다. 물론 이러한 숭유억불책은 고려 말기부터 부분적으로 추진되다가 유학을 국가의 통치이념으로 삼은 조선왕조에 의해 더욱 적극적으로 추진되기 시작한 것이다.

조선왕조에서 배불정책이 본격적으로 시작된 것은 태종(太宗) 대부터였다. 태종은 강력한 억불책을 실시하여 일정한 기준에 미달되는 사찰은 그 전지(田地)와 노비를 국가에 귀속하도록 하고, 전국의 사찰 수를 200여 곳으로 제한하였다. 심지어 사찰의 토지나 노비를 몰수하기도 하였으며, 태종은 불교 종파를 12종에서 7종으로 통폐합하는 등 불교 탄압 정책에 강도를 높여 나갔다. 세종 역시 초반에 억불정책을 시행하여 불사를 금하였고, 태종이 축소한 7종을 다시 선교(禪敎) 양종으로 통폐합하였다.

한편, 단종을 폐위하고 즉위한 세조는 불사를 일으키고 승려의 신분보장에도 주력하였지만, 예종(睿宗) 대에 이르러 유학자들의 거센 반격으로 억불정책이 다시 제기되었고, 다음 왕인 성종(成宗) 대에 이르러 더욱 심한 억불정책이 실시되었다. 이어 연산군의 광적인 폐불정책(廢佛政策)은 결국 불교가 재기할 수 없을 정도의 극한 상황으로 몰고 갔다. 그 결과 대부분의 승려들이 환속하였고, 승려의 신분은 최하층으로 몰락하게 되었으며, 불교와 국가 간의 모든 공적인 관계가 단절되는 상황에까지 이르렀다.

특히 정도전의 『불씨잡변(佛氏雜辯)』과 같이 불교에 대한 유학자들의 실천윤리에서부터 불교 교리에 대한 집중적인 비판은 정치·경제·사회의 모든 영역에 큰 변화를 요구하는 투쟁의 성격을 띠고 있었고, 그 영향은 컸다.

정도전은 고려 말에서 조선 초기까지의 문신이자 학자로 고려에서 조선으로 교체되는 격동기에 역사의 중심에서 새 왕조를 설계한 인물이었다. 그러나 자신이 꿈꾸던 성리학적 이상세계의 실현을 보지 못하고 끝내는 정적인 이방원의 칼에 단죄되는 비운을 맞았다가 조선왕조의 끝자락에 가서야 겨우 신원(伸寃)되는 극단적인 삶을 살았다.

그가 저술한 『불씨잡변(佛氏雜辯)』은 너무나 잘 알려졌다시피 불교 교리 비판서이다. 불씨윤회지변(佛氏輪廻之辨), 불씨인과지변(佛氏因果之辨), 불씨심성지변(佛氏心性之辨) 등 19장으로 불교의 윤회설, 인과설, 자비설 등을 비판하고, 불교를 민심을 현혹시키는 사교라고 비판하였다. 그러나 『불씨잡변』을 통한 정도전의 불교에 대한 비판은 불교의 교의에 대한 올바른 이해에 기반한 것이 아니라 유교적 편견에서 이루어진 것이기 때문에 자기 나름의 억측과 독단이 많았다.

　고려가 몰락하는 데 어느 정도의 책임을 가지고 있었던 불교계의 입장에서는 유학자들과 신진 정치 관료들의 가혹한 불교 탄압에도 불구하고 대응은 소극적이고 수세적이었다. 불교를 옹호하는 정치세력은 거의 없었고 다만 학승(學僧)들의 불교옹호론만이 제기되었을 뿐 유교 측의 불교 비판과 배척에 대해서 타당한 논리로 효율적인 반격이나 대응은 사실상 불가능하였다. 그 결과 삼국시대 이래로 백성들의 생활과 정서에 밀접해 있던 불교는 점차 깊은 산속으로 밀려나게 되고, 부녀자와 일부 서민층의 신앙으로 겨우 명맥만을 유지할 정도가 되었다. 결국 불교와 귀족중심이던 사회가 유교와 양반 중심의 사회로 바뀌었고, 불교는 쇠퇴일로의 길을 걸을 수밖에 없었다.

　이와 같은 불교배척과 탄압의 기운 속에서 함허득통이 배불의 부당성을 제기하였다. 함허득통(涵虛己和, 1376~1433)은 그의 저서 『현정론(顯正論)』을 통해서 유교 측의 일방적인 불교 비판에 맞서 많은 논거와 이론으로 불교 탄압의 부당성과 불교가 종교로서 지닌 역할을 강하게 주장하였다. 즉 함허는 꺼져가던 불교의 법등(法燈)을 다시 밝히고 호법의 의지를 『현정론』을 통해서 확고하게 드러냈던 것이다.

　그러므로 『현정론』은 한국불교 역사에 있어 분명 중요한 영향을 끼쳤음을 부인할 수 없다. 그것은 『현정론』이 불교사상의 정당성만을 내세우지 않고 정치·사회적 입장에서 불교의 역할과 기능을 변호하고, 아울러 사상적 구조 개편의 전환기에 유·불 간의 갈등과 불화를 조장하기보다는 궁극적으로 상호회통(相互會通)을 주장했기 때문이다.

함허의 『현정론』에 담긴 중요한 논점은 일차적으로 불교에 대한 유교의 비판이 본질적인 것이 아니라 불교에 대한 오해와 왜곡에서 비롯되었다고 여기는 것이다. 아울러 유·불 간의 오해와 왜곡을 불식시키고 불교의 본질을 올바로 현양(顯揚)하고자 하였으며, 이러한 사실은 '현정(顯正)'이라는 책의 제목에서도 분명하게 드러나고 있다.

불교에서 '현정'이라는 말은 잘못된 것을 없애고 바른 것을 드러낸다는 '파사현정(破邪顯正)'의 의미를 지니고 있다. '파사현정'은 불교 이외의 다른 이론을 논리적으로 격파하고, 불교의 논지를 입증하는 두 가지 일을 상호관계로 하여 불교의 정체성을 확립하는 데 그 중요한 의의가 있다. 함허는 『현정론』에서 '파사'를 의도적으로 빼고 있다. 이것은 다분히 유교를 논리적으로 파헤치기보다는 불교에 대한 성리학자들의 오해와 왜곡을 바로잡는 데 역점을 두었기 때문이다.

『현정론』은 1권 8,600여 자에 불과한 비교적 짧은 글이다. 서론과 14개의 각론으로 구성되어 있다. 14개의 각론은 사회적 결속을 가능하게 하는 기본윤리인 충과 효, 살생·음주·보시·장례 등의 불교 계율, 천당 지옥설·윤회설 등 불교적 세계관의 문제, 화이론(華夷論)에 입각한 문화충돌의 문제, 승려의 비생산성의 문제, 그리고 유·불·도 삼교의 관계 등 크게 여섯 주제로 구성되어 있다. 이와 같은 주제는 결국 『현정론』이 마음의 깨달음을 근본으로 하는 불교의 진리를 밝히는 담론서라기보다는 불교의 사회적 기능이 유교에 못지않게 실천적이며 긍정적임을 강조한 것으로 여겨진다.

그러나 『현정론』의 핵심은 유교와 불교의 관계를 어떻게 설정할 것인가 하는 것이다. 우선 『현정론』의 유·불 관계의 논리는 실천적 측면의 유·불 관계와 보편적 진리 측면의 유·불 관계로 나누어 살펴볼 수 있다.

함허는 『현정론』에서 보편적 진리의 면에서 유교가 불교나 도교와 궁극적으로 서로 회통한다고 보고 있지만, 깨달음을 지향하는 불교의 수행론 입장에서 볼 때 사회적 관계를 중시하는 유교의 윤리는 초보적 수준의 윤리 행위에 불과하다고 인식함으로써 불교의 우월함을 내비치고 있음에 주목할 필요가 있다.

함허득통에 대한 기존의 연구는 조선 전기 불교사에서 광범위하게 진행되었지만*『현정론』의 구성과 내용을 체계적으로 분석하

---

*   류정엽, 『조선초기 호불이론에 관한 연구』, 원광대학교대학원 석사학위논문, 1998 ; 이철헌, 『함허의 『현정론』 연구』, 동국대대학원 석사학위논문, 1988 ; 양헌규, 『함허의 사상에 관한 연구』, 1994. ; 「함허의 생애와 사상」 1994 ; 박해당, 『기화의 불교사상 연구』, 서울대학교대학원 박사학위논문, 1996 ; 이철호, 『함허당

거나 '현정'의 논제와 논리를 비교적 관점에서 다룬 연구는 그리 많지 않은 실정이다.

이 책에서는 우선 여말선초의 배불론이 제기된 시대적 상황을 살펴보고, 유교를 국가의 통치이념으로 삼았던 조선 초기 정치 관료들과 유학자들의 정치이념과 성향, 호불론이 제기되는 역사적 배경과 그 지향점을 살펴보았다. 동시에 호불론을 가장 논리 정연하고 설득력 있게 펼치고 있는 함허의 『현정론』을 중심으로 배불론에 대응하는 논리와 그것이 조선 중기 백곡처능(白谷處能, 1617~1680)에 미친 영향을 검토함으로써 그 현재적인 의미를 알아보고자 하였다. 아울러 함허의 사상이 한국불교가 전통을 계승하는 것과 어떤 상관관계가 있으며, 오늘날 우리에게 던지는 메시지가 무엇인지를 살펴보았다.

요컨대 이 책은 왕조교체의 과정에서 전개된 불교 비판과 탄압에 맞서 배불의 부당성을 논리 정연하게 반박하며, 궁극적으로는 화합과 조화를 바탕으로 조선 초기 강력한 배불정책으로 혼돈에

기화의 유불회통사상 연구』, 원광대학교 교육대학원 1997 ; 허정희 『기화득통의 윤리사상연구』, 동국대학원 박사학위논문, 1997 ; 김기영, 『조선시대 호불론 연구』, 동국대학원 박사학위논문, 1999 ; 김문산, 「여말선초의 배불, 호불사상연구」, 원광대학교 교육대학원 석사학위논문, 1996 ; 송천은, 「기화의 사상」, 『한국불교사상사』, 원광대 원불교사상연구소, 1975 ; 고익진, 「함허의 금강경오가해설의에 대하여」, 『불교학보』 11, 한국불교학회, 1974 ; 송석구, 「조선조에 있어서의 유불대론」, 『불교와 제과학』, 동국대학교, 1987.

휩싸인 시대적 상황의 갈등과 고난을 극복하고 평화로운 공존을 모색하고 있음을 알 수 있다.

아울러 유교가 발생한 중국에서도 국교로 인정된 사실이 없는데 조선의 중화사상에 치우친 사대주의적 발상에서 학문과 교육철학이 종교를 500년간 탄압한 '정치적 폭거'를 겸허히 반성하고, 21세기 우리 주변에 유사한 일들이 일어나고 있지는 않는지 성찰하고, 종교로 인한 어떠한 폭력이 있어서도 안 된다는 역사적 교훈을 삼는 계기가 되기를 바라는 마음 간절하다.

제 1 장

격동의 세월을 살다

- 성균관 유생에서 출가수행자로
- 수행과 교화의 시기

성균관 유생에서
출가수행자로

    함허당 득통은 고려 말과 조선 초기를 살다 간 스님이다. 그의 일생은 왕조교체가 있었고, 자신의 삶과 정반대로 진행된 숭유억불 역시 진행되고 있었던 시기이기도 하다. 이른바 불교가 쇠퇴하고 주자성리학의 가치 체계가 정치 이념과 사회규범 전반에 걸쳐 형성되기 시작한 시기를 살았다고 할 수 있다.

    함허는 불교 비판과 배불정책의 상황 속에서 불교를 수호한 고승이기도 하다. 성은 유씨(劉氏), 호는 득통(得通), 당호는 함허(涵虛)이다.* 처음 법명은 수이(守伊)이며, 법호는 무준(無準)이다. 충청북

---

*   이 책에서는 스님의 당호인 '함허'를 통칭으로 사용하고자 한다. 1420년(세종 2) 함허스님이 오대산에 들어가 오대의 여러 성인들에게 공양하고, 영감암(靈鑑庵)에 있는 나옹(懶翁)의 진영(眞影)에 제사한 뒤 잘 때, 꿈에 어떤 신승(神僧)이 나타나 이름은 기화(己和), 호는 득통(得通)으로 지어 주어 이후 그것을 사용하였다고 한다.

도 충주 출신으로 아버지는 전객사사(典客寺事) 청(聽)이고, 어머니는 방씨(方氏)로 미륵보살에게 기도하여 스님이 태어났다고 한다. 문인 야보가 쓴 「함허득통화상행장」을 보면 다음과 같이 소개하고 있다.

> 반궁(泮宮)에 들어가 공부할 때는 하루 수천 개의 말을 기억하였고, 조금 자라서는 일관(一貫)의 도를 통할 만큼 명민하였으며, 장차 북쪽을 향해 임금의 명을 대양(對揚)하면 임금에게 충성하고 백성을 윤택하게 하며, 인륜을 세울 때는 반드시 주(周)·소(召)에 부끄럽지 않을 것이다.

어린 나이에 성균관에 입학하여 두각을 드러냈으며, 21세 때 친구의 죽음을 보고 출가의 뜻을 굳히기 전까지 스님의 인생은 득의(得意)의 시절이었다. 예컨대 성리학의 수학으로 과거를 거쳐 관직에 들어가서는 충과 효의 실천윤리를 수신(修身)의 대본(大本)으로 삼고, 주무왕을 도와 덕치(德治)를 실현시킨 주공 단(周公旦)*과 소공

---

*   주공 단(周公旦)은 주나라의 정치가다. 그는 문왕의 아들이자 무왕의 동생이다. 성은 희(姬), 이름은 단(旦), 시호는 문공(文公)이다. 아들이 노나라의 제후로 봉해진 이래 노의 시조로서 받들었다. 통칭은 주공(周公)이라고 한다. 그는 형인 무왕을 보좌하였고, 무왕 사후 그의 어린 아들인 성왕을 보좌하고 주나라 건국 이후 불안한 정국을 안정시켰다. 그는 강태공, 소공 석과 함께 주의 창업 공신 가운데 한 사람이다.

          조선이여, 법의 등불을 밝혀라 •

석(召公奭)*을 능가할 만큼 성리학의 이념을 실현시키고 정치와 사회에 기여하고자 했으며, "경전을 밝히고 학문을 강의할 때 그 아름다운 명성을 드날렸고, 문장을 지을 때는 그 이치가 그윽하고 미묘하였으며, 갖가지로 말을 할 때는 그 말소리가 아름답고 고왔으니 이는 마치 비단 위에 꽃을 더한 것 같아서 어디에 비할 바가 없었다."고 하였다.

그의 이와 같은 성리학 이해와 수학은 자연스럽게 당시 불교계의 여러 모순과 불교 교리를 집중적으로 비판하게 된 계기가 되었다.

함허는 1396년(태조 5) 관악산 의상암(義湘庵)에 들어가서 삭발하였다. 그의 저술인 『현정론』에 기술된 한 대목을 살펴보자.

불교에는 몇 가지 큰 계율이 있으니 그 첫째가 살생하지 않는 것이라고 하였다. 그때에 나는 의문이 풀리고 마음으로 복종하여 "이것은 참으로 인인(仁人)의 행으로서 인도(人道)를 깊이 체득한 말이다."라고 하고 그때부터는 유교와 불교의 차이를 의심하지 않았다.

인용문은 함허의 출가 계기가 된 글귀이기도 하다. 한번은 해월

---

* 소공 석(召公奭)은 서주의 정치가이자, 연나라와 소나라의 초대 군주이다. 제 태공, 주공 단과 함께 주나라를 개국한 공신들 중 한 사람이다.

(海月)이라는 스님에게 『논어』를 가르치다가 '천하 만물을 인자하게 대하라는 맹자가 천하 만물 가운데 하나인 소와 닭을 죽여 칠십 노모를 공양했는가'라는 질문을 받고 오랫동안 이 문제를 궁리하다가 삼각산 승가사(僧伽寺)의 노스님에게서 불교에는 불살생계가 있음을 듣고 의문을 타파하였다. 사서삼경에 널리 통달하여 성균관에서 강론할 때면 동료들에게 '궁리지학(窮理之學)'이라고 불릴 만큼 유학에 능통했던 그였지만, 유교에서 중요한 가치를 지닌 인(仁)의 불합리성에 대한 설명은 세상의 무상만큼이나 자신을 회의에 잠기게 하였던 것이다.

출가 후 배불론의 부당성과 유교와 불교의 일치 내지는 조화론을 논리정연하게 전개한 것은 이와 같이 성균관 유생시절의 학식에서 비롯되었다고 할 수 있다. 그러나 인에 대한 질문을 받고 답을 얻은 것은 단순히 지식의 폭을 넓힌 것이 아니라 그의 수신(修身)과 평천하(平天下)에 대한 인식의 근간을 흔들어 놓기에 충분한 것이었다. 때문에 그는 출가시에서 다음과 같이 읊고 있다.

일찍이 경사(經史)에서 정자(程子)와
주자(朱子)의 헐뜯음만 듣고
부처님의 옳고 그름은 알지 못하였더니
몇 해 동안 되풀이해 가만히 생각하다가
비로소 진실을 알고 돌아가 의지했네.

조선이여, 법의 등불을 밝혀라 •

양주 회암사
함허스님의 나이 28세 때, 깨달음을 이루고 오도송을 읊은 곳이다.

조선 건국의 주체 세력들은 고려 후기부터 왕조의 집권층인 권문세족과 함께 불교계를 시대적 모순과 부패의 온상으로 인식하였다. 정도전을 중심으로 한 유학자들은 사회경제 개혁이라는 미명 하에 승려를 환속시키고, 오교양종(五敎兩宗)의 혁파, 그리고 사찰과 사찰에 소속된 노비를 관할 관청에 나누어 소속시키라고 끊임없이 요청하였다. 왕조교체와 불교 비판의 핵심인물이었던 정도전은 건국 이후 불교를 이단으로 규정하고 주자성리학에 기초한 비판론을 체계화하였다.

태조 7년(1398) 19편으로 이루어진『불씨잡변』은 그의 불교 비판론을 완성시킨 결과물이라고 할 수 있다. 그는 맹자나 이단을 물리치는 것을 자기의 임무로 삼았던 주자와 자신을 연속선상에 놓을 정도로 성리학의 확립과 불교 비판에 철저했던 인물이다. 혹자는 그의 불교 비판론이 동아시아 세계에서 전무후무한 것으로 사상적인 면에서 매우 중요한 의미를 지니고 있다고 평가하고 있다.

그러나『불씨잡변』의 내용이 당나라 한유(韓愈)의「원도(原道)」·「불골표(佛骨表)」, 그리고 중국 송나라 성리학자들이 제기한 불교 비판론을 여과 없이 그대로 인용한 결정적 한계 역시 지니고 있다. 이른바 불교에 대한 완전한 이해나 성리학에 대한 독자적인 생각이나 체계화시킬 정도로까지는 발전하지 못했던 것이다.

고려 말 조선 초 불교 비판론자들이 살고 있었던 시대는 성리학 이해에서도 차분하게 그 이론을 궁리(窮理)의 차원으로 공부하기보다는 거경(居敬)을 중심으로 한 실천윤리에 집중되어 있었다. 예컨대 사물의 이치를 깊이 연구하거나 늘 한 가지를 주로 하고 다른 것으로 옮김이 없이 덕성을 함양할 상황이 아니었다. 이것은 불교 비판에서 불교의 반윤리성을 지적하는 데 대부분의 정력을 소비하고 있었다는 점에서도 입증된다.

정도전이 지적한 불교의 반윤리성은 성리학의 우주론(宇宙論)이나 인식론(認識論)과 결부되어 있다. 우주론은 기본적으로 우주의 본체·기원·구성·법칙·운동 따위에 관한 근본 원리를 따지는 이론이다. 성리학이 유학을 철학화·사변화시킨 대표적인 변화요소이다. 인식론 역시 사물을 바라보고 분별하여 판단하는 인식의 기원과 본질, 인식 과정의 형식과 방법 따위에 관하여 연구하는 철학의 한 분야이다. 즉, 불교가 우주 자연현상을 진상(眞相)이 아닌 가상(假像), 환영이라고 부인한 것처럼 성리학에서 중요시하는 군신(君臣)·부모·부부관계와 같은 인간관계 역시 가합(假合)이라고 해서 인륜을 부인하는 것을 지적하고 비판한 것이다. 때문에 불교는 윤리를 헐어버리고 풍속을 타락시킴으로써 마침내 인류를 금수(禽獸)의 세계로 몰아가는 인류의 해충과 같다고 단정하였다.

조선 건국 이후 고려의 잔재를 청산하고, 주자성리학의 새로운 정신적 기치 아래 삼강오륜과 같은 실천윤리를 보급하는 과정에서 이와 같은 불교 비판론은 왕조개창만큼이나 중요한 문제였다. 불교 비판론자들은 심지어 불교는 오랑캐의 도(道)이며, 불법이 중국

회암사지

함허스님이 머물렀던 회암사는 고려 때만 하더라도 승려 수가 3000여 명에 이르러 전국 최대 사찰 중 하나였고, 조선 명종 때에는 문정왕후의 신임을 얻은 허응당 보우에 의해 사세가 하늘을 찌를 듯 드높았으나 문정왕후의 죽음과 유생들의 거듭된 상소로 보우가 사사되면서 절도 폐사되었다.

강화 정수사

함허스님은 1420년 세종대왕의 초청을 받아 어찰에 머물다가 4년 뒤 이곳 정수사와 인연을 맺었으며, 법당 서쪽에 맑은 물이 솟자 절 이름을 '淨水寺'로 짓고 중건불사를 펼쳤다. 정수사 법당은 현재 보물 제161호로 지정되어 있다.

조선이여, 법의 등불을 밝혀라 •

에 전래된 이후 그 연대가 단축되었다고 했으며, 인과응보(因果應報)와 결부된 화복론(禍福論) 역시 부정하여 불교의 종교성을 전면 부정하는 실제적인 탄압으로 이어지기도 하였다. 이는 곧 그들의 불교 비판과 탄압은 성리학을 근간으로 새로운 왕조에 어울리는 통치이념의 확립과 보급의 명분이자 수단이었음을 알 수 있다.

한편, 함허는 1396년(태조 5) 출가 이후 1397년에 회암사(檜巖寺)로 무학자초(無學自超) 선사를 찾아가 법요(法要)를 들은 뒤 여러 산을 두루 편력하였다. 1404년(태종 4) 다시 회암사로 돌아와 정좌(靜坐)하고 수행을 시작하여 크게 깨우쳤다. 그 뒤, 1406년 공덕산 대승사(大乘寺)에 가서 4년 동안 『반야경』을 세 차례 설했고, 1410년에는 개성의 천마산 관음굴(觀音窟)에서 선(禪)을 크게 진작시켰다. 1411년부터 절을 중수하는 한편, 모여드는 승속들을 조사(祖師)의 선풍(禪風)에 입각하여 지도하였다. 이 시기 동안 그는 염불결사를 조직하여 정토신앙 선양에 진력하였으며, 선(禪) 중심의 교학 연구에도 집중하였다.

1414년 평산(平山)의 자모산(慈母山) 연봉사(烟峰寺)에 작은 방을 얻어 '함허당(涵虛堂)'이라 명명하고, 그곳에 머물면서 세 차례 『금강경오가해설의(金剛經五家解說誼)』를 강의하였다. 그의 『금강경』에 관한 관심은 매우 적극적인 것이어서 공덕산 대승사(1406~1408), 자모산 연봉사(1417), 대자사(1421)에서 대중들과 왕실 종친들을 대상으로 강론하기에 이르렀다.

그는 강론에 그치지 않고 중국 선종오가(禪宗五家)의 『금강경오가해(金剛經五家解)에 설의를 붙인『금강경오가해설의』를 저술하였다.『금강경오가해』는 구마라집(鳩摩羅什)이 번역한『금강경』에 대한 주석서로서, 당나라 종밀(宗密)의『찬요(纂要)』, 양나라 부대사(傅大士)의『찬(贊)』, 당나라 혜능(慧能)의『구결(口訣)』, 송나라 야보(冶父)의『송(頌)』, 송나라 종경(宗鏡)의『제강(提綱)』등의 책을 가리킨다. 스님은 이들 주석의 어려운 부분에 해석을 붙였는데, 이를 '설의'라고 하였으며, 경전의 본문과 구성에 대한 의문점을 지적하고 분석한『금강경윤관(金剛經綸貫)』을 저술하기도 하였다.

1420년 늦가을, 함허는 여러 사람의 청을 받아 오대산에 들어가서 향기로운 음식을 정성껏 준비하여 여러 성인에게 공양하고 영감암(靈鑑庵)에 가 나옹의 진영에 제사한 뒤 이틀 밤을 잤다. 그런데 꿈에 어떤 신령스러운 스님이 나타나 "그대 이름을 기화라 하고 그 호를 득통이라 하라."고 하였다. 스님은 절을 공손히 하고 꿈을 깼는데, 갑자기 몸과 기운이 상쾌하여 마치 하늘에 오른 것 같았다고 하였다.

산들은 멀리 솟고 강은 깊었는데
전각은 우거진 숲 속에 우뚝 솟았네
강월헌은 강 달 아래 밝았나니
강월헌 예 마음 이제야 알겠네.

– '신륵사에 노닐며'

앞의 시는 함허가 평소 흠모했던 나옹화상을 기리며 읊은 시다. 함허의 전 생애를 살폈을 때 어느 한 스승의 가르침을 오랫동안 받으면서 선을 참구하거나 의발을 받았다는 기록은 찾아보기 어렵다. 1398년 무학대사에게 법요를 들었지만, 그 자세한 사정 역시 알 수 없다. 그러나 함허의 나옹에 대한 인식은 각별했다. 영감암에서 나옹의 진영에 제향한 일이나 회암사나 신륵사 등 나옹이 머물던 사찰에 체류한 일도 있다. 위의 시 '신륵사에 노닐며' 역시 나옹이 머물고 또 입적했던 여주 신륵사의 강월헌에 올라 하루 종일 배회하며 나옹의 그때 그 마음을 반추하기도 하였다.

나옹의 진영에 제사 지낸 그 이튿날 스님은 월정사에 내려와 주장자를 버리고 한 방에 고요히 앉아 평생을 마칠 때까지 깨침을 얻기 위해 주리면 먹고 목마르면 물 마시며, 세월을 보내기로 했다. 그러나 주머니 속의 송곳이 밖으로 나와 감추기 어려운 것 같이 그 도덕이 빛나 멀리 두루 전파되었다고 한다.

한편, 함허는 1421년에는 세종의 청에 의하여 개성 대자사(大慈寺)에 머물면서 왕의 어머니를 위해 명복을 빌고, 왕과 신하들을 위해 설법하였다. 1424년 대자사에서 물러나 길상산(吉祥山)·공덕산(功德山)·운악산(雲岳山) 등을 편력하면서 일승(一乘)의 진리를 설파하였다. 1431년에는 문경의 희양산(曦陽山) 봉암사(鳳巖寺)로 가서 퇴락한 절을 크게 중수하고 그곳에 머물렀다.

담연(湛然)히 공적(空寂)하여 본래 한 물건도 없으면서
신령한 광명은 혁혁하여 시방세계를 두루 비친다.
몸도 마음도 없으면서 이 생사를 받았지만
가고 오기에는 아무 걸림이 없도다.

1433년 함허가 조용히 앉아 읊은 게송이다. 한 물건도 없음을 전제하고는 윤회에 의해 몸과 마음을 받았지만, 생사 속에는 몸도 마음도 없다는 것이다. 이 역설적 미학은 마지막 구에서 절정을 이룬다. 즉 가고 오는 것이 걸림이 없는 무애자재한 도리를 이루고 있다.

성균관의 전도유망한 유생(儒生)에서 불가(佛家)의 수행자로 삶이 바뀌면서 세속의 모든 영화를 등진 스님의 인생은 부처의 골수를 훔치기 위한 몸부림과 함께 온당치 못한 당시의 불교 비판과 탄압에 항거하는 정진(精進)의 연속이었다.

함허는 성균관 유생시절 삼각산 승가사의 노스님과 만난 이후 불교를 부정하지 않았을 뿐만 아니라 유교와 불교가 궁극적으로 추구하는 바가 결코 분리되어 있거나 대립적이지 않다는 것을 알게 되었다. 인(仁)과 불살생(不殺生)에 대한 확연한 이해로 천하가 둘이 아님을 알았으며, 상대적이고 대립적인 인식이 부질없는 것임을 깨닫게 된 것이다. 아울러 출가 후에는 8,600여 자에 불과한 비교적 짧은 글인 『현정론(顯正論)』을 통해 불교 비판의 부당성과 유교

함허동천(涵虛洞天)

함허스님이 정수사를 중건하고 이곳에서 수도했다 하여 그의 당호인 함허를 따서 함허동천이라 부른다. 마니산 동쪽 기슭에 위치해 있으며 물 좋고 경치 좋은 곳으로 이름나 있다.

문경 봉암사

조선조 세종 때 함허스님이 봉암사를 중수한 뒤 머물면서 『원각경소』를 저술하였다. 함허스님이 임종게를 남기고 1433년 열반하자 열반 소식을 들은 효령(孝寧)대군이 세종께 알려 강화 정수사·현등사·봉암사·연봉사(烟峰寺) 등 네 곳에 부도를 세우고, 사리(舍利)를 모시게 하였다.

조선이여, 법의 등불을 밝혀라 •

와 불교의 일치나 조화에 대한 주장을 펼쳤다. 스님은 불교 비판에 대한 대응론이나 일치·조화론을 전개시키는 과정에서『주역(周易)』과 사서(四書)의 내용을 구체적인 논증으로 활용했으며, 불교경전의 주석에까지도 인용하였다. 뿐만아니라『주역』의 무극(無極)과 음양 오행 등을 불교의 삼신불(三身佛)과 불보살의 공덕을 상징적으로 표현한 수인(手印)과 배치시켜 본질과 형상, 그리고 작용의 논리를 치밀하게 설명하기도 하였다.

아울러 사서(四書)는 실천윤리에서부터 형이상학적인 우주본체론에 이르기까지 성리학 사상을 전반적으로 포괄하면서 유교이론의 불합리성을 지적하고, 자신의 논지를 보충하는 데 활용하였다. 성균관 유생시절 입신양명을 위해 수학한 경사자집(經史子集)이 출가 이후 부처님의 가르침과 함께 유학자들에 의해 단행된 배불론의 부당성과 유불일치와 조화를 주장하는 데 광범위하게 전개된 것이다.

함허의 문인으로는 문수(文秀)·학미(學眉)·달명(達明)·지생(智生)·해수(海修)·도연(道然)·윤오(允悟) 등이 있다. 저서로는『원각경소(圓覺經疏)』3권,『금강경오가해설의』2권 1책,『윤관(綸貫)』1권,『함허 화상어록(涵虛和尚語錄)』1권이 전한다. 그 밖에도『반야참문(般若懺文)』1권이 있다고 하지만, 전해지지 않는다. 이 가운데『원각경소』는 '원각경함허당득통해(圓覺經涵虛堂得通解)'라고도 한다.

우리나라 불교 강원에서 사용된『원각경』의 해설서로는 당나라의 규봉(圭峰)이 지은 『원각경대소(圓覺經大疏)』16권이 있으나, 책의 내용이 득통의 의견과 크게 어긋나는 것이 있으므로 새롭게 이 책을 저술하게 되었다. 그리고 『원각경대소』에는 총설로 교기인연(教起因緣)·장승분섭(藏乘分攝) 등의 10문을 나누어서 총판하였으나, 득통은 경의 요지를 밝히는 데 주력하였을 뿐 따로 문을 나누어서 해설하지 않았다. 특히, 경의 요지를 분명하게 하기 위하여 『원각경』의 갖춘 이름인 『대방광원각수다라요의경(大方廣圓覺修多羅了義經)』11자에 대한 해석을 철저하게 하였다. 이 제목에 할애한 장 수는 전체 125장 가운데 11장이 넘으며, 저자의 깊은 불교사상이 담겨 있는 명문장이다. 또, 『원각경』 본문의 해설에 있어서 서분(序分)과 총결 15송(頌), 심의장(心意章)에 대한 해설은 매우 요령이 있어 높이 평가되고 있다.

매우 깊고 미묘한 법, 그 미묘함 드러내기 어려운데
눈 들면 분명하게 이미 앞에 나타나 있네.
만약 하나를 알면 하나(一)라는 글자 없음 드러나노니
경을 보고 어찌 다시 언전(言詮)을 쫓으리오.

위의 송(頌)은 함허가 『대방광원각수다라요의경(大方廣圓覺修多羅了義經)』의 11자를 풀이한 것인데, 교를 선과 회통하여 이해하고 있음을 드러내고 있다. 즉 세 번째의 '하나(一)'는 원각(圓覺)을 의미하

함허스님 부도(향토 유적 제19호)
함허스님 부도는 정수사 요사채 뒤 언덕에, 강화도 갯벌을
바라보는 한적한 소나무 숲에 자리하고 있다

는 것으로 안과 밖이라는 경계가 없으며 눈앞에 모두 현현해 있다는 것이다.

『윤관(綸貫)』은 스님이 저술한 『금강경』에 대한 해설서이다. 『금강경』의 강요만을 뽑아 추린 것으로, 스님은 이 책에서 『금강경』의 대의를 세 가지로 요약하였다.

첫째, 법신(法身)과 색신(色身)은 둘이 아니며, 분별할 것이 없는 것으로 보았다. 우주와 만유(萬有)의 본체는 진리의 몸인 법신이며, 그것은 헛된 사대환신(四大幻身)과 다르지 않다. 그 둘의 같고 다름을 논하는 것이 번뇌로 무명(無明)이며, 그 둘의 궁극적 합일(合一)을 깨달아 실천함이 해탈이며 열반이라고 보았다.

둘째, 신심불이(身心不二)로 '마음'이란 제법(諸法)의 근원이며 만법의 원류이다. 따라서 마음을 떠나서 법과 생명을 논한다는 것은 말이 되지 않는다. 그러나 마음과 반비례해서 설명하는 '몸'을 떠나서 따로 마음이 있는 것은 아니다. 다시 말해 몸과 마음의 하나인 이치는 중생과 부처가 다르지 않다는 표현과 일치하는 것이라고 보았다.

셋째, 그 마음의 영묘한 작용은 육신에 묻힌 것이기 때문에 그것을 드러내는 공부가 필요하다고 역설하였다. 육체는 심령(心靈)을 방해하고 가두는 울타리와 같은 것이어서, 육체를 철저하게 부림으로써 진실한 자유를 얻을 수 있다고 보았다.

또 전편에 흐르는 노장(老莊) 허무관도 이 책의 특징 가운데 하

함허스님 부도(경기도유형문화재 제199호)

후학들이 함허스님의 덕화를 기리기 위해 가평 운악산 현등사에 세웠다.

나이다. 이것은 당시의 시대 상황 속에서 불교의 특징을 부각시키기 위한 방편일 수도 있다. 전체적으로 보아 산문 형식이기 때문에 전반적인 논리 체계는 빈약하지만, 조선 초기의『금강경』연구에서 빼놓을 수 없는 자료로 평가된다.

스님은 1433년 "죽음에 이르러 눈을 들어보니 시방(十方)이 벽락(碧落) 하나 없는데도 길이 있으니 서방극락이다."라는 임종게를 남기고 입적하였다. 봉암사에 비가 있고 강화 정수사와 가평 현등사(懸燈寺)에 부도가 있다.

조선이여, 법의 등불을 밝혀라 •

수행과 교화의 시기

함허는 무학자초의 법을 이은 선가(禪家)임에는 틀림없으나 스승과는 달리 교(敎)에 대한 많은 저술을 남겼고, 사상 또한 교학적인 경향을 강하게 풍기고 있다. 특히 나옹혜근(懶翁惠勤)의 선풍은 함허에게 많은 영향력을 미치기도 하였다. 나옹이 입적한 1376년은 곧 함허의 생년(生年)으로 두 사람 사이의 직접적인 교류는 이루어지지 못했다. 그러나 함허가 나옹을 기리는 마음을 엿볼 수 있는 시가 그의 어록에 적지 않게 소개되고 있다. 그가 1420년(세종 2) 오대산 영감암(靈感菴)에 주석했을 때는 나옹의 진영(眞影)에 제사 지낼 정도로 스님의 나옹에 대한 존경은 각별한 것이었다.

혜각존자 신미(信眉)와 연경사 주지 홍준(弘濬) 등을 청하여 함허당의 금강경설의를 교정하여 오가해에 편입 일서(一書)를 만들었다.

위의 인용문은 1457년(세조 3) 함허의 『오가해설의』가 오가해에 편입되어 유포된 것으로 추정되는 판본의 발문이다. 당시 함허의 문인이었던 신미와 홍준, 그리고 숭불(崇佛)의 군주였던 세조가 제작한 것이다.

> 만약 문자에 집착하면 줄기만 보고, 근원을 잃어버린 것이요, 만약 문자를 버리면 근원만 보게 되어 줄기를 잃게 되니 근원과 줄기를 함께 잃지 않아야 바야흐로 법성해(法性海)에 들어가느니라.

함허는 깨달음에 이르는 방편에서 교학과 선 수행 가운데 어느 한 극단에 치우치는 것을 경계하였다. 법성해(法性海)의 줄기와 근원을 증득하기 위해서는 선수행과 아울러 교학에도 소홀하지 않아야 한다고 하여 선교겸수(禪敎兼修)를 주장했던 것이다. 그의 선사상(禪思想)은 현실생활과 일상적인 생활을 수용하고 포용하는 특징이 있는데, 이러한 사상적 경향은 조선 초기 유학자들이 배불을 주장하면서 '허무적멸지도(虛無寂滅之道)'라고 비판한 것을 반박하기도 하였다. 이 입장은 『현정론(顯正論)』에도 나타나 있다.

또한 그는 불교와 유교의 회통뿐 아니라 도교까지 포함한 삼교

오대산 영감암

함허스님이 이곳에 주석했을 때는 나옹스님의 진영(眞影)에 제사를 지낼 정도로
스님의 나옹스님에 대한 존경은 각별하였다.

일치를 제창하였다. 이 삼교일치의 사상은 신라 말 최치원(崔致遠)의 사상에서도 나타나지만, 본격적인 것은 함허에 의해서 시작되었다고 할 수 있다. 그의 삼교일치론은 송나라 계숭(契嵩)이 지은 『보교편(輔敎編)』과 비슷한 점이 있지만, 유교 측의 강력한 배불론에 대한 호불이라고 하는 시대적 배경 속에서 주장된 것이다.

함허의 선사상은 '유일물(有一物)' 즉 일심(一心)에 근거한다. 그는 『금강경오가해』의 최초 주석자인 육조(六祖)의 일물(一物)에 대한 개념을 일심으로 풀고 있다. 그 개념을 그의 저술『금강경오가해설의』에서 다음과 같이 묘사하고 있다.

다만 이 하나는 희이(希異)하여 생각으로 미치지 못하며, 비슷하여 보면 있는 듯하고 분명치 않아서 따라갈 수 없으며, 흐릿하여 측량키 어려우니 미(迷)도 아니고 오(悟)도 아니라. 범부나 성인이라고 일컬을 수 없으며, 아(我)도 없고, 인(人)도 없음이라. 가히 자타(自他)로서 이름할 수 없음이니, 고로 다만 한 물건이라 하시니라.

스님에게 '일심'은 '여래심(如來心)'이고 '불성(佛性)'이며, '법성(法性)'으로서 무엇으로 이름 붙일 수 없는 가명(假名), 즉 억지로 이름 붙일 수 있는 일물(一物, 一心)인 것이다. 그러나 여래심·불성의 내용은 진속(眞俗)이 불이(不二)하고 이사(理事)가 부즉불리(不卽不離)한 경

　　　　　　　　　　조선이여, 법의 등불을 밝혀라　•

지로서 함허는 이를 "불리당처상담연(不離當處常湛然)"이라 하고, 이러한 일심의 본체와 현상 간의 관계를 다음과 같이 기술하고 있다.

> 이름과 모양이 끊어졌으되, 옛과 지금을 꿰뚫고 있고, 한 티끌에 처하되 시방천하(十方天下)를 에워쌈이로다. 안으로 온갖 미묘한 것을 머금었으며, 밖으로 온갖 근기에 다 응하며 천지인(天地人)의 주인이 되고 만법(萬法)의 왕이 되나니 넓고 아득하여 그에 비할 수 없고 높고 우뚝 솟아 그에 짝할 수 없도다.

설명하자면 함허가 이해한 일심(一心)은 삼재(三才)의 주인이고, 만법의 으뜸으로서 우리의 심성에도 내재되어 있는 불성(佛性)인 것이다. 때문에 이 일심(一心)은 우주의 근본으로 펼치면 삼라만상으로 전개되며, 거두어들이면 일심으로 포섭되는 원리이다.

한편 스님의 일심이 갖는 본질은 무구청정성(無垢淸淨性)이다. 즉 마음의 본성은 청정무구하여 마치 거울처럼 일체의 상(相)이 남아 있지 않은 무소유(無所有)·무소득(無所得)·무소주(無所住) 그 자체인 것이다. 『설의』에서는 머무르지 않는다는 의미의 '무주(無住)'를 빈번히 사용하고 있는데, '무주(無住)'로 끝나지 않고, '무주이무소부주(無住而無所不住)'라는 것이다.

반야의 신령스러운 근원이 확 트여서 모든 상이 없고, 넓고 커서 머무름이 없으며, 비어서 있지 않으며, 맑아서 앎이 없도다. 지금의 일경(一經)이 이것으로 종(宗)을 삼고 체(體)를 삼아서 앎이 없지만, 알지 못함도 없고, 있지 않지만, 있지 않음도 없으며, 주(住)함이 없으되 주하지 않음도 없으며, 상(相)이 없되 모든 상에 걸리지 않으니, 이것이 묘유(妙有)로서 용(用)을 삼는 까닭이니라. 모든 부처님이 증득하신 것이 다 이것을 증득한 것이며, 모든 조사님이 전하신 것도 모두 이것을 전한 것이니, 그로써 사람들에게 열어 보이신 것도 역시 이것으로써 함이니라.

『금강경오가해설의』의 '일경(一經)'은 곧 전체가 '불심(佛心)'이고, '일심(一心)'이며, '진여(眞如)'와 같은 의미라는 것이다. 때문에 이 일심은 머무는 바가 없으되 머물지 않음도 없는 '비즉비리(非卽非離)'의 원리인 것이다. 그는 또 머무는 바가 없다는 것은 만행(萬行)의 큰 근본이라 하여 "부처님이 무주(無住)로서 주(住)하는 것을 가르쳤다."고 하였다.

무주로 주(住)를 삼으니 확연히 허공과 같도다. 비록 그러나 천도(天道)는 유주(有住)와 무주(無住)에 속하지 않으니, 저 해인에 견줄 수 있고 저 태허(太虛)를 넘었도다. 큰 허공 가운데는 오호(五湖)의 풍월(風月)이 있음도 방해받지 않음이요, 무주 가운

조선이여, 법의 등불을 밝혀라 •

데는 또한 대용(大用)이 크게 일으킴도 방해받지 않으니 고인(古人)이 말하길, "무심(無心)을 가지고 도(道)라 이르지 말라. 무심(無心)도 오히려 관문(關門)이 남아 있다." 하시니, 무심이 바로 무주(無住)의 뜻이니라.

결국 "'머물지 않는다'는 것은 어디에도 속하지 않으며, 무주(無住) 자체에도 얽매이지 않는 것이다. 때문에 무주는 마음의 체(體) 즉 본질로 귀결되는 것이다. 이것은 진실로 중생의 일용에서 벗어나지 않은 것이며, 또한 과거 현재 미래를 전부 갖추고 있는 것이로다. 이로 말미암아 비록 말세라 하나 만약 수승한 근기가 있으면 반드시 마땅히 신심(信心)을 내어서 이 무주(無住)·무상(無相)의 뜻으로서 실다움을 삼으리라."*고 하였다.

한편 함허는 "유(有)에 집착하고 무(無)에 집착하는 것은 함께 삿된 견해를 이루는 것이니, 유·무 둘 다 없어야 한 맛으로 항상 나타나리라."고 하였다. 때 묻지 않는 청정한 일심의 체성(體性)은 법성(法性)으로서 담연하고 공적(空寂)한 경지로 이는 언제나 일심의 상(相)과 결합함으로써 현현(顯現)될 수 있다.

천지인(天地人)의 주인이 되고 만법(萬法)의 왕이 되나니, 탕탕

___

*   함허기화,『금강경오가해설의』,(『한국불교전서』7) 39a쪽.

(蕩蕩)하여 그에 비길 것이 없고 외외(巍巍)하여 그에 짝할 수 없도다. 어찌 신비하지 아니한가. 엎드리고 우러르는 사이에 분명하고 보고 듣는 즈음에 은은히 스며 있으며, 어찌 그윽하지 아니한가. 천지보다 먼저 있으되 그 비롯함이 없고 천지보다 뒤에 있으되 그 마침이 없으니…

인용문의 의미는 일심의 덕이 넓고 크고 그윽하여, 천지를 덮고 땅을 받치며, 사람의 일상사 안에 있으며, 그리고 해와 달과 별, 초목과 곤충에 이르기까지 우주에 펼쳐진, 형색(形色)을 갖춘 모든 것은 이것으로서 근본을 삼으며, 이는 또한 우주의 안에 이와 짝할 바가 없는 왕인 것이다. 이러한 덕상(德相)은 "고금을 꿰뚫고 한 티끌 속에서도 하늘과 땅, 그리고 동서남북을 의미하는 육합(六合)을 에워싸며, 안으로는 온갖 미묘함을 머금고 있다."는 것이다.*

이와 같은 일심의 덕상은 텅 비고 고요하면서도 시간적으로는 고금을 꿰뚫고 있고, 공간적으로는 천하를 덮고, 미묘한 도리로서 한 티끌 속에 천하를 담아내고 우주를 운행하는 원리로서 덕을 포함하고 있는 것이다. 이것은 의상의 법성게(法性偈) 가운데 "하나 중에 일체(一切)가 있고 일체 중에 하나가 있어 하나가 곧 일체요, 일체가 곧 하나이며, 한 티끌 그 가운데 시방세계 머금었고"의 도리

---

* 함허기화, 『금강경오가해설의』, (『한국불교전서』 7) 10a~11a쪽.

와 같은 맥락이다.

> 부처님께서 몸 모양을 들어 공생(空生)에게 물으시어 묘하고 원만한 무상신(無相身)을 밝히고자 하시거늘 공생(空生)은 본래 사자새끼라서 일찍이 흙덩이를 쫓지 않고 사람을 깨물었도다. 무상(無相)을 일러서 의심을 끊었다고 이르지 말라. 형상이 아닌 것은 마침내 형상을 벗어날 것이 아니니라.

인용문에서 상이라 할 때의 '상(相)'은 형상이 아닌 것이며, 이는 형상이 벗어난 것도 또한 아니라는 것이므로, 일심(一心)의 상(相)이 된다고 보는 것이다. 때문에 부처님도 수보리에게 "무릇 형상이 있는 것은 다 허망하니 만약 모든 형상을 형상 아닌 것으로 본다면 곧 여래를 보리라."라고 하였다. 즉 모든 형상 있는 것들을 허망하여 상(相)으로 보지 않으면 곧 여래를 볼 수 있다는 것이다. 이때의 여래는 일심(一心)으로도 표현할 수 있다. 이 일심의 상(相)은 하나의 달이 모든 물에 널리 나타나지만 모든 물에 비친 달은 하나의 달에 포섭되는 것과 같다. 그래서 모든 물에 비친 달은 곧 삼신(三身)으로, 말하자면 화신(化身)이라고도 할 수 있겠고, 체상용(體相用)으로 보자면 상(相)으로 볼 수 있는 것이다. 이에 대해 함허는 무대 위의 인형극을 사례로 들었다.

무대 위에서의 인형극을 잘 보아라. 당기고 미는 것이 다 이두인(裏頭人)*의 힘을 빌린 것이다. 이두인이여, 그 양이 크고 크니 그 빛남은 맑은 하늘에 구름 한 점 없음과 같도다. 구름 한 점 없음이여, 근기를 따라서 널리 백억화신을 나투도다. 찰진(刹塵, 온 세계)에 기(機)가 있으매 찰진의 몸이요, 찰진에 감득함이 없으면 다만 진신(眞身)이로다.

인용문은 마음이 만들어내는 상(相)을 설명한 것이다. 즉 상은 인형극이 뒤에서 조정하는 사람에 의해 연출되는 장면이 여러 가지로 나타날 수 있는 것과 같다는 것이다. 즉 천강(千江)에 물이 있으면 천강에 비치고, 만리(萬里)에 구름이 없으니 만리가 하늘뿐인 것과 같이 여러 가지 모습으로 나타나는 것이라 할 수 있다.

함허는 "눈앞의 모든 법은 거울 속에서 형상을 보는 듯하여서, 거울 속에서 형상을 보는 것은 나에게 걸리지 않으니, 눈썹과 눈이 분명하여 다른 사람이 아니다. 이는 법왕처를 마주 보는 것이라."고 했다. 또 "거울 속에서 누구의 형상을 보는가. 골짜기 속에서 자기 소리를 들음이로다. 보고 들음에 유혹되지 않으니 어느 곳인들 길이 통하지 않으리오."라고 하였다. 이것은 일심의 상(相)은 거울처럼 있는 그대로 여여(如如)하게 비출 뿐이지만, 중생은 안경을 쓰고 세

---

* 　이두인(裏頭人): 뒤에서 조정하는 사람

　　　　　　　　　　　　　　조선이여, 법의 등불을 밝혀라 　•

상을 보는 것처럼 있는 그대로 마음의 상을 보지 못하고 집착하여 보기 때문에 온갖 세계를 만드는 것이다.

그러므로 보살이 중생을 제도할 것이 있다고 보면 이는 아상(我相)이고, 만약 중생을 제도함에 제도한다는 마음이 있으면 인상(人相)이며, 열반을 구한다 하면 중생상(衆生相), 열반을 증득할 것이 있다고 보면 수자상(壽者相)이니, 이 네 가지 상이 있으면 보살이 아니다. 법을 얻고 잃음은 미혹함과 깨달음을 인연했지만, 실(實)이라면 미혹한 것은 무엇이고, 깨달음은 무엇인가. 이미 미혹과 깨달음은 없는 것이기에 얻는다 하더라도 어찌 얻는 것이며, 잃었다 하더라도 어찌 잃은 것이겠는가. 그렇기에 가히 얻음이 있다고 말할 수 없는 것이다.

그러므로 마음의 상(相)은 얻을 것도 없고 실(實)다움도 없으며, 또한 법은 헛됨이 없어 마치 큰 허공과 같아서 만상(萬象)이 없고, 가고 머무름도 없어서 온 시방세계가 다 한 몸인 것이다. 이는 큰 허공의 밝은 해와 같아서 삼라만상이 그대로 각각의 온전한 몸이며, 이 안에 설(說)하고 들음도 없지 않고 전하고 얻음도 없지 않은 것이다. 그래서 무실무허(無實無虛)인 것이며, 실답지 못하나 실답지 못하지도 않은 것이다.

제2장

조선의 건국과 불교 탄압

- 불교 비판론의 형성
- 배불과 불교 정책의 전개 과정
- 정도전의 불교 비판론

불교 비판론 형성

　고려 말 조선 초 숭유억불의 상황을 이해하기 위해서는 고려 말 비대해진 사원경제와 불교의 도덕성 문제를 살펴 볼 필요가 있을 것이다. 고려를 창건한 왕건은 「훈요십조(訓要十條)」를 통해 불교를 숭상할 것을 주장하고, 역대 왕들은 사찰을 건립하고 국가적 차원에서 불사(佛事)를 실행하였다. 빈번하게 실시된 사찰 건립과 국가적 불교행사는 지나칠 정도로 규모가 크거나 화려했고, 이로 말미암아 적지 않은 재정적 소모와 타락, 부패 등 사회적 폐단을 양산하는 결과를 초래했다.

　이에 대해 불교의 폐해에 대한 비판은 최승로(崔承老, 927~989)의 「시무책(時務策)」에 의해 날카롭게 제기되었고, 지속적인 폐단은 고려 말에 이르러 배불운동으로까지 이어졌다. 이어 불교의 근본교리에 대한 비판과 도전이 싹트기 시작하고, 나아가 불교의 도덕적 타락과 폐해를 비판하고 배격하는 억압정책이 조선 개국과 더불어 신진사대부 가운데 개혁세력을 중심으로 펼쳐지게 되었다.

이러한 맥락에서 볼 때, 조선 초기 배불정책이 등장하게 된 근본적인 원인은 승단의 타락과 불교의 시폐(時弊)에서 비롯되었다. 또한 성리학의 도입에 따른 배불인식의 확산과 불교의 유해성을 강조하는 신진 관료들의 주장도 중요한 역할을 했다고 할 수 있다. 그들의 이러한 인식과 주장은 결국 불교계에 대한 억압 정책의 실행으로 이어졌던 것이다. 그렇다면 조선 초기의 억불 상황이 배태되고 그것이 현실적으로 어떻게 구현되었는지를 좀 더 구체적으로 알아볼 필요가 있다.

우선 고려 말기에 비대해진 사찰이 많은 토지를 독점하고 있었기 때문에 신흥세력이 토지를 확보하려는 과정에서 불교의 폐단을 들어 압박하지 않을 수 없었음을 주목할 수 있다. 결국 배불정책의 발단은 사원경제의 팽창과 지나치게 늘어난 승려의 숫자로 불교가 생산적이지 못한 점에 대한 불만과 규탄의 목소리가 높아진 점에서 비롯된 것이라 할 수 있다. 아울러 당시 지배층이었던 권문세족들이 대부분의 공전(公田)을 소유하고 있어 신진사대부에게는 공록(公祿)의 급여조차 충분치 못하자 이성계 중심의 개국공신 일파에서는 토지문제를 초미의 관심사로 제기하였던 것이다.

조선왕조 건국의 주체 세력은 사회적·경제적 지위와 신분에 있어서 고려 말기의 중간 계층에 속하는 유학자 및 무인층으로, 이들은 대개 지방의 지주로 경제 기반을 가지고 있었다. 그러나 그들의 선대는 향리나 평민 또는 하급관리로 내려오다가, 무신집권을 전후하여 서서히 정치적 입지를 구축했기 때문에 이들에게 당장 필요한 것은 만족할 만큼의 토지를 갖는 일이었다.

토지는 생계의 해결과 권속의 부양 및 후생과 복지를 증진하는 데 무엇보다도 중요한 요소였다. 따라서 모든 경제행위의 중추인 동시에 생산수단의 핵심이라 할 수 있는 토지문제를 해결하지 않고서는 여타의 사회적 행위는 생각할 수조차 없었던 것이 당시의 시대적 상황이었다. 때문에 조선 개국 이후 태종 대부터 세종 대에 이르기까지 불교억압 정책의 핵심은 사찰 노비와 토지의 혁신적인 철폐였다. 이는 경제적인 측면에서 배불정책의 실시와 그 영향을 충분히 가늠할 수 있게 한다.

또 다른 배불정책의 배경은 지배이념으로서의 성리학이었다. 중국의 성리학은 도통론(道統論)과 정통론(正統論)에 기반한 중화(中華)정신을 바탕에 의거하여 불교를 극복하고 유학의 전통을 회복하려는 의도에서 생겨났다고 해도 과언이 아니다. 이러한 의도가 성리학의 시작부터 형성 이후까지 깃든 도통의식(道統意識)이며, 이단 배척 특히 불교를 배척하게 되는 정신적 토대이기도 했다.

도통론은 송(宋)나라 때의 유학자 주희(朱熹:1130~1200)가 주창한, 영구불변한 도(道:세계의 도리)의 전승자의 계보다. 도는 영구불변으로서 역대의 성인(聖人)이 계승하여 내려왔다는 주장은 『상서

(尙書)』의 「홍범편(洪範篇)」 『논어(論語)』의 「요왈편(堯曰篇)」 『중용(中庸)』 등에 기록되어 있는데, 당(唐)나라 한유(韓愈 : 768~824)가 이를 맹자(孟子 : BC 372?~BC 289?)에까지 미치게 하였으며, 이것을 계승한 주희가 상고(上古)의 신성(神聖)-요(堯)-순(舜)-우(禹)-탕(湯)-문왕(文王)과 무왕(武王)-공자(孔子)-안연(顔淵), 그리고 증자(曾子)-자사(子思)-맹자(孟子)-이 정자(二程子 : 程顥·程頤 형제) 등 계보를 설명, 정주학(程朱學)이 유학의 정통임을 주장하였다.

따라서 고려 말에 정주(程朱)의 성리학이 뿌리를 내림에 따라 도통의식과 배불의식이 점차 확대되는 것도 그러한 역사적 배경과 동일 선상에 있는 것으로 판단된다.

고려 초기 성종(成宗, 981~997) 대의 유명한 유학자인 최승로는 「시무책(時務策)」 28조에서 불교의 폐해를 조목조목 열거하며 비판하고 있다. 그는 우선 태조, 혜종, 정종, 광종, 경종으로 계승되는 5대 왕조의 치적을 평가하며 비판하고 있는데, 다른 역대 왕들보다도 불사를 많이 벌인 광종에 대해서는 강도 높은 비판을 하였다. 마침내 그는 982년 28조의 「시무책」을 상소하기에 이르렀는데, 그 중 22조가 현존하며 그 가운데 9개의 조항이 배불(排佛)에 관련된 것이었다. 그는 광종이 불사를 혹신(酷信)하고 복수(福壽)를 구하고자 기도만을 일삼으며 재력으로 인연을 의지하는 등 처신을 가볍게 했다고 주장하며 다음과 같이 비난했다.

조선이여, 법의 등불을 밝혀라 •

광종은 불사를 혹신(酷信)하고, 법문을 과중히 여겨 상시로 행하는 재설(齋設)이 이미 많은데도 별원(別願)의 분수(焚修)가 적지 않아 오로지 복수(福壽)만을 구하며, 기도를 일삼으니, 한정된 재력으로 무한한 인연을 의지하고, 지존하신 몸을 스스로 가볍게 했다.

위의 『고려사』「최승로」 조에서 소개하는 바와 같이 최승로는 광종의 지나친 국가적 차원의 불교행사와 왕 자신을 위한 과도한 불교신앙을 비난했다. 또한 그는 승려들을 궁중에 머물지 못하게 하고, 사찰 건립을 엄금하고 불사(佛事)를 제한할 것 등을 제시하고 있다. 때문에 『고려사』의 그에 대한 열전은 다음과 같이 서술하고 있다.

불교를 수행하는 것은 수신(修身)의 근본이요, 유교를 수행하는 것은 치국(治國)의 근원이다. 수신은 내생(來生)의 자력이요, 치국은 오늘의 업무이니, 오늘은 지극히 가깝고 내생은 지극히 먼 것이라, 가까운 것을 버리고 먼 것을 구함은 또한 그릇됨이 아니겠는가?

한편, 최승호는 불교의 수신(修身)을 인정하면서도 유교의 현실성을 강조하였다. 불교가 수신을 통해 내생을 위한 것이며, 유교는 수신을 통해 치국을 달성할 수 있는 근원임을 강조하였다. 그가 궁극적으로 강조한 것은 현실을 외면한 채 내생을 위한 불교에 치중해서는 국태민안을 이룩하는 데 분명한 한계를 지니고 있다는 것이다. 이러한 측면에서 최승로의 불교 비판의 태도는 고려 후기와 같이 이념적이며, 편중된 배불의 태도를 보인 것은 아니었다.

불교교단의 정화(淨化) 문제는 고려 초부터 정치와 통치, 그리고 민생 문제로까지 제기되었으나, 별다른 해결을 보지 못하고 후기에 들어와서 그 폐해가 극심해져 갔다. 나아가 최승로는 왕이 국가경영에 힘쓸 것을 건의하였으며, 국왕 및 왕실의 지나친 불교 옹호정책을 비판하였다.

앞에서 살펴본 것처럼 배불론자들이 불교를 비판의 대상으로 삼는 현실적 폐단은 사원경제의 문제점 지적과 불교의 기복성에 대한 비판, 그리고 승단의 부패와 타락상 등이었다. 이러한 비판과 지적은 유교를 신봉하는 세력을 중심으로 제기되었다.

한편 인종 때의 김부식(金富軾, 1075~1151)은 철저한 사대주의 사상 아래 유교사상을 배경으로, 불교에 대한 부정적 인식을 지니고 있었다. 예를 들면 신라가 흥성하고 삼국통일의 대업을 이룬 것은 유교의 숭신 덕분인데 망국의 비운을 당하게 된 것은 불교를 과도하게 신봉하였기 때문이라는 것이다. 하지만 김부식의 이러한 논리와 주장은 유교주의 사관에 입각한 주장이다.

또한 고려 말 철저한 척불의 입장에 있었던 자로 성균관 박사 김초(金貂)를 들 수 있다. 그는 공양왕 3년(1391)에 "불교도는 자기 몸을 깨끗하게 하고 인륜을 끊어 산림으로 도피하니, 이것도 한 가지 도이다. 그러나 그 화복설(禍福說)은 더욱 요망하다."고 하고 심지어는 "머리 깎고 승려가 되는 자는 죽이고 부정한 귀신에게 제사를 지내는 자도 죽이고 용서하지 않아야 한다."고까지 막말을 하는 등 극단적인 배불을 주장하고 있다. 이에 공양왕은 크게 노해 김초를 사형으로 다스리려 했으나, 정몽주의 상소로 간신히 벌을 면하게 하였다.

공양왕 3년 5월의 배불에 관한 논의 외에도 낭사(郎舍) 허응(許應)과 이조판서 정총(鄭摠) 등이 연복사(演福寺) 탑 수리 문제와 관련하여 불사의 무익함과 그 재용의 허비 등을 비난하는 상소가 있었으나, 김초의 상소사건의 여파로 더 이상 계속되지는 않았다. 아울러 같은 해 6월에 몇몇 조정의 관리들이 불교를 옹호하는 상소를 올리자, 이에 자극받은 성균관의 박초(朴礎) 등을 비롯한 생원들이 지속적인 불교를 배척하는 상소를 올리게 되었다.

고려 말에 이르면서 사찰과 승려 세력의 팽창으로 생기는 폐단을 억제하기 위하여 공민왕은 무분별한 사찰 건립을 금지하였으며, 여러 면에서 확대된 사찰의 토지를 환수하고자 하였다. 또한 승려가 되는 것을 제한하는 조치를 취하고, 부역 도피의 방지를 위해 도첩제를 향리·역리와 공사 노비에까지 확대 실시하였다. 이러한 조치는 고려 말에 이르러 극도로 팽창되었던 불교 교세에 대한 제약을 가하기 위해 불가피한 조치였으며, 이와 같은 현실적 요구에 대한 조치는 조선왕조의 개창과 더불어 더욱 강하게 추진되어 나갔던 것이다.

고려 말에 이르러 사회는 더욱 부패하고 타락한 상황에 처하게 된다. 공민왕대에 이르러 그 부패상은 극에 달하여 국가의 정세는 혼란스러웠다. 안으로는 정치적인 혼란의 가중과 밖으로는 외세의 침략이 끊이지 않아 참으로 심각한 외우내란의 형국을 맞게 되었다. 승려들은 국가로부터 토지를 지급 받는 것은 물론 노역을 면제 받았고, 사원전(寺院田)에는 조세가 면제되어 사원은 자연히 부를 축적하게 되었다. 더욱이 사원전은 왕실과 귀족의 기부와 농민들이 자기 토지를 사찰에 기증했다고 관청에 거짓 보고하여 조세를 포탈함으로써 토지 면적이 더욱 더 확대되어 갔다.

사원은 국가의 사여(賜與)와 영세 농민들의 의탁 등으로 막대한 토지와 노비를 소유하고 있었다. 이런 실정은 성현(成俔)이 찬술한 『용재총화(慵齋叢話)』에 나타난 다음과 같은 사실에서 확인할 수 있다.

> 사찰에는 모두 노비가 있었으니, 많으면 천백에 이르렀고, 주지는 혹 비첩을 끼고 있어 그 호사스럽고 부유하기가 공경(公卿)보다도 나았다.*

———

* 　성현, 『용재총화』 권2.

여기에서 불교 교세의 확장과 사원경제의 파행적 발달에 따르는 불교의 타락상을 몇 가지로 생각해 볼 수 있다. 첫째, 사원경제의 비대화로 토지가 확장되고, 사원이 노역자들의 피신처로 변하여 국가재정에 커다란 손실을 가져왔으며, 둘째, 청정을 근본으로 하는 승려의 세속화로 윤리도덕이 문란해지고, 셋째, 지나친 불사로 소비가 조장되고 불교의 본질적인 가르침이 흐려지게 되었다는 사실이다.[*]

　고려 후기 대외적 측면에서 고려는 혼란과 암울함이 더욱 가중되었다. 공민왕(恭愍王) 8년(1359)과 10년(1361)의 두 차례에 걸친 홍건적(紅巾賊)의 침입은 국가의 혼란을 초래했으며, 또한 왜구(倭寇)는 해상교통을 두절시켜 조운(漕運)을 불가능하게 하여 지방의 조세를 원활하게 징수할 수 없게 하였다. 이로 인해서 귀족이 집중적으로 거주하는 개경은 경제 파탄에 직면하고 말았다.[**]는 사실은 당시의 시대적 혼란 상황을 잘 보여주고 있다.

　최영과 이성계 등을 비롯한 여러 장수들이 왜구의 침입을 물리칠 수 있었으나, 이들 사이에 외교문제를 중심으로 첨예한 대립과 갈등이 형성되면서 불협화음이 드러나고 말았다. 그 결과 요동정벌 과정에서 이성계가 위화도 회군을 단행하여 우왕(禑王)과 최영

---

[*]　　이상백, 『한국사-근세전기편-』, 서울: 을유문화사, 1966, 52~53쪽.
[**]　　이기백, 『한국사신론』, 일조각, 1977, 196~197쪽.

을 몰아내고 정권을 장악하게 되었다.

　정권을 장악한 이성계는 정치·경제·종교·사회 전반에 걸쳐 대대적인 개혁을 단행하기 시작하였다. 강하고 새로운 정권을 창출하기 위해서 무엇보다도 우선 튼튼한 경제적 기반을 갖추어야 했던 이성계는 가장 먼저 사전개혁(私田改革)을 단행하였다. 이 과정에서 성리학의 신봉자들인 신진사대부 중심의 개혁론자들은 당시 권문세족과 더불어 막대한 전답을 소유하고 국가의 경제를 약화시키는 불교계를 맹렬하게 비판하고 배척하게 되었다. 고려불교가 국가의 비호 아래 그 교세가 비대하였던 당시의 상황에서 사원경제에 대한 정비는 국가경제 회복을 위해서도 가장 시급한 과제였다.

　물론 고려시대의 불교가 사회와 문화 전반에 기여한 바도 컸지만, 말기에 이르면서 사원의 경제적 실권이 비대해지고, 무분별한 사찰의 건립과 지나친 불사 등으로 막대한 국가 재정이 낭비되면서 문제가 된 것이다.

　많은 공사의 노역자가 불문(佛門)으로 도피하여 국가의 생산력과 활동력이 현저히 감소되었으며, 불교가 무속, 음양도참 등과 결부되어 부처의 가르침을 왜곡함으로써 정신적인 지도력이 상실된 것은 불교교단 내에서도 심각한 폐단이 아닐 수 없었다. 심지어 일부 승려들은 사찰을 본거지로 많은 전답과 막대한 수의 지역 사찰 노비를 소유하는가 하면 사패(賜牌)를 빙자하여 전지(田地) 확대에 전력을 기울이기도 했다. 사패는 조선시대 국왕이 신하에게 토지와

　　　　　조선이여, 법의 등불을 밝혀라　·

노비를 내려주거나, 공이 있는 향리에게 향리의 역을 면제해줄 때에 내리는 문서다.

이러한 폐해의 우려는 이미 고려 말에 배불론을 형성하는 단초를 제공했다 해도 과언이 아니다. 즉 유학자 중심의 일부 지식인 및 신진관료층으로부터 불교계의 현실상황에 대한 비판이 점진적으로 대두되었고, 이러한 현상은 곧 배불의 여론을 형성하게 된 것이다. 그 결과 도첩제 실시와 사사전(寺社田)의 정비 등 불교개혁의 촉발로 이어졌고, 나아가 국가정책의 중요한 이념으로 성리학이 도입됨에 따라 숭유배불에 대한 이론적 틀을 마련하는 계기가 되었다.

이와 같은 맥락에서 보면, 새로운 왕조의 건국으로 유학을 숭상하고 불교배척이라는 패러다임 전환의 모색은 왕조가 바뀌는 변혁기에 새로운 국가정책을 펴 나가기 위한 하나의 대안으로 이해될 수 있을 것이다. 비록 태조 이성계가 개국 이전부터 태고보우(太古普愚, 1301~1382), 나옹혜근(懶翁惠勤, 1320~1376) 선사와 같은 고려 말 고승(高僧)들과의 인연이 있어 불교의 종교적 사회적 기여를 깊이 인식하고 있었다고 할지라도 긍정적 인식에 대한 평가는 여론의 편이 아니었다. 더욱이 위화도 회군 때에는 승장 신조(神照)스님이 이성계의 새로운 사회 건설과 왕조 창업에 뜻을 같이 했고, 등극 후에도 곧바로 무학자초(無學自超, 1327~1405)를 왕사로 삼아 어려운 건국의 위업을 달성한 것은 분명한 사실이었지만, 불교계의 모순과 이로 인한 배척은 당시 불교계가 보여준 일련의 긍정성을 무색하게 했을 뿐이다.

성리학으로 무장한 유생들은 조선건국의 주도적인 핵심세력으로서 유교 입국을 표방하고 정치·경제·문화 등 전반적인 면에서 불교의 폐단과 영향을 강하게 비판하고 배제하고자 하였다. 이러한 불교의 폐해를 비판하고 배제하려는 움직임은 강한 배불운동의 도화선이 되어 더욱 격화되어 갔으며, 신진사대부들이 주도적으로 그 역할을 수행하게 되었다. 여하튼 여말선초의 배불기운은 사대부들의 타종교에 대한 배타정신뿐만이 아니라 불교 자체에서 빌미를 제공한 부분은 부인할 수 없는 일임에 틀림없다.

그러나 중국과 일본에 불교가 정착한 이후 왕조나 정치세력이 바뀌어도 시폐를 들어서 시정하는 차원은 있었어도 세계사에서 유례를 찾기 힘든 폐불에 가까운 종교탄압을 500년간 지속했다는 것은 사욕과 정치적 권력을 위한 일이었음을 부인하기 어렵다.

배불과 불교 정책의
전개 과정

　　고려 말과 조선 초기의 배불운동은 불교의 교리와 사상 자체에 대한 배척이라기보다 당시 불교계가 보였던 여러 가지 사회적 폐단에서 비롯된 것이다. 다시 말해, 불교교단의 부패와 타락된 상황이 낳은 시대적 상황에서 성리학을 새로운 국가의 지도이념으로 삼고 국가정책을 펴 나가고자 한 신진관료들의 개혁적 움직임에서 잉태된 것이다.

　　그러나 태조 이성계가 재위하던 기간과 태상왕(太上王)으로 생존해 있던 기간의 불교는 그나마 극단적인 탄압으로부터 벗어날 수 있었다. 그렇다면 이와 같은 급변하는 시대 상황 속에서 당시의 불교계에서는 과연 무엇을 하고 있었을까. 아쉽게도 우리는 여말신초 불교계의 모습을 부정적으로 평가할 수밖에 없다. 단지 성리학자들에게 역사의 주도권을 넘겨주고 말았다는 결과론적 측면에서 뿐 아니라, 이 시대 불교인 누구에게서도 새로운 시대를 개척해 나가고자 했던 창조적 의지를 엿보기 힘들다. 그러나 무장한 혁명군 앞에서 조직적으로 항거할 수는 없는 실정이기도 했다.

이처럼 고려 말부터 확산되는 배불운동에는 대체로 두 개의 큰 흐름이 있었다. 하나는 비교적 온건적인 태도로 불교를 비판한 것인데 불교의 교리 자체를 철학적·이론적으로 비판하고 배척한 것이 아니라 승려 또는 사원의 폐단을 부분적으로 비판하는 경향이었다.* 이러한 경향의 대표적인 인물은 이색(李穡)과 정몽주(鄭夢周)이며, 그들은 불교의 폐단을 지적하면서도 다른 한편으로는 불교 자체를 숭신하여 유교와 불교를 넘나들고 있었다.** 이에 반하여 노골적으로 배불운동을 전개한 대표적인 인물은 박초(朴礎, 1367~1454), 권근(權近, 1352~1409) 그리고 정도전(鄭道傳, 1337~1398) 등이었다.

그들은 불교 자체를 이단(異端)과 사학(邪學)으로 규정하여 이를 철저히 배척하고, 승려와 사원의 사회·경제·윤리상의 폐해를 통렬히 비판하였다. 척불숭유와 전제개혁(田制改革)을 적극 지지하여 신진세력의 기반을 구축하였던 조인옥(趙仁沃, 1347~1396)에 의해 당

---

*   한영우, 『정도전사상의 연구』, 서울: 서울대출판부, 1893, 51쪽.

**   변동명, 「성리학의 초기 애용자와 불교」, 『이기백선생고희기념논총』, 서울: 일조각, 1994, 935쪽.

시 불교도의 윤리적 타락에 관한 비판이 신랄하게 전개되었는데, 그 주된 내용은 불교도들의 물욕과 음욕을 밝히는 것이었다.

배불론자들은 새로운 국가의 통치이념으로 중국 원나라로부터 도입된 새로운 유학사조인 성리학을 국가통치 이념의 근본으로 삼을 것을 주장하며 강력하게 불교를 배척하고 유교 정치이념을 주장하였다. 다시 말해, 성리학을 정신적 지주로 삼는 급진적 신진관료들은 불교를 국가의 지도이념으로 삼았던 기존의 체제를 극복할 새로운 지도이념으로써 성리학을 사상적 기반으로 하여 고려 말의 부패한 사회와 정치, 문화 등 국가 전반에 걸친 분위기를 쇄신하고자 하였던 것이다.

신진관료들이 유교입국을 표방하고 새로운 국가의 정치이념의 확립과 구현에 힘쓴 것만큼, 그 연장선에서 불교에 대한 억압정책이 추진된 것은 당연한 일이었다. 이러한 변혁기에 유학자들이 주축을 이루는 조정의 개국공신들의 영향력과 발언권은 막강했으며, 그들은 고려 말 이후로 계속되어 온 배불운동을 새로운 조선왕조의 기본정책 방향으로 삼고 그것을 적극적으로 실천에 옮기고자 하였다.

이러한 배불운동의 경향은 이미 조선 개국 초기의 신속하고 강경한 배불책의 건의로부터 시작되고 있는 데서 싹트기 시작한다. 앞서 언급한 것처럼 조정 내에서 막강한 발언권과 영향력을 갖고 있던 신진관료들은 여말 이후 계속 주장해 온 배불정책을 새로운 왕조의 기본적인 정책과제의 하나로 채택하여 실행에 옮기고자 하였다. 유학자들이 배불정책의 실행을 얼마나 시급한 과제로 인식하고 있었던가 하는 것은 개국 직후의 사헌부 상서(上書)에서 여실히 드러난다. 태조 이성계가 즉위(1392년 7월 17일)하고 불과 3일 후에 올린 사헌부의 헌책(獻策) 가운데 대대적인 '승니척태(僧尼斥汰)'의 건의가 포함되어 있는 것에서도 알 수 있다. 이러한 사헌부에서 시폐(時弊)와 그 척결에 관한 10조목을 임금에게 아뢰는 다음의 두 대목은 본격적인 배불정책이 시작되는 계기로 볼 수 있다.

일곱째, 전기에 작게는 재변이 생기면 그것을 두려워하며 스스로 마음을 가다듬어 반성할 줄은 모르고 오직 부처와 신을 섬기는 데만 힘써 그 막대한 비용은 가히 다 기록할 수 없을 정도였습니다. 이는 전하께서도 밝게 아실 것이오니, 원컨대 이제부터 부처와 신을 섬기는 불급(不急)한 비용을 모두 새롭게 고치어 낡은 것을 없애 버리소서. … 아홉째, 승려를 대폭 감원시켜서 덜어내는 일입니다. 불교는 이적(夷狄)의 법으로 한나라 영평 때로부터 중국에 들어와 동방에 전해져 숭봉함이 더욱 심해졌습니다. 이제는 그 무리들이 평민과 혼잡하여 혹은 미묘한 고담으로 선비들을 현혹시키고 혹은 사생죄보로써 우민을 공갈케 하여 마침내 시속의 흐름이 좋지 않은 데로 흘러가고 있습니다. 부디 그 무리들을 모아 악행을 상세히 검토하여,

학문이 정통하고 행실을 닦은 자는 그 뜻에 따라 나아가게 하고 나머지는 머리를 기르고 각기 그 업에 종사하도록 하소서.*

인용된 상소문의 요지는 급하지 않는 불사의 비용을 줄이고, 타락한 승려의 도태를 강경하게 비판한 것이었다. 하지만 태조는 이러한 상소에 대해 "불교교단에 결정적으로 타격을 줄 수 있는 승니척태(僧尼斥汰)와 같은 일은 개국 초에 갑자기 시행할 수 없다."며 불가하다는 답을 하고 있다. 태조의 이러한 언급으로 승니척태는 실행에 옮겨지지 않았지만, 나머지 불사의 비용과 같은 사항은 국가의 중요한 재정적인 문제로서 사헌부의 상소대로 시행되었다. 물론 그 시행이 당시 얼마나 효과를 거두었는지는 분명하지 않지만, 신진 정치 관료들이 고려왕조 이후로 불사에 따른 폐단과 승려의 타락상을 큰 병폐의 하나로 지목하고 개국 벽두부터 불요불급한 불사의 실행과 승니척태와 같은 강력한 억불정책을 건의하고 있음은 간과할 수 없는 대단히 중요한 일이었다.

이와 같이 조정의 유학자들이 숭유억불을 새로운 왕조의 기본적이고 시급한 정책과제로 제시하고 시행함에 따라 이에 준하는 억불상소(抑佛上疏)와 그 주장은 기회가 있을 때마다 제기되었다.

7월에 사헌부의 상소가 있은 다음 달인 8월에는 도당(都堂)에서

---

* 『태조실록』권1, 태조 원년 7월 기해조.

연등회 장면

연등회는 1000여 년이 넘는 세월 동안 이어져 전 국민이 향유해 온 문화유산임을 인정받아 2012년 국가무형문화재 제122호로 지정된 이후 2020년 12월 유네스코 인류무형문화유산으로 등재되었다.

대장도감(大藏都監) 및 연등회(燃燈會)와 팔관회(八關會)의 폐지를 청하였으며, 이어 조례전서 조박(趙璞) 등은 춘추장경(春秋藏經)·백고좌법회(百高座法會)·칠소친행도량(七所親行道場) 등의 폐지를 상소로서 청하고 있다.

예조 전서(禮曹典書) 조박(趙璞) 등이 상서(上書)하였다. "신 등이 삼가 역대(歷代)의 사전(祀典)을 보옵건대, 종묘(宗廟)·적전(籍田)·사직(社稷)·산천(山川)·성황(城隍)·문선왕(文宣王)의 석전제(釋奠祭)는 고금(古今)에 널리 통행(通行)되었으며 국가의 상전(常典)인 것입니다. 지금 월령(月令)의 규식(規式)대로 아래에 갖추어 기록하오니, 청하옵건대, 유사(攸司)에 내려 때에 따라 거행하소서. 원구(圜丘)는 천자(天子)가 하늘에 제사 지내는 예절이니, 이를 폐지하기를 청합니다. 여러 신묘(神廟)와 여러 주군(州郡)의 성황(城隍)은 나라의 제소(祭所)이니, 다만 모주(某州), 모군(某郡) 성황(城隍)의 신(神)이라 일컫고, 위판(位板)을 설치하여, 각기 그 고을 수령(守令)에게 매양 봄·가을에 제사를 지내도록 하고, 전물(奠物)·제기(祭器)·작헌(酌獻)의 예(禮)는 한결같이 조정(朝廷)의 예제(禮制)에 의거하도록 하소서. 봄·가을에 장경(藏經) 백고좌(百高座)의 법석(法席)과 7소(所)의 친히 행차하는 도량(道場)과 여러 도전(道殿), 신사(神祠), 초제(醮祭) 등의 일을 고려의 군왕(君王)이 각기 일신상의 소원[私願]으로써 때에 따라 설치한 것을, 후세의 자손들이 구습(舊習)에 따라 혁파하지 못하였으니, 지금 천명(天命)을 받아 새로 건국(建國)함에 어찌 전폐(前弊)를 그대로 따라 하며 떳떳한 법으로 삼겠습니까? 모두 폐지해 버리기를 청합니다. 조선의 단군(檀君)은 동방(東方)에서 처음으로 천명(天命)을 받은 임금이고, 기자(箕子)는 처음으로 교화(敎化)를 일으킨 임금이오니, 평양부(平壤府)로 하여금 때에 따라 제사를 드리게 할 것입니다. 고려의 혜왕(惠王)·현왕(顯王)·충경왕(忠敬王)·충렬왕(忠烈王)은 모두 백성에게 공이 있으니, 또한 마전군(麻田郡)의 태조묘(太祖廟)에 붙여 제사지내게 할 것입니다."

임금이 도당(都堂)에 교지를 내렸다. "봄·가을의 장경(藏經) 백고좌(百高座)의 법석(法席)과 7소(所)의 도량(道場)에 대하여, 그것의 처음 설치한 근원을 상고하여 아뢰라."*

특히 조박은 이와 같은 국가적 불사가 전왕(前王)들의 사적인 원으로 설행되어 인습으로 내려온 것이라고 말하고, 새로운 왕조에서는 그러한 전폐가 답습되어서는 안 된다고 주장했다. 하지만 이에 대해서도 태조는 도당에 명하여, 이와 같은 행사가 실시된 연원

---

*   『태조실록』 권 1, 태조 1년 8월 경신조.

조선이여, 법의 등불을 밝혀라 •

을 조사케 하여 그것을 들었을 뿐 어떤 조치도 시행하지 않았다.*

　당시 유생들이 올린 상소를 보면, 태조 원년 9월 대사헌(大司憲) 남재(南在) 등과 같이, 중국의 역사에서는 물론 신라와 고려의 역대 왕들이 막대한 국가의 재원을 들여 빈번하게 대형 호화불사를 시행하고서 패망했거나 비참한 최후를 맞았음을 근거로 삼아 불교의 인과설을 비난하면서 불교를 없애버릴 것을 역설하고 있다. 또한 같은 해 9월에 도평의사(都評議事) 배극렴(裵克廉) 등의 헌책은 현실에 입각한 상당히 구체적인 내용으로서, 조정 관료들의 한결같은 억불의지를 잘 보여준다. 즉 이들은 22조의 헌책을 개진하는 가운데 제18조와 제20조에서 도첩의 발급으로 승려가 되는 길을 제한하고, 승도들의 사찰 건립과 불서간행(佛書刊行)에 따른 폐해를 지적하고 있다.

　　18조. 무릇 승이 되는 자에게 양반의 자제는 오승포 100필, 서인은 150필, 천구는 200필씩을 소재 관사에서 납입 받고 도첩을 발급하여 출가를 허락하며, 자의로 출가하는 자는 엄하게 다스린다.
　　20조. 승도들이 중외의 대소 관리들과 결당하여 사찰을 조영하고 혹은 불서를 인쇄 간행하면서 심지어 관사(官司)에서도 물

---

* 　『태조실록』 권 1, 태조 1년 8월 갑인조.

품을 내놓으라고 하여 그 해가 백성에게까지 미치니 이제부터
일체 차단한다.

조정의 관료들이 상기의 내용을 상소하자 태조는 그 모두를 채
택하고 있다. 물론 포 50필로서 정전을 납부하는 자에 한해 도첩
을 발부하고 출가를 허락했던 조치가 고려 말 공민왕 때에도 취해
진 바가 있지만, 조선 초기에 있어서 이러한 도첩제의 시행은 승려
가 되는 과정이 한결 강화되었음을 보여준다. 조정의 관료들이 이
처럼 행정적으로 혹은 정책적으로 계속하여 억불정책을 강구하고
또 그것을 시행함으로써 다분히 지방의 관리들에게까지도 그 영향
이 미쳤던 것으로 판단된다.

대체로 새로운 왕조의 억불의지는 초기 관료들의 '승니척태'와
같은 강력한 건의 등에서도 보듯이 그 방향이 뚜렷하지만, 실제로
그것이 모두 정책에까지 반영되고 있지는 않다. 그 이유는 개국 초
에 급격한 억불이 시행될 여건이 아직 성숙치 못했다는 이유도 있
겠지만, 무엇보다도 태조 자신이 불교를 신봉했기 때문이다. 그러
나 태조 역시 불교의 폐단을 시정하는 타당한 건의에 대해서는 조
정 관료들의 의견에 따르지 않을 수 없었으며, 이런 과정에서 관료
들은 내부적으로 그들의 억불의지를 더욱 굳혀 나갔던 것으로 판
단된다.

한편, 초기 관료들이 타락상을 보이고 있는 불교에 대응할 만한

대안으로 선택한 새로운 지도이념이 바로 성리학이었지만, 오랫동안 일반 대중들의 생활에 깊이 뿌리내린 불교를 하루아침에 없애버린다는 것은 사실상 불가능한 일이었다. 따라서 불교에 대한 개혁을 단행하되 점진적으로 실시해야 한다는 주장을 제기하는 이들이 있었다. 이른바 온건파 배불론자들인 이들은 불교의 교리를 논리적으로 배척하지 않고 당시 불교계의 폐단, 즉 승려의 타락과 사원의 부패상을 척결하자고 주장했으며, 또 다른 한편으로 불교 그 자체를 긍정하면서 유교와 불교의 상호회통을 인정하였다.

그러나 이와는 달리 이성계를 도와 조선 건국에 지대한 기여를 했던 정도전과 김초·박초·조인옥 등과 같은 인물들은 당시 불교의 사회적·경제적·윤리적인 면의 폐단을 통렬히 비난하면서 불교 자체를 이단시하고 승려들을 삿된 무리로 단정하여 철저하게 배척하고자 했던 이른바 대표적인 강경파 배불론자들이었다.

온건파 배불론자의 대표적인 인물은 목은(牧隱) 이색(李穡, 1328~1396)과 정몽주(鄭夢周, 1337~1392)다. 이색은 이곡(李穀)의 아들이다. 그는 40세(1367)에 판개성부사(判開城府事)와 성균관대사성에 김구용·정몽주·박상충·박선중·이숭인 등을 교수로 채용했고, 매일 명륜당에 나가 학생들을 교육하였던 당대 최고의 학자였다. 그의 명성을 듣고 학생이 구름같이 모여 들었다는 사실은 당시 그의 학덕이 얼마나 높았는지를 잘 반증해 준다. 이러한 명망과 학덕을 갖춘 그는 불교에 대해 호의적인 입장을 견지하면서도 다른 한편으

로 당시 불교의 타락과 부패상에 대해서 과감한 개혁을 해야 한다
고 주장하였다. 공민왕 원년(1351)에 원나라에서 돌아온 이색은 4
월에 다음과 같은 취지의 상소문을 올렸다.

불교가 중국에서 들어와 신분이 높은 사람과 일반 백성이 이
를 받들고, 이어 한나라로부터 오늘날까지 날로 새롭게 번성하
였습니다. 우리 태조(왕건)께서 가정을 교화하고 국가를 위함으
로써 불사와 민가가 뒤섞여 중세 이후로 그 신도가 더욱 번성
하였습니다.

그런데 오교양종(五敎兩宗)이 이익을 추구하는 소굴이 되어 냇
가와 산천이 절 아닌 곳이 없었으며 단지 불도의 무리들이 비루
함에 물들뿐만 아니라 이 나라 백성 또한 놀고 먹는 경향이 많
아 식자들이 마음 아프게 여깁니다. 부처님은 대성인이시나 좋
아하고 미워하는 마음은 사람과 같은 것이기에 어찌 그 신도들
의 이와 같음을 부끄러워하지 않겠습니까.

신이 엎드려 비오니 금조(金條)를 밝게 내리시어 이미 승려가
된 자는 도첩을 주고 도첩이 없는 자는 군에 충당하며, 새로
짓는 절은 모두 철거하게 하며, 철거하지 않은 자는 수령에게
죄를 주어 양민으로 하여금 승려가 되지 못하도록 하소서. (중
략) 부처님은 지성지공하기 때문에 받들기를 지극히 두텁게 하
더라도 기뻐하지 않고 모시기를 심히 얄팍하게 할지라도 분노

하지 않습니다.

하지만 경(經)에 분명히 공덕을 베푸는 것이 경을 지니고 외움에 미치지 못한다고 하니 정사를 듣고 심신을 쉬는 여가에 방등에 주목하고 돈법에 유심하심은 불가한 것이 없으나 다만 윗사람은 사람의 모범이 되는 것이고 허비란 것은 재물을 소모하는 것이니 가벼울 때 방비하여 퍼짐을 막아 삼가야 할 것입니다. 공자님도 이르기를 귀신은 공경은 하되 이를 멀리해야 한다고 하였으니, 신은 부처님에게 있어서도 마땅히 이와 같이 하시기를 원하옵니다.

인용된 상소문의 내용에서 보듯이, 이색은 당시 불교계에 만연하였던 폐단을 들어 옛날에 지은 사찰과 이미 승려였던 자들만 인정하고 불교가 더 이상 팽배해지는 것을 용인해서는 안 된다고 주장하고 있다. 이와 같이 이색은 불교의 폐해를 지적하고 그 시정책을 말하고 있지만, 그 논조는 매우 온건하다. 또한, 그가 부처님을 '대성인(大聖人)' 혹은 '지성지공인'이라 언급하고 있는 점과 "포교 공덕은 경을 지니고 독송하는 것에 미치지 못한다"는 말을 인용해 그 나름의 바른 불교신앙관을 제시한 것 등을 보면, 불교에 대해 비교적 우호적인 입장을 취하고 있음을 알 수 있다.

나아가 이색은 불교 중흥을 위해 중국 동진 여산혜원(廬山慧遠)의 백련결사(白蓮結社)를 모델로 삼아 '백련회(白蓮會)'를 조직하고 염불수행을 결행하기까지 이른다. 아울러 그는 우왕 3년에 아버지 이곡의 유지를 이어받아 대장경을 인성(印成)하였는데, 이 일로 인해 그는 유학자들로부터 "사람의 마음을 손상시키고 풍속을 문란케 했다"는 비난을 받았으며, "그의 학문은 순수하지 못하고 불교를 숭신함으로써 세인의 질타를 받기도 했다"는 등 후세 유학자들의 가혹한 비평을 받았다. 물론 그는 정주학(程朱學)의 도통의식(道統意識)을 이어 받아 불교를 배척해야 한다는 태도를 분명히 하고 있지만, 다른 한편으로 불교를 강하게 거부하지 않고 더불어 선호함으로써 어느 면에서 불교를 취할 바가 있음을 밝히고 있다.

> 불교의 화복·인과의 말이 이미 사람의 마음을 움직이는 것이 있는데다가, 석씨(釋氏)를 추종하는 자들은 대개 모두 일상적인 것을 싫어하고, 풍속에 염증을 느끼며, 명교(名敎)에 구속되기를 좋아하지 않는 호걸의 인재들이다. 석씨가 인재를 얻는 것이 이와 같으므로, 그 도가 세상에서 존경받게 되는 것이 기이하지 않다. 나는 이러한 까닭에 석씨를 거부함이 심하지 않고 혹은 더불어 서로 좋아하기도 한다. 대개 취할 바가 있기 때문이다.*

---

*   이색, 「麟角寺無無堂記」, 『牧隱文集』 권1.

인용문은 이색이 불교가 세상에서 존경을 받는 이유가 불교의 화복인과(禍福因果)가 사람의 마음을 움직이고, 명교(名敎)를 좋아하지 않는 호걸의 인재들이기 때문이라고 하였다. 아울러 그 자신이 불교가 싫어하는 종교가 아니라 좋아하는 면이 있기에 신봉함을 부정하지는 않았던 것이다. 이러한 이색의 호불적 태도는 후일에 논쟁거리가 되기도 했으며, 유생들은 때로 그가 불교를 숭상하지 않았다는 터무니없는 주장을 늘어놓기도 했다. 그러나 조선왕조실록에 의하면, 그는 늙어서 불교를 믿어 술과 고기를 먹지 않을 정도로 독실한 불교신자였으며, 태조와 태종 모두 불교도였음을 밝히고 있다. 이러한 그의 태도는 고려 말 조선 초의 대부분 유생들에게 공통된 현상이었을 것이다. 세종이 "그대들은 불경(佛經)을 만드는 것에 대해 옳지 않다고 하는데, 그렇다면 어버이를 위해 불사(佛事)를 짓지 않는 자 누구인가."라고 할 정도로 조상의 천도나 복업 등을 위해서는 사대부라 할지라도 불사를 하는 것이 당대의 일반적인 상황이었던 사실이 이를 반증하고 있다.

한편 정몽주는 공민왕 16년(1367)에 예조정랑으로서 성균박사에 임명되었다. 그 이후, 학관을 하던 시절의 정몽주에 대하여 정도전은 다음과 같이 평가하고 있다.

선생은 『대학』의 제강(提綱)과 『중용』의 회극(會極)에서 도를 밝히고 도를 전하는 뜻을 얻었으며, 『논어』·『맹자』의 정미(精微)

에서 그 조존(操存)·함양(涵養)하는 요령과 체험(體驗)하고 확충(擴充)하는 방법을 얻었다. 『주역(周易)』에 있어서는 선천(先天)·후천(後天)이 서로 체·용(體用)이 된다는 것을 알았고, 『서경(書經)』에서는 정일집중(精一執中)이 제왕의 전수한 심법임을 알았다. 그리고 『시경(詩經)』은 민이(民彝, 사람이 지켜야 할 도리)와 물칙(物則)의 교훈이 근본이 되고, 『춘추(春秋)』는 도의(道誼)·공리(功利)의 구별을 분변한 것임을 알았으니, 우리나라 오백년 동안 이러한 이치를 깨달음에 이른 자가 그 몇이나 되겠는가? 학생들이 각자의 학식을 고집하고 사람들이 다른 설을 제기하여 수시로 질문하였으니 그 강석함이 조금도 차질이 없는지라, 목은 선생은 기뻐하며 일컫기를, "달가(達可)는 사람됨이 넓고 크며 탁월하여 횡설수설함에 적당하지 않음이 없다."*

정몽주에 대한 정도전의 평가는 그의 인품과 학문의 전반적인 깊이를 잘 말해 준다. 이색 또한 "정몽주의 이론은 어떠한 문제에 대한 논란에 있어서도 이치에 맞지 않음이 없어 미루어 동방 이학(理學)의 할아버지라 할 만하다."라고 말함으로써 그의 수준 높은 학문의 역량을 극찬하였다. 일반적으로 유생들이 "불교라는 종교는 청정무욕하고 세상을 벗어나 속됨을 멀리하기 때문에 국가의

---

*   정도전, 「圃隱奉使藁序」, 『삼봉집』 권3.

치도로서는 부적당하다."는 견해를 갖고 있다. 정몽주 또한 이러한 시각에서 크게 벗어나지 않았다. 정몽주는 공민왕이 찬영(贊英, 1328~1390)스님을 왕사로 삼고자 했을 때 불교가 비현실적이고 비인륜적인 면을 부각시키면서 부적격한 이유를 들어 이렇게 진언하였다.

> 유학자의 도는 모두 일용 평상의 일을 위한 것입니다. 음식이니 남녀관계 같은 것은 모든 사람에게 같은 것으로서 지극한 이치가 여기에 있습니다. (중략) 움직이고 고요한 것과 말하고 침묵하는 것이 올바름을 얻으면 이것이 곧 요순의 도이니 본래 지극히 고상하여 실행하기 어려운 것이 아닙니다. 불교는 그렇지 않고 친척을 버리고 남녀관계를 끊으며, 바위 동굴에 홀로 앉아 초의(草衣)를 입고 나무 열매를 먹으며 관공적멸(觀空寂滅)을 근본으로 삼으니, 이것이 어찌 평상(平常)의 도라 하겠습니까.

정몽주는 이러한 이유로 승려를 왕사로 삼는 것에 대해 대단히 부정적인 입장을 보였다. 자연이 존재하는 원리이자 방법인 도를 말하는 '일용평상(日用平常)'적인 것은 유교의 본질이며, 불교는 그렇지 못하고 비현실적이며 비인륜적인 것이라는 것이다. 즉 정몽주는 불교는 유교와 같이 일상 속에 도가 깃들어 있는 것이 아니라 출세간에 있다는 완곡한 표현으로 불교를 비판하고 있다. 이러한 그의 불교 인식은 "오래도록 성학(聖學)이 끊어져서 이단이 길을 막아 도교가 아니면 불교였으니 누가 능히 성학을 창도하여 그 길로 이끌 수가 있었겠습니까?"라고 말한 데에서도 엿볼 수 있는 것처럼, 그가 보는 불교는 명확히 이단이기에 그 이단의 길을 막아 유학을 창도해야 함을 역설하고 있는 것이다.

온건파 배불론자들이 주장하는 것은 주로 논리적인 관점에서 불교의 비현실적이고 출세간적인 것을 비판한 것이었다. 때문에 그들은 불교 자체를 부정하거나 근본을 부정하지는 않았다. 불교의 교리에도 이치적으로 타당한 것이 있고 진리가 담겨 있으나 다만 현실에 맞지 않고 만사에 조응할 수 없다고 하는 것이 불교에 대한 정몽주의 비판이라 할 수 있다. 불교는 현실성이 없기에 결국 '허무적멸(虛無寂滅)'의 도로써 '임금도 어버이도' 없다는 비판으로 이어진 것이다.

하지만 여기에서 비록 부분적인 진리를 인정하여 권근(權近)이나 정도전이 그 근본적 진리들을 철저하게 부정했던 점에 비하면, 정몽주의 불교에 대한 시각은 그래도 긍정적이었던 것으로 보인다. 그러나 주목할 것은 이와 같은 논리가 조선시대 배불의 초석이 되고 있다는 점이다. 즉 불교를 격외(格外)의 도라고 단정 짓는 편견 이면에는 불교 교리에 대한 몰상식뿐만 아니라 당시 불교가 보살정신의 함양과 생활불교의 실천에 부응하지 못했다는 의미를 내포하고 있을 수 있다는 것이다.

조선이여, 법의 등불을 밝혀라 •

고려 말 노골적인 배불사상이 고조됨에 따라 불교는 강경파 유생들에 의해 걷잡을 수 없이 매도되고 비판받기 시작했다. 그 선봉적인 역할을 담당했던 대표적인 인물이 박초, 권근 그리고 정도전 등이다. 그들은 다양한 상소를 통해 강력한 배불의 주장을 폈다. 박초는 태종 때 좌군도절제사로서 제2차 대마도 정벌에 참가한 적이 있다. 그는 1391년(공양왕 3) 불교 배척의 내용을 담은 상소문으로 사형을 받을 처지에 몰렸으나, 정몽주의 변호로 사면된 바 있었다. 박초를 비롯한 성균관 생원들이 장황하게 올린 상소에는 불교의 근본윤리라 할 수 있는 삼도(三途)와 육도윤회(六道輪廻)를 부정하는 극단적이고도 노골적인 배불사상이 잘 묘사되고 있다. 삼도는 부모를 섬기는 세 가지 효도, 양(養)·상(喪)·제(祭)를 말한다. 곧부모가 생존했을 때 잘 봉양하고, 돌아간 후 근신하여 상제 노릇을 제대로 하고, 제사를 정성껏 받드는 일로 삼행이라고도 한다.

"무릇 부처는 본래 오랑캐의 사람이므로 중국과 언어가 같지 않고 의복이 다르고, 입으로는 선왕의 말을 말하지 않고 몸에는 선왕의 법복을 입지 않으며, 부부와 부자, 그리고 군신의 윤리를 알지 못하고 거짓으로 삼도(三途)를 드러내 보이고 있어 잘못 육도를 주장하여 마침내 혼미하고 미혹한 자로 하여금 헛되이 공덕을 구합니다. (중략) 모든 것이 부처로 말미암은 것이라 하여 임금의 권리를 도적질하고 조화의 힘을 끊어버리고 민생의 이목을 흐리게 하며 천하를 오탁(汚濁)에 빠지게 합니다. (중략) 그리하여 불자로 하여금 그 향리에 돌려보내어 병력으로 충당하고 그 집에 부과하여 호구를 더하고 그 책을 불살라서 길이 근본을 끊도록 해야 합니다."

위 김자수의 상소문에서 보듯이, 박초 등 성균관 유생들의 강성 배불론자들의 입장은 온건파 배불론자들의 입장과는 엄청난 차이를 보이고 있다. 즉 그들은 불교의 근본교리인 삼도와 육도윤회 등을 부정할 뿐만 아니라 유교의 실천윤리에 비추어 혹세무민케 하고 세상을 오탁(汚濁)에 빠지게 한다고 주장하며, 나아가 승려를 군대의 병력으로 충당하고 사원은 물론 불교의 씨를 말려 버려야 한다는 등 과격한 논리를 펴고 있다. 뿐만 아니라 그들은 금령(禁令)을 엄하게 세워 "삭발 승려는 죽이고 용서하지 말아야 한다."는 등 극단적이고도 살벌한 주장을 펼쳤다.

그런데 문제는 이러한 유생들이 올리는 상소문에 나타난 배불 논리는 전혀 근거가 없고 타당하지 않을뿐더러 오직 유교만을 정당화하려는 데서 오는 편협하고도 배타주의적인 사고방식에 지나지 않는다는 데 있다. 따라서 그들은 불교를 완전히 말살시키려는 집착만 보였을 뿐 타당성 있는 근거와 논리가 부족했고, 감정적인 면에 치우친 나머지 이미 민중의 삶에 깊이 스며든 불교를 단시간 내에 없앨 수 있는 명분과 공감대를 얻지 못하였다.

한편 권근은 권부(權溥)의 증손으로 이색의 문인이다. 권근 또한 불교가 이 세상에 출현함으로써 인륜은 급속히 어지러워졌다고 말하는 배불론자 가운데 한 사람이었다. 그는 조선개국 후에 척불운동의 선도적인 인물로, 정도전의『불씨잡변(佛氏雜辯)』서문에서 말한 것처럼 배불운동을 자신의 사명으로 인식하고 있었다. 특히 그는『주역천견록(周易淺見錄)』에서 '칭물평시(稱物平施)'에 대한 상반된 인식을 가지고 불교를 폄하하며 다음과 같이 언급하고 있다.

> 겸괘(謙卦) 상전(象傳)에 말하기를, "땅 가운데 산이 있으니 겸(謙)이다. 군자는 이 괘를 보고 칭물평시(稱物平施)한다."고 하였다. 내가 일찍이 석도(釋徒)와 함께 이 상(象)을 논하였는데, 그는 "이것이 곧 평등무차별한 법이다."라고 하였다. 나는 "아니다. 칭(稱)이라는 것은 저울추로 저울질하는 것이다. 이른바 칭물평시라는 것은 마치 저울을 잡고 물건을 저울질하여, 그 물건의 무게에 따라 저울추를 조정함으로써 저울의 균형을 잡는 것과 같다."*

인용문에서 보듯이, 권근은『주역겸괘상전』의 '칭물평시'란 말에 대해 불교적 해석에 문제가 있다고 지적하고 있다. 불교의 입장은

---

* 　「易說上經」謙卦,『周易淺見錄』.

'칭물평시'를 곧 자비라는 관념으로 해석하여 주역과 불교의 원리가 같다는 주장을 하는 반면, 권근은 그에 반대하여 '칭물평시'는 차별이 없는 평등을 의미하는 것이 아니라 사물의 경중에 따라 평등을 갖게 되는 것이라고 주장한다. 다시 말해, 그가 주장하는 평등이란 서로 간에 각각 그 마땅함을 덜어 남거나 부족함이 없음을 이르는 것이다.

따라서 그는 아무런 분별없이 무차별한 평등을 주장한다면, "큰 그릇을 기준으로 하여 작은 그릇에 물을 부으면 큰 그릇은 겨우 차지만 작은 그릇은 이미 넘치니 넘침과 넘치지 않음의 불평등이 있게 되며, 작은 그릇을 기준으로 하여 큰 그릇에 물을 부으면 작은 그릇은 이미 차지만 큰 그릇은 부족하게 되니 가득함과 가득차지 않음의 불평등이 있게 된다."라고 주장함으로써 결국 평등하다고 말하지만, 오히려 불평등하게 됨을 주장하고 있는 것이다.

이러한 이단적 비판은 과거에 묵가(墨家)를 비판하던 맹자의 전통을 이은 것이며, 불교 윤리를 부정하는 유학의 논리로 자주 이용되기도 했다. 또한 권근은 불교의 이론 자체에 적지 않은 문제가 있음을 내세웠다.

"내가 듣기로 불교는 외적인 집착을 버리고 윤리를 끊겠다고 한다. 이것은 심(心)과 물(物)을 둘로 보는 것이다. 그러니 내 마음(吾心)의 체(體)가 치우치고 내 마음의 용(用)이 결여됨이 없겠

조선이여, 법의 등불을 밝혀라 •

는가?"*

　권근은 그의 문집에서 불교가 실천윤리를 단절시키는 것은 상대적이고 대립적인 세계관을 지니고 있다고 밝혔다. 즉 불교이론은 마음과 물리를 통일적으로 파악하지 않고 이원적으로 보는 데에 근원적인 문제가 있다는 것이다. 권근의 인식 자체가 심각한 오류를 지니고 있지만, 이와 같은 부정적 인식은 당시 유학자들의 일반적 경향이었다. 또한 권근은 심물(心物)을 통일적으로 파악하는 유학적 사고방식으로 불교의 멸인륜(滅人倫)의 논거를 제시하였다.

　그러나 이 경우에 정도전의 극단적인 멸인륜에 대한 인식보다는 불교에 대해 한결 유화적인 태도를 취하고 있음을 볼 수 있다. 그는 전 왕조의 사상적 기반이었던 불교를 극복하고 새로운 성리학적 사상에 기반한 사회를 건설하기 위해 불교를 강하게 비판하고 나섰다. 그는 철저한 배불론자로, 불교를 이단으로 몰아 맹렬히 배척하였으며, 특히 배불사상의 핵심을 체계적으로 정리한 여러 저술을 통하여 불교 교리 자체를 비판하였다. 그의 불교 비판은 이전의 비판론자들과 완전히 성격을 달리하는 것이었다. 하지만 강경파 배불론자들의 불교 탄압의 의지는 쉽게 달성될 수 없었는데, 그것은 태조 이성계가 돈독한 신앙심을 가지고 있었기 때문이다.

―――

*　　권근, 「준월헌기」, 『양촌집』 권11.

왕위에 오르기 전부터 당대의 고승들과 두터운 친분을 맺고 있던 태조는 조선건국 이후에도 불교에 대한 관심과 지원을 아끼지 않았다. 물론 조정 관료들의 강한 반대가 있었지만, 태조는 불교 자체를 탄압하는 일은 결코 용납하지 않았으며, 일부 정책적 판단에 의한 불교 정비 방안들을 수용할 뿐이었다.

정도전의 불교 비판론

　여말선초 정도전이 독보적인 배불론자로 평가 받는 이유는 무엇일까. 그것은 그의 배불신념과 행동이 다른 유학자들과 성격을 달리하고 있기 때문이다. 일찍부터 조선왕조 개국의 주역으로서, 유교국가 건설에 신명을 바친 정도전은 「벽이단지변(闢異端之辨)」에서 벽이단(闢異端)의 문제를 근본적으로 비판하고 있었다. 벽이단은 정통의 가르침에 어긋나는 교리나 교파 따위를 물리친다는 의미다. 당시 유학자들에게 있어서 벽이단의 주요 대상이 불교였음은 말할 것도 없다. 하지만 당시 유학자들의 배불운동은 불교의 시폐(時弊) 제거 및 광폭한 언어 혹은 선배 유학자들의 논거들을 답습하는 정도의 수준에 머물고 있었다.

　정도전과 함께 조선 개국의 2대 주역이라고 평가되는 조준(趙浚, 1346~1405)만 보더라도 불교배척에는 인식을 함께 하고 있었지만,

국정개혁에 관한 부분적인 정책을 제시하는 데 그치고 있다. 즉 그
는 도첩제의 엄격한 실시와 승도들이 재물을 탐하는 행위의 금지
와 같은 행정상의 문제를 거론하는 정도에 그쳤던 것이다. 그러나
정도전은 이와 같은 정책적인 문제로서만이 아니라 종교적·철학적
인 입장에서 보다 근본적인 입장에서 배불론을 펼쳤다. 성리학적
지식을 기반으로 하여 저술된 그의 일련의 배불관련 논서들은 이
러한 시각에서 나온 것들이다.

정도전의 배불에 관한 저술은 태조 3년(1394)에 저술된 『심기이
편(心氣理篇)』(3편)과 태조 7년(1398)에 저술된 『불씨잡변』(19편)을 들

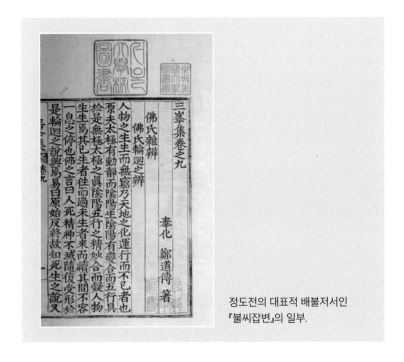

정도전의 대표적 배불저서인
『불씨잡변』의 일부.

조선이여, 법의 등불을 밝혀라 •

수 있다. 특히 『불씨잡변』은 그가 줄기차게 주장해온 배불론의 종합이라 할 수 있다. 정도전 자신도 "이 책이 지금 실행되지 않더라도 후세에 전해진다면 내가 죽어도 마음이 편안할 것"이라고 권근에게 자신의 감회를 적어 보낼 정도로 자부심과 기대감을 가지고 쓴 것이었다.

이와 같이 정도전의 『불씨잡변』은 고려 말부터 제기되었던 배불론을 집대성한 것이라 할 수 있다. 그 내용은 불교에 대한 심층적 이해를 토대로 제시되는 것이라기보다는 성리학의 우월적 입장에서 불교를 폄훼하려는 의도가 다분히 담겨 있다. 따라서 불교 교리가 인간의 삶에 부적절하다는 논지를 전개함에 있어 독단적이고 설득력이 약할 수밖에 없다. 그럼에도 불구하고 『불씨잡변』에 나타난 그의 불교에 대한 비판은 그 철학적 깊이와 비판에 있어서 그 당시에 수준 높은 것으로 평가되고 있다. 불교가 인도에서 중국을 거쳐 우리나라와 일본에 전파된 후 많은 세월이 지나면서 유가들에 의한 사소한 비판은 있었지만, 정도전이 논리적인 이론을 가지고 불교를 혹독하게 비판한 것은 초유의 일이었다.

종래의 배불론이 단순하고 정치적인 성향이 강한 데 반해, 정도전이 나름대로 불교의 논설을 세분하여 체계적으로 비판함으로써 불교에 대한 성리학의 비판의식을 확립했다는 점은 그 나름의 중요한 의미를 가진다. 물론 불교에 대한 이론적·철학적 비판이 고려 말에 전혀 없었던 것은 아니다. 정도전 자신도 이미 우왕 원년에

『심문천답(心問天答)』을 저술하여 불교의 인과설을 간단한 운문체의 시로써 비판한 일이 있으나, 이는 매우 미온적이고 소박한 것이었다. 그러나 『심문천답』은 앞에 소개한 『심기이편』, 『불씨잡변』과 더불어 정도전의 '배불 3부작'으로, 불교의 철학적 기반에 대한 비판을 통해 보다 철저하게 불교를 배격하기 위한 목적으로 쓰여진 배불론 저서들이다.

정도전은 이들 저술을 통해 불교와 유학의 차별성을 적극적으로 부각시킴으로써 유학의 우월성 및 불교와 유학이 양립이 불가한 것임을 역설했던 것이다. 그런데 이들 책은 적지 않은 오류와 독단적인 면을 드러내 보이고 있음을 알 수 있다. 그것은 그가 순수한 학자적인 입장에서 불교를 비판했다기보다는 사회와 정치개혁의 한 수단으로서 불교를 비판했기 때문이다. 다시 말해, 그는 불교 고유의 철학적·윤리적인 면을 부분적으로 긍정하고 인정하면서도, 불교의 단점을 과장하고 불교 교리를 너무나 자의적으로 해석하고 비판하여 불교의 진면목을 전면적으로 부정하고 있다는 사실이다.

물론 당시의 불교가 국가사회에 끼치는 폐단이 너무나 컸기 때문에 정도전을 비롯한 유학자들의 강력하고도 극단적인 배불운동은 불교의 잘못된 폐해를 시정하고자 한 시대적 요청으로서 여겨질 수 있다. 하지만 정도전의 배불론은 그 타당한 논리와 준거의 틀을 가지고 불교를 비판하는 학술적인 면보다는 시대적 상황에

편승하여 다분히 정치적 목적을 달성하고자 하는 면모를 보이고 있다. 정도전이 주장하는 불교 교리와 사상에 대한 비판 내용을 정리하면 다음과 같다.

불교의 윤회와 인과설에 대한 비판

정도전은 윤회와 인과설을 중심으로 불교를 비판하였다. 그의 저술 가운데 가장 먼저 출판된『심문천답(心問天答)』은 불교의 인과설에 대한 유가의 입장을 대변하는 것이었으며,『불씨잡변』에서도 윤회의 비판이 서두 부분에서 언급되고 있을 정도로 중요한 이슈였다. 뿐만 아니라『심기리편(心氣理篇)』의 내용도 이러한 내용을 골자로 하고 있으므로, 정도전의 윤회와 인과에 대한 비판은 가장 핵심적인 것이었다.

정도전은 "사람이 죽되 정신은 멸하지 않고, 곧 새로운 형태를 받아 태어난다."며 윤회설의 전제가 정신 불멸성에 있다고 단정하면서 영혼 불멸성의 부인에 앞서 우주변화의 근본원리를 유가 입장에서 밝히고 있다. 그는 태극도설(太極圖說)의 논리를 빌어 "태극에는 동(動)과 정(靜)이 있어 음양을 생한다. 음양은 변과 합을 지니고 오행을 갖추고 있다. 이에 무극, 태극의 진(眞)과 음양오행의 정(精)이 절묘하게 결합하고 섞여 사람과 만물을 낳는다."고 하였다.

따라서 그는 "이미 태어난 자는 이미 지나가 버렸고, 아직 태어나지 않은 자는 계속해서 오고 있으므로 그 틈을 잠깐이라도 용납할 수 없다.”고 결론을 내린다. 말하자면, 천지만물의 변화가 무극(無極), 태극(太極)의 진(眞)과 음양오행(陰陽五行)의 정(精)이 절묘하게 결합하여 이루어지는 만큼, 이미 생한 것은 가서 지나가 버리고 아직 생하지 않은 것이 와서 계속 존재한다는 것이다. 그러나 음양오행의 절묘한 결합의 고정된 체제를 인정하지 않고 무궁한 유동성만을 인정해 버린 한계를 드러냈다. 그렇다면 여기에서 대두되는 문제는 인간의 삶과 죽음은 무엇이며, 인간의 정신작용이 어떻게 형성되는가이다.

한편, 정도전은 『주역』의 “시작에 근원하여 끝으로 돌아간다. 그러므로 삶과 죽음의 이야기를 안다.”는 구절에 대한 주자의 해석을 빌어 이에 답한다. 이에 대해 주자(朱子)는 “천지의 변화는 생생무궁(生生無窮)한 것이다. 그런데 생생무궁한 변화 과정의 본질은 모였다 흩어짐이며, 이것이 바로 삶과 죽음인 것이다. 따라서 그 시작을 찾아보면 반드시 죽음이 있음을 알 것이다. 하지만 삶이란 기화(氣化)의 자연에서 일어나는 것이요, 원래는 정신이 태극 가운데 서려 있던 것이 아니다.”라고 해석하고 있다. 더욱이 “정기는 물질을 만들고 신은 물질을 주재한다.”는 구절은 “천지음양의 두 기운이 교합하여 인물이 되고 혼기(魂氣)는 하늘로 올라가고 체백(體魄)은 땅으로 돌아가는데 이것이 변(變)이란 혼과 백의 취산(聚散)을 말한 것으로서 있었던 것이 없어짐을 말한 것이다.”라고 해석한다.

주자의 해석을 정도전의 입장으로 볼 때, 그의 생사관은 명백하게 밝혀진다. 즉 생(生)이란 음양기기의 교합에서 생겨난 일회적 사건에 불과한 것이며, 사(死)란 기의 모임과 흩어짐으로써 그 개체적 존재성은 소멸해 버린다는 것이다. 때문에 그는 흩어진 것은 다시 합해질 수 없는 것이며, 이미 가 버린 것은 다시 올 수 없다고 단정적인 입장을 보인다. 결국 그가 취하는 입장은 영혼 불멸설과는 정반대이다.

> 백곡(百穀)도 또한 부단히 생겨나고 또 생겨나는데, 만약 불씨(佛氏)의 윤회설에 입각해서 본다면 모든 혈기를 가진 것은 그 수가 본래 일정하여 무한히 생성 소멸하더라도 그 이상으로 늘지도 않고 줄지도 않을 것이니, 그렇다면 천지의 조물은 도리어 농부의 생리만도 못한 것이다.*

이러한 윤회설의 비판은 영혼 불멸설에 대한 반박이다. 윤회설을 따를 경우 모든 생명체는 늘지도 줄지도 않아야 하는데 왜 늘어나기도 하고 줄어들기도 하는가? 하는 반론을 제기하고 있는 것이다. 결국 정도전은 기와 혼백설을 바탕으로 불교의 윤회설과 영혼

---

*   정도전, 『佛氏雜辨』「佛氏輪廻之辨」, 『三峰集』, 제5권.

불멸설을 비판하면서 윤회설을 인정한 불교의 이념적 근거를 논박하고 있는 것이다.

　그렇다면 우주의 만물이 형태나 성질에 있어서 동일하지 않고 천차만별의 차이가 나타나는 이유는 무엇인가. 가령, 우주 만물에는 인간, 동물, 식물, 무생물 간의 차이가 있고, 같은 인간일지라도 현명한 자와 어리석은 자, 부자와 가난한 자, 존귀한 자와 미천한 자 등의 차이가 있는 이유는 무엇인가. 그것은 윤회설에 의하면 충분히 설명될 수 있다. 그럼에도 불구하고 윤회설을 부정하는 정도전은 이러한 차별성의 설명에 대한 대안을 다음과 같이 주장한다.

　　이른바 음양오행이라는 것은 교대로 운행하는데 그 운행의 도수가 천차만별이다. 그런 까닭에 기에는 통색(通塞), 편정(偏正), 청탁(淸濁), 후박(厚薄), 고하(高下), 장단(長短)의 차이가 난다. 인(人)·물(物)이 생성될 적에는 그때를 잘 만나서 정통한 것을 얻으면 인간이 되고, 편(偏)·색(塞)한 것을 얻으면 물(物)이 된다. 인과 물질의 귀천(貴賤) 차이는 여기에서 분리되는 것이다. 또한 인간 내에 있어서도 맑은 기를 받은 사람은 지자(智者)와 현자(賢者)가 되고, 탁(濁)한 것을 받은 사람은 우(愚)자가 된다. 후한 기를 받은 사람은 부자(富者)가 되고, 박한 기를 받은 사람은 빈자(貧者)가 된다. 고상한 기를 받은 사람은 귀인(貴人)이 되고 박덕한 기를 받은 사람은 천인(賤人)이 된다. 장기(長氣)를 받은 사람은 장수(長壽)하고 단기(短氣)를 받은 사람은 요절(夭折)한다. 이것이 그 대략이다.*

　말하자면, 인간과 우주 만물의 이항대립(binary opposition)의 관계와 차별은 기(氣)의 차이에서 생겨나는데, 인간은 우주 만물의 기 가운데서 가장 우수한 것을 받았으며, 동식물은 그러하지 못한 기를 받았기 때문에 동식물이 된 것이라는 주장이다. 따라서 인간이 만물 가운데서 가장 존귀하고 영장이 되는 것도 만물 가운데서 가장 우수한 기를 타고났기 때문인 것이다. 그러나 인간이라고 해서 모두가 똑같은 기를 타고나는 것은 아니고, 사물의 경우에도 마찬가지이다.

　그런데 정도전이 불교의 윤회를 기의 모임과 흩어짐으로 보는 시각에는 한 가지 문제점이 대두된다. 그것은 왜 인간이 그러한 기를 받아야만 하는가 하는 근원적인 물음이다. 가령, 어떤 사람이 맑은 기운을 받아서 귀인이 됐다고 가정할 때, 그 사람이 맑은 기운을 받은 까닭은 무엇인가? 하는 것이다. 불교도의 입장에서는 당연히 그 근본적인 이유에 대해서 질문을 던질 수 있을 것이다. 하지만 정도전은 이 부분에 대해서는 전혀 언급하고 있지 않다.

　그는 이와 같이 윤회와 인과설을 반대하였지만, 인과를 완전히

---

* 　정도전, 『佛氏雜辨』「佛氏輪廻之辨」, 『三峰集』, 제5권.

부인하는 것은 아니었다. 하늘의 도는 선악을 보응해 주는 것이니 인간의 마음가짐에 따라 화복이 응한다고 생각하였다고 한 사실이 이를 반증해 준다. 정도전은 불교의 인과설을 전생과 현생의 관점, 숙명적인 상황 혹은 현생과 내세적 경향을 중심으로 육도윤회와 관련 지으려는 시도를 보였다. 이것은 그가 지옥에 대해 "석씨(釋氏)의 지옥설은 모두가 어리석은 자를 위한 것으로 지옥이 두려워서 착한 일을 하게 함"이라고 주장한 대목에서 확인된다. 계속해서 그는 한 승려에게 불교를 대변하는 방식으로 등장시켜 "만일 지옥이 없다면 사람이 무엇을 두려워 악한 일을 안 하겠는가?"라고 말하고 있는데, 여기에서 역시 인과설을 육도윤회와 연관지으려 한 면을 찾아 볼 수 있다.

그는 불교의 인과설 또한 복을 받기를 바라는 공리적 타산성이라고 보아 유학은 이에 대해 떳떳한 윤리적 당위성에 입각하여 실행할 뿐이라고 주장하였다. 그러나 하늘의 도는 일시적으로는 이치의 바름을 잃을지 모르나 곧 평상을 회복하여 반드시 선행에 보답할 것임을 언명하기도 하였다. 결국 그의 윤회설에 대한 비판이 영혼의 불멸에 대한 부정이라면, 이와 관련된 인과설의 비판은 불교가 마음에 의해 모든 것이 자신의 행위로 결정된다고 보는 반면, 그는 객관적인 우주의 법칙 즉, 우연론을 따르고 있음을 알 수 있다. 이렇게 본다면, 정도전의 인과에 대한 비판의 핵심은 결국 유가의 우주론적 입장과 상반되는 면을 배격하는 데 있다고 할 수 있다.

불교의 심성론(心性論) 비판

　정도전은 성리학의 바탕이 되는 이기(理氣)와 마음(心)·성(性)·정(情)의 개념을 토대로 불교의 심성론을 비판하고 있다. 우선 그는 심성에 대해, "심이라는 것은 인간이 하늘에서 얻어 생겨난 기(氣)로 허영불매(虛靈不昧)하며 일신을 주재하는 것이고, 성(性)이라는 것은 인간이 하늘에서 얻어 생겨난 이(理)로써 순수하고 지선하며, 일심에 내재되어 있는 것이라고 말함으로써 이기론적인 성리학적 개념을 말하고 있다.

　그런데 그는 여기에서 마음을 기의 측면으로만 설명했으나, 『심기편』의 권근의 서문에서는 "사람이 태어날 때 천지의 이(理)를 받아 성이 되었고, 그 형상을 이룬 것은 기이며, 이와 기를 합하여 능히 신명한 것은 심이다."라고 하고 있는데, 이는 성의 성리학적 개념으로 보면 한결 명확한 설명이라 할 수 있다. 또한 그는 "방촌의 사이가 허영불매(虛靈不昧)하여 모든 이치를 갖추어 만사에 응한다."고 하는 유가의 말을 다음과 같이 설명하고 있다.

　허영불매하다는 것은 마음이고 모든 이치를 갖추었다는 것은 성품이며 만사에 응한다고 하는 것은 정이다. 오직 이 마음이 모든 이치를 갖추고 있으므로 사물이 오는 것에 응하여 각각 그 마땅함을 얻지 못함이 없는 것이니, 사물의 마땅하고 마땅치 못함을 처리함에 사물이 모두 나의 명령을 듣기 때문이다.*

이러한 주장은 마음은 성과 정의 양면을 모두 지니며, 성은 곧 이(理)이므로 마음은 이를 갖추고 있다는 의미이다. 정도전은 특히 마음이 이를 갖추고 있다는 시각으로 불교의 심성론을 반박하기 시작한다. 물론 불교 심성론에 대한 그의 비판은 성리학자들의 전통적 관례에 따르고 있다. 때문에 그는 "불교는 작용을 성이라 한다"**는 전제를 바탕으로 반박의 담론을 전개하는데, 이는 주자를 비롯한 성리학자들이 불교의 심성론에 대해 제기하는 전형적 비판 이론 가운데 하나이다.

성리학의 개념에 의하면, "성리(性理)는 사람이 하늘에서 얻어 생겨난 이(理)이고, 작용(作用)이란 것은 사람이 하늘에서 얻어 생겨난 기(氣)"로 불교는 작용을 성이라 하므로 불교의 심성론에는 이가 없다는 것이다. 따라서 불교에서 말하는 "인연에 따라 행동하고, 성품에 따라 소요(逍遙)한다"는 것은 사물의 현상에 그대로 따를 뿐이며, 그 시비를 절제하여 처리함이 없는 잘못된 태도라는 것이다. 즉 사람에게는 이미 형기(形氣)가 있으면 이가 갖추어지는데, 마음에 있어서는 인·의·예·지의 성과 측은·수오·사양·시비의 정이 되

---

*　　정도전, 『佛氏雜辨』「佛氏作用是性之辨」, 『三峰集』, 제5권.

**　　위와 같음.

는 것 등이 모두 당연한 법칙이라서 바꿀 수 없는 것이며 이것이 바로 이(理)라는 것이다.*

그런데 불교의 심성론에는 이(理)가 없다. 따라서 이러한 불교의 심성론적 한계를 더욱 확대하면 주자가 말한 것처럼, 정도전은 "만일 작용을 성이라고 한다면 사람이 칼을 잡고 함부로 휘둘러 타인을 죽이는 것도 감히 성이라고 할 수 있겠는가?"라는 비판이 성립된다는 점을 부각시킨다. 이러한 불교 심성론 비판에서 주목되는 사실은 심성론적 비판을 윤리적 취약점으로 간주하고 있는 점이다. 바로 여기에 정도전의 불교 심성론 비판이 지니는 의도가 분명히 드러나고 있다.

그런데 여기서 간과할 수 없는 것은 이러한 정도전의 심성론에 입각한 배불론이 지니는 이론상의 오류이다. 그것은 무엇보다도 성리학자들이 불교 심성론 비판의 유력한 근거로 삼고 있는 "불교는 작용을 성이라 한다"는 전제에 대한 오해로부터 비롯되고 있는 점이다. 불교의 사유 구조는 이제설(二諦說)이 보여주듯 기본적으로 두 가지 사유체계를 설정한다. 불교적 지혜를 기반으로 하는 해탈의 체계와 무명을 기반으로 하는 고통의 체계가 그것이다.

따라서 불교의 심성론 역시 두 가지 체계를 지니는데, 무명(無明)

---

*   정도전, 『佛氏雜辨』 「佛氏作用是性之辨」, 『三峰集』, 제5권.

에 입각한 번뇌의 '망심'과 지혜에 입각한 해탈의 '진심'이 그것이다. 마음 작용이 지혜와 무명 가운데 어느 것을 기반으로 삼느냐에 따라 해탈과 번뇌라는 질적으로 상반된 두 가지 사유체계로 나누어진다.* 바꾸어 말하면, 불교의 성에는 본체와 현상이라는 양면이 동시에 담지되어 있다는 것이다. 따라서 불교에서 말하는 "작용이 성이다"는 표현은 본체론적 입장의 견해이지 현상적 입장에서 말한 것은 아니라고 할 수 있다.

한편, 선종(禪宗)에서는 마음 작용의 본체론적(해탈적) 면을 강조하는 데 있어서 매우 극단적인 표현을 사용한다. 가령, "음주·육식이 반야(般若)를 방해하지 않는다"라든가, "음(淫)·분노(怒)·어리석음(癡)도 모두 범행(梵行)이다"라는 등, 반윤리적 행위와 관련된 마음 작용마저도 심성의 해탈적 측면을 설명하는 데 활용되고 있는 것이다. 성리학자들은 바로 이 점을 불교의 심성론 비판의 근거로 삼고 있다. 반윤리적 요소들과 관련한 마음 작용마저 궁극적 가치(性)로서 인정하는 것은 곧 행위의 옳고 그름 등을 제어하는 원칙마저 포기하는 것이며, 이는 결국 인륜의 파괴를 가져 온다는 비판을 제기하는 것이다.

아울러 이러한 오류를 범하게 된 원인을 성리학의 이기론적 심성론으로 설명하고 있다. 바꾸어 말하면, 성(性)은 이(理)이고 작용

---

* 　　박태원, 『한국사상사』, 원광대학교출판국, 1991. 352쪽.

　　　　　　　　　　　　　　　　조선이여, 법의 등불을 밝혀라　•

은 기(氣)인데, 불교는 작용을 성이라고 하기 때문에 기로서의 작용만을 원칙 없이 인정할 뿐 기의 원리로서의 이가 없는 것이어서, 결국 윤리적으로도 무원칙하게 되고 사물을 절제할 수 있는 능력을 상실하고 만다는 해석이다. 하지만 성리학에서 말하는 이기론(理氣論)으로 작용과 성을 해석하는 것은 무리가 따른다. 앞에서도 설명한 바와 같이, 불교의 성(性)은 본체론적 측면과 현상적인 측면이 동시에 내재되어 있다.

즉 『기신론(起信論)』*에 잘 설명되어 있듯이, 일심 가운데는 진(眞)과 망(妄)이 함께 존재한다.

진과 망이 따로 따로 있는 것이 아니라 진 속에 망이 있고, 망 속에 진이 있는 진망화합(眞妄和合)식이다. 곧 진여(眞如) 속에 생멸(生滅)이 있고, 생멸 속에 진여가 있다는 것이다. 그러나 성리학의 이기론은 본질적으로 다르다. 이는 '이'이고 기는 '기'인 것이다. '이' 속에 '기'가 있고, '기' 속에 '이'가 있는 것이 절대적이 아니기 때문에 이들이 철저하게 분리될 수 있는 상황에 놓이게 된다. 특히 성리학에서는 '기' 속에 '이'가 있다는 해석은 불가능하다. 바로 여기에 불교와

---

*   정식 명칭은 대승기신론이다. 인도의 마명(馬鳴 : 100~160?)이 저술하였다고 하나 그의 생존연대가 불확실하여 중국에서 만들어진 것이라는 설도 있다. 대승기신론은 크게 서분(序分)·정종분(正宗分)·유통분(流通分)으로 구성되어 있다. 이론과 실천 양면에 있어서 여러 교리사상을 받아들여 작은 책 속에 대승불교의 진수를 요약해 놓은 것으로서 높이 평가되고 있으며, 중국·한국·일본을 비롯한 동아시아 불교의 발전에 큰 영향을 끼쳤다.

성리학의 결정적인 차이점이 있다. 그리고 이기론에 의하면 불교의 성을 논한다는 것은 근원적으로 타당하지 않으며, 또한 작용을 기에 적용한다는 것은 일방적인 해석에 불과할 뿐이다.

따라서 불교에서 작용을 '성'이라고 할 때의 '성'은 불교의 두 가지 심성체계에 있어서 해탈된 마음 작용을 지시하는 것이지 결코 이기론적 맥락에서의 '성'을 의미하는 것은 아니다. 아울러 성리학자들이 놓치고 있는 것은 불교, 특히 선종에서 해탈의 마음 작용의 설명을 반윤리적 행위와 관련된 마음 작용에까지 적용하고 있지만, 이것은 해탈된 마음 작용의 본질을 보다 적극적으로 설명하려는 시도이며, 해탈의 본질을 묘사하는 수단의 반윤리적이거나 무절제한 행위를 현실적으로 용인하는 것은 아니다. 때문에 그것이 결코 윤리도덕의 파괴를 용납하거나 사물의 옳고 그름 등을 판단하는 원칙을 포기하는 것이 아니라는 것이다.

그렇다면, "불교는 작용을 성이라고 한다"는 사실에 토대를 두고 있는 성리학자들의 불교 심성론 비판은 이상과 같은 두 가지 중대한 오류를 범하고 있기 때문에 그다지 설득력을 얻지 못하였다. 그러나 비록 정도전의 배불론이 학문적으로 정당성을 지니지 못하며 설득력을 얻지 못하고 있다 할지라도 당시의 불교가 국가사회에 끼치는 폐단이 너무나 컸기 때문에 여말선초라는 시대적 상황에서 큰 반향을 불러일으킨 것만은 분명하다 할 것이다.

불교윤리 비판

정도전이 비판의 대상으로 삼았던 중요한 것 중의 하나는 '불립문자 견성성불(不立文字 見性成佛)'을 종지(宗旨)로 하는 불교의 선종과 양기(陽氣)로써 장생하려는 신선술(神仙術)이었던 도교이다. 불교와 도교를 편향적으로 비판한 그는 특히 「불씨심적지변(佛氏心跡之辨)」에서 심(心)과 적(跡)을 구별하여 보는 불교를 비판한다. 심이란 몸 가운데의 주(主)가 되는 것이고, 적이란 마음이 일에 응하고 물에 접하는 가운데 발(發)하는 것이다. 사단(四端) 혹은 오전(五典), 그리고 만물의 이가 심중에 내재해 있어 사물에 따라 변화하나 무질서하지는 않다는 것이다. 바꾸어 말하면 체(體)와 용(用)이 한 근원이요, 본체와 현상에 거리가 없다는 것이다.

정도전은 마음이 바르다면 그 행동도 정당한 것으로 보고 불교에서 마음만을 강조하고 예법과 의리를 무시하려 하는 태도를 비판한다. 그 실례로서 문수보살이 음주하며 놀지만 마음만은 바르다고 한 것을 지적한다. 정자(程子)가 불교를 공경으로써 안으로 마음을 곧게 함은 있으나 의리로써 밖으로 방정하게 함은 부족하다고 평한 것도 당연하다는 것이다. 그에게는 예법과 의리를 무시하고 마음만 닦는 불교의 수행 방법이 부당하게 보였던 것이다. 따라서 그는 교종은 계율을 지키고 권선징악을 함으로써 의리를 모두 상실하지 않고 있는 반면, 선종은 세속의 의례를 모두 벗어나 거만하게 예법 밖으로 나가 제멋대로 방자하여 끝내 의리를 모두 상실하게 되었다고 주장하고 있다.

한편, 정도전은 인간이 살아가는 데 있어 의리(義理)를 중시하였다. 그가 말하는 의리란 인간이 당연히 행해야 하는 도리로, 인륜을 떠나서는 존재할 수 없으며 그 근원은 성리학의 근본이념인 이(理)에 두고 있다. 아울러 그는 인륜은 가까이는 부자의 도(道)로부터 멀리는 천지만물에 이르기까지 도가 있지 않음이 없다고 강조한다. 그럼에도 불구하고 불교는 출세간(出世間)의 입장에서 도를 구하려 하고 있으니 도에서 멀다고 볼 수밖에 없다는 것이 그가 주장하는 불교가 지닌 모순이다.

그런데 이와 같은 인륜적인 면에서 불교를 비판한 정도전의 주장은 다분히 주자의 영향을 받은 것으로 보인다. 또한 인륜을 버리고 도를 구하는 불가의 수행을 비판한 정도전은 불교의 자비 행위가 유가의 어진(仁) 행위와 달리 실천적인 면이 부족함을 비판한다. 즉 그는 "인(仁)은 사람이 차마 하지 못하는 마음으로 하늘에서 받은 마음이다. 그러나 그 실천에는 순서가 있다. 왜냐하면 육친은 나와 기가 같은 것이요, 사람은 부류가, 사물은 생이 같은 것으로서 본래부터 가까움의 차이가 있기 때문이다. 따라서 인을 베푸는 것은 물의 흐름과 같이 가까운 곳에서 먼 곳으로 이루어지는 것"이라고 주장한다.

뿐만 아니라 유교에서 말하는 "만 가지 변화를 주고받는 것"은 마음이 어떤 사물을 대할 때 당연한 법칙에 따라 응함으로써 그 마땅함을 잃지 않는 것을 의미한다. 가령, 진정한 아들의 노릇을 할 경우에는 반드시 효자가 되어야지 적자가 되어서는 안 된다는 것이다. 그런데 불교에서 말하는 "일체에 순수하게 따른다"는 것은 마음을 써서 자신의 행위를 마땅한 법칙에 맞추려는 노력이 없음이니, 아들의 경우 효자는 효자인 대로 적자는 적자인 대로 절제 없이 무원칙하게 인정할 뿐이라는 것이 정도전의 주장이다. 그의 이러한 시각은 불교의 가르침이 반윤리적이며 무원칙하고, 무절제하다는 것이다. 그러나 불교윤리 비판의 근거인 그의 불교 심성론 비판 자체가 오류를 범하고 있기 때문에, 이러한 정도전의 윤리적 배불론 역시 이론적으로 타당성을 지니지 못한 것으로 판단된다. 하지만 정도전과 일반 성리학자들의 심성론적·윤리론적 배불론은 이론적으로 무리가 있음에도 불구하고 현실적으로 상당한 호소력을 발휘할 수 있었던 것은 당시의 불교가 안고 있던 많은 문제점에서 찾아질 수 있다.

성리학자들이 비판한 불교의 문제점은 당시 성행하고 있던 선종(禪宗)의 행위이다. 실제로 선종은 "불립문자(不立文字), 이심전심(以心傳心), 견성성불(見性成佛), 직지인심(直指人心)" 등의 표방을 비롯하여 교설 방식이나 수행 방법에 있어서 매우 독창적이며 새로운 요소를 많이 강조하고 있어, 기존의 불교 전통에 익숙해 있던 사람들로부터 상당한 주목을 끌었다. 이러한 선종의 교설 방식의 두드러진 특징 중의 하나가 바로 '불성(佛性)' 혹은 '본래면목(本來面目)'을 묘사함에 있어서 매우 극적인 방식을 취하고 있다는 점이다.

그러나 선종의 발흥과 더불어 불교계 안팎에서 제기된 문제 중의 하나가 선종의 독특한 교설 방식의 본질을 이해하지 못한 사이비 승려들의 행각이었던 것으로 판단된다. 다시 말하면, 선종의 극적인 교설 방식을 수행자로서 인격적·윤리적 약점에 대한 보호막으로 삼아 파계 행각의 구실과 변명으로 이용했던 사이비 선승들의 잘못된 행위는 세인들에게는 물론 교단 내에서도 큰 문제점으로 대두되었던 것이다. '광선(狂禪)' 혹은 사이비선 등의 논란이 이러한 정황을 잘 반증해 주고 있다. 소위 무애행각(無碍行脚)이란 것으로* 바로 선 수행의 근본 취지를 제대로 이해하지 못한 승려들의 그릇된 행각이 불교의 도덕성에 대한 비판의 근거를 마련해 주었던 것이다.

따라서 정도전의 『불씨잡변』의 출현은 배불사상의 종합적 담론서라는 면에서 그 의의를 찾을 수 있다. 하지만 유교는 현실주의적이며 인간세계의 윤리를 주장하고 있는 반면, 불교는 초월주의, 윤회, 열반·지옥, 극락 등 다른 세계관을 가지고 있는데도 정도전의 불교 비판은 단순한 불교 비판이라기보다 이항대립이라는 이원적

---

*   유초하, 「정도전의 사회·윤리사상」, 삼봉 정도전선생기념학술회의, 한국공자학회, 1992, 3쪽.

           조선이여, 법의 등불을 밝혀라 ·

사유에 대해서 편협한 주장을 펴고 있다. 여기에는 왕조 교체, 건국에 따른 개혁 이념의 대두, 국고 충당과 새로운 신진사대부들의 토지분배 정책, 그리고 개혁 이념에 기초한 이단의 비판과 혁파라는 시대 상황이 자리 잡고 있었다. 결국 정도전의 불교에 대한 자의적이고 편협한 사고는 깨달음의 지혜를 바탕으로 하는 불교의 참모습에 대한 이해를 놓치고 있다 할 것이다.

제3장

불교 비판에 대응하다

- 『현정론』과 『유석질의론』을 쓰다
- 불교는 무부무군(無父無君)의 도가 아니다
- 불교의 인과와 윤회의 도리는 분명하다
- 불교 탄압에 대한 또 다른 상소, 「간폐석교소」

『현정론』과
『유석질의론』을 쓰다

　『현정론(顯正論)』과『유석질의론(儒釋質疑論)』은 불교가 종교로서
지닌 가치와 그 존립의 정당성을 호소한 호교론서(護敎論書)이다.
『현정론』은 배불론자들의 비판에 답하는 형식을 취하여 불교에 대
해 잘못 이해하고 있는 점을 바로잡기 위해 쓰여졌다.『유석질의론』
역시 불교의 입장에서 유교의 가르침을 비교해 두 종교의 교법(敎
法)이 세상을 구제하고 백성을 이롭게 하는 것이므로 공존해야 함
을 논술하였다. 결국 이 두 책은 다른 종교와의 대립을 지양하고
투쟁이 아닌 교섭과 포용의 자세를 견지하여 합리적인 사고와 대
화를 통하여 정법(正法)을 구현하려는 설득력을 지닌 불교의 대안
논서라 할 수 있다.
　『현정론』은 8,600여 자에 불과한 비교적 짧은 분량으로 14개 항
목으로 구성되어 있다. 그 내용은 유가에서 불교를 배척하는 주요

쟁점에 대하여 불교의 근본 가르침을 문답식으로 풀어가며 이론적인 반론을 전개하여 불교의 진면목을 보여주고 있다. 주요 내용을 간략히 간추려 보면 다음과 같다.

먼저 서론에서는 도(道)와 성(性)의 개념으로 유교와 불교의 근본사상을 밝히고, 본론의 14개 항목 중 13개 항목에 걸쳐 유학자들의 배불이론이 부당함을 유교경전과 함께 불교의 교리로 반박하고 있다. 그리고 마지막 항목은 당시 유행하던 유·불·도 삼교의 가르침은 서로 같다는 '삼교회통(三教會通)'을 설파하고 있다. 그러므로 이 책의 핵심내용은 불교가 충(忠)과 효(孝)라는 인륜적 가치를 부정하는 가르침이 아니라 최상의 충효 실천의 가르침을 전하고 있음을 강조하였다.

그 내용을 세부 주제별로 나누어 보면, 다음 몇 가지로 요약할 수 있다. 1) 성(性)과 정(情)의 개념을 통하여 불교의 정의와 목적 2) 출가, 보시, 불살생, 불음주, 화장 등의 불교적인 의미 3) 삼세인과의 타당성 4) 견실심(堅實心)의 불멸성 5) 불교를 오랑캐(西夷)의 교라 하여 배척에 대한 비판 6) 불교가 사회에 해가 된다 함에 대한 반론 7) 일부 승려의 잘못된 행동과 불교 자체를 동일시함은 타당치 못하며 8) 불교가 허원적멸(虛遠寂滅)의 가르침이라는 것에 대한 반론 9) 삼교(儒·佛·道) 회통에 대한 견해 등이다.

함허는 먼저 부처님이 깨달은 바를 열어(開) 보여주고(示), 깨달음(悟)에 들어가게(入) 하기 위해 불교의 본질적인 문제와 요체를 설명

| 『현정론』(국립중앙도서관 소장) |

| 『유석질의론』(규장각 소장) |

하고 있다. 아울러 그는 후세의 유학자들이 자기 학문의 핵심에도 통달하지 못하고 섣부른 지식으로 배불을 일삼는 태도는 진정한 유학자의 도리가 아니며, 터무니없는 배불이론을 펴기에 앞서 자기 학문에 더욱 충실히 해야 함을 강조하고 있다. 즉, 자신의 허물을 보지 못하면서 남의 허물을 비판하는 태도는 지양되어야 하고, 유가(儒家)의 경전들을 자세히 보고 그 뜻을 헤아리게 되면 불교와 유교가 서로 회통함을 깨닫게 될 것이라며 그들의 편협된 사고를 질타하고 있는 것이다.

이와 같은 함허의 충고는 당시 불교를 비판함으로써 유교의 발전과 권력만을 추구하는 배불론자들의 배불태도에 대한 적극적인 비판이라고 볼 수 있다. 아울러 그는 유학자들의 배불에 대한 비판에만 그치지 않고 유·불 양교의 조화를 꾀하는 등 불교의 관용과 자비를 통해 설득하고자 하였다.

우선 유학자의 입장에서 질문한 내용의 골자는 첫째, 불교가 당시 정치·경제·사회 등에 악영향을 미치고 있다는 지적이다. 예컨대 승려는 혼인을 하지 않음으로써 후사를 끊는다는 점, 나라와 임금에게 충성하지 않는다는 점, 살생을 금하여 육식(肉食)으로 제사를 지내지 않는다는 점, 그리고 술을 먹지도 팔지도 못하게 한다는 점 등이다. 그러나 유학자의 입장에서 불교가 나라와 사회에 가장 해악을 끼치는 것은 수행하지 않고 부처를 팔아 연명하여 국가를 운영하거나 사회를 유지하는 데 아무 쓸모 없는 백해무익하다는 것이다.

둘째, 불교는 근본교리가 허망된 것이고, 백성들을 기만하고 있다는 것이다. 즉 불교는 살생하지 말고 술을 먹지 말라는 계율에 의해 유교가 제시하고 있는 사회의 질서를 어지럽히고 있으며, 삼세윤회(三世輪廻)와 인과응보(因果應報)는 허황된 것이라는 점, 그리고 불교의 대체적인 교리가 허원적멸(虛遠寂滅)하여 무용무실(無用無實)이라는 점 등을 지적하여 사회와 백성들을 현혹시키고 있다고 인식한 것이다.

셋째 유·불·도 삼교의 같고 다른 점과 그 우열을 묻고 있는 것이다. 이 질문에 대한 핵심은 유교가 도교와 불교에 비해 탁월한 교리를 지니고 있으며, 세상을 다스리는 데 그 합리적인 측면이 강하다는 점을 강조하고 있는 것이다.

이에 대한 불교의 입장은 크게 다섯 가지로 요약할 수 있다.

첫째, 불교는 승려가 수행하여 윤회를 벗어나기 위해 혼인을 하지 않는다는 점, 아침저녁으로 국가와 왕을 위해 축원하며 악을 그치고 선을 지향하니 충군보국(忠君輔國)이라는 점, 육신을 태워 애착을 끊고 정신은 승천하기 위해 화장(火葬)한다는 점, 주야가 바뀌듯 생사가 거듭되니 삼세가 있다는 점 등이다.

둘째, 입신행도(立身行道)하고 후세에 이름을 전하는 것이 효라면, 득도하여 그 덕을 천하 후세에 전하고 그 부모를 소성(小聖)의 부모라 하니 효라는 점, 천지만물이 모두 하나이니 살소(殺少)함이

인(仁)이니 살생하지 말라는 것과 같다는 점, 심지(心地)를 혼미하게 하고 위의(威儀)를 상하게 함과 수행에 방해되니 술을 마시지 말라 함은 같다는 점, 선(善)을 쌓으면 경사로움이 있고, 악을 쌓으면 재앙이 있다 함은 자신이 지은 업은 없어지지 않고 인연이 만나면 과보는 저절로 받는다 함과 같다는 점 등이다.

셋째, 재앙과 질병, 태평성쇠 등은 시운의 성쇠와 관련한 것이지 불교의 탓은 아니라는 점이다.

넷째, 도의 출처에 의해 도를 따르는 것이 아니라 도의 존재에 따라 귀의하는 것이니 오랑캐의 도라 하여 따르지 않음은 잘못이라는 점, 근기가 약한 소수 승려의 소행으로 불교를 폐함은 불가하다는 점 등이다. 그리고 다섯째는 당시에 유행하던 유·불·도 삼교의 가르침은 서로 같다는 것이다.

『현정론』의 이러한 논리전개 방식은 유가의 강한 배불에 대해 다소 소극적이고 미약한 듯 느껴지지만, 감성적이거나 반발적이기보다는 객관적이고 유화적인 태도로 삼교의 교화를 바탕으로 융화하고 타협하려는 함허의 겸허한 자세를 보여 준다 할 것이다. 이와 같은 사실을 바탕으로 『현정론』에서 가장 중요한 부분인 서론은 각론 부분에서 다루게 될 여러 주제를 포괄할 수 있는 기본적 시각을 제시할 뿐만 아니라 불교와 유교가 이론적으로 어떤 상호 관련성이 있는가를 매우 체계적으로 서술하고 있다.

이러한 유교와 불교의 비교는 유교가 조선 초기 지배계층인 신

조선이여, 법의 등불을 밝혀라 •

진사대부들의 존립기반이었기 때문이며, 또한 그들이 주장하는 배불논리에 맞서기 위해 불교의 입장을 대변하고자 하는 의도가 다분히 내재되어 있음을 암시하고 있다. 함허는 불교와 유교가 지닌 고유한 가르침의 차별성을 지적하면서 유학자들의 반박 담론의 틀을 제시하고 있다.

성(性)과 도(道)

함허는 『현정론』에서 가장 먼저 유교와 불교의 중심 개념으로 '성(性)'과 '도(道)', '인(仁)'과 '불살생(不殺生)', 그리고 '오상(五常)'과 '오계(五戒)'를 대비시켜 양교를 비교하였다.

체(體)는 유무(有無)가 아니지만 유무에 통하며, 근본은 고금(古今)이 없지만 고금에 통하는 것이 도(道)다. 유무는 성정(性情)에서 기인하고, 고금은 생사(生死)에서 기인한다. 성은 본래 정이 없지만 미혹한 성이 정을 만들어내고, 정이 생하면 지혜는 멀어지게 된다. (따라서) 생각이 바뀌고 체가 유별(有別)해져 만상이 형태를 가지게 되고 생사가 시작되는 까닭이 된다. 무릇 정이라는 것에는 더러움과 맑음, 선과 악이 있다. 맑음은 선과 더불어 성인이 흥하는 바탕이고, 더러움은 악과 더불어 범부의 행동하는 바탕이 된다. 그러므로 정이 만약 생하지 않으면 범부는 성인과 같이 더러움이 없어 흥할 것이다.*

    함허는 존재론적 측면인 체(體)와 시간적 측면인 본(本)이라는 두 시각에서 진리에 대한 정의를 내리고 있다. 존재론적 측면은 다시 유·무의 관점으로 정립되어 유교의 존재론적 기본 개념인 성(性)·정(情)과의 연결을 시도하였다. 또한 시간적 측면은 고금의 관점으로 생사와 연결하였다. 도식하면 다음과 같다.

    체(體) : 非有無 通於有無 - 性·情 道
    본(本) : 無古今 通於古今 - 生·死

    그런데 여기서 주목할 것은 실체를 부정하는 불교의 관점이 유교의 존재론적 개념인 성·정과 어떻게 연결될 수 있는가 하는 점이다. 함허는 이를 매우 논리적으로 처리하고 있다. 즉 실체를 부정하는 불교적 관점에서는 진리를 '유'라고도 할 수 없고 '무'라고도 할 수 없음을 전제하고, 유·무의 현상세계로 나아갈 수 있는 근거로서 "(그 자체가) 유무는 아니지만, 유무에 통하는 것이 (바로) 진리"라는 논리를 주장하고 있다. 이러한 논리는 시간론적인 면에도 그

_____

*   함허기화, 『현정론』, (『한국불교전서』 7) 217a쪽.

대로 적용되어 "(그 자체에) 고금이 없지만, 고금에 통하는 것이 (바로) 진리"라고 규정한다. 실체를 부정하는 불교적 관점에서 현상세계로 나아갈 수 있는 것(通) 자체를 진리로 보고 있는 것이다.

이와 같이 일단 현상세계로 진출한 다음 유무를 성정(性情)과 연결시키고, 고금(古今)을 생사(生死)와 연결시킨다. 그러나 시간론의 입장에서 살핀 진리관은 그 이후 슬며시 사라지고 현상세계의 존재론으로 나아간 유무론은 성정개념과 연결되면서 다양한 유불관계론으로 전개된다.

불교의 원래 목적이 생사문제를 뛰어넘는 것이라면, 당연히 생사문제를 도출한 시간론에 대한 심도 있는 담론이 있어야 할 것으로 생각된다. 그런데 스님이 시간론보다는 존재론에 논의의 중점을 둔 것은 불교 자체에 대한 규명보다는 유교와의 조화를 의식한 결과라고 여겨진다.

불교가 지향하는 궁극적인 목표는 깨달음을 얻는 데 있다. 이 깨달음에 이르는 길이 '도'이다. 함허는 '도'는 "그 자체가 유무가 아니면서 유무에 통하고, 본래는 고금이 없으면서 고금에 통하는 것"*이라고 정의하였다. 또한 유무는 성정을 의지하고 고금은 생사 때문에 존재하는 것으로 파악했다. 아울러 그는 '성'이란 본래 정이

---

* 함허기화, 『현정론』(『한국불교전서』 7) 217a쪽.

없으나 성품이 미(迷)하여 정이 생기며, 정이 생기면 지혜가 막히고 생각이 변하게 되고 그 때문에 만상이 나타나고 생사가 생기게 되는 것으로 인식하였다.

본래 '성'이란 본질·본체·자성·불성·본래면목 등 변하지 않는 본성(本性)을 말하는 것으로, 우주만유(宇宙萬有)에 널리 펼쳐 있는 불변(不變)의 그 무엇을 지칭한다. 곧 여기서의 '성'은 '도'와 거의 같은 개념이라 볼 수 있지만, 유가에서 말하는 '성'과는 이름은 같으나 그 내용은 다르다고 말하고 있다.*

그렇다면 유가에서 말하는 '성(性)'의 본질은 무엇인가. 유가에서의 성은 『중용(中庸)』에서 말하듯이 "천명을 성이라 한다"**고 정의하고 있다. 여기서 말하는 천(天)이란 곧 절대적이고 초월적인 의미를 지닌 최고최상의 것이며, 이것을 근거로 불교의 철학·윤리·도덕의 근간이 형성된다는 것이다. 그리고 각 경전에서 그 성격을 구별해서 밝히고 있는데, "천명을 '성'이라고 하고 '성'을 따르는 것을 '도라 한다.' … '인·의·예·지'로 인성의 강령을 삼는다."(朱子)고 했으며, "성의 착함을 말하면 반드시 요순을 일컬었으며"(孟子), "그 마음을 극진히 한 자는 그 성을 알며, 그 성을 안다면 그 천을 안다."(孟子)고 하였다. 그러나 함허는 유가(儒家)의 '성'을 "마치 불의 성

---

*　　함허기화, 『유석질의론』(『한국불교전서』 7) 253b쪽.

**　　『중용』 제1장, "天命之謂性"

질은 뜨겁고 물의 성질은 시원하다고 말함과 같은 것이며, 물과 불로 말미암아 일어난 바에는 미치지 못하였으니 이는 천보다 뒤이고 사람에게 부여된 것"으로 언급하고 있다.

『현정론』에서 말하는 '성'이란 '도'를 이룰 수 있는 근본 바탕을 의미한다. 이러한 근본 바탕인 '성'에 '정'이 생김으로써 미혹하게 되고 궁극적으로 깨달음과 거리가 멀어진다는 것이다. 하지만 『현정론』에서 부처님은 깨달음이 원만하여 지혜가 두루하지 않는 곳이 없고, 깨끗함이 지극하여 정의 얽힘이라고는 조금도 없으므로 부처님에게는 '정'이란 말을 붙일 수 없음이 강조되고 있다.

또한 부처님 경지에 버금가는 보살과도 비교하여 언급하였다.

> 보살의 성품은 이미 깨달음의 경지에는 이르렀지만, 아직도 정(情)이 말끔히 없어지지 않았기 때문에 깨달았으나 정도 있다[覺有情]고 부르는 것이다. (중략) 단지 부처님만큼은 깨달음이 원만하여 지혜가 두루하지 않는 곳이 없고, 깨끗함이 지극하여 정의 얽힘이라고는 조금도 없으므로 부처님에게 있어서는 정이라는 말은 붙일 수 없다. 오직 부처님 한 분 이외에는 유정이라 일컫는 이유가 이 때문이다.

부처란 곧 '깨달은 자', '번뇌가 다 없어진 자' 등의 뜻을 지니고 있으므로 '정'이 다 없어진 상태의 본 모습을 말한다. 이것은 '진여(眞

대립과 갈등 대신 화합하고 상생하는 것은 부처님의 가르침을 실천하는 최상의 길이다.

조선이여, 법의 등불을 밝혀라 •

如'라고도 하고 '본래면목(本來面目)' 혹은 '본지풍광(本地風光)'이라고 도 한다. 『현정론』이 제시하고 있는 '성'은 바로 이와 같은 본성의 의미를 갖추고 있다. 따라서 불교의 '성'은 스님이 말하고 있는 바와 같이 "눈에 띄게 천지보다 앞서고 있어 물질을 따라 생(生)하지 않으며 물질을 따라 변하지 않는 것"으로, '천명의 성'을 주장하는 유교의 성과는 구별되는 '원만대각(圓滿大覺)의 성(性)'이라는 것임이 설파되고 있는 것이다. 정도전이 『불씨잡변』에서 밝히고 있는 '성'은 "사람이 하늘에서 얻어 가지고 태어난 이(理)로써 순수하고 지극히 착하여 한마음에 감추어져 있는 것"*이라고 정의하고 있는 것과 비교해 보면, '성'의 개념에는 상당한 차이가 있음을 알 수 있다. 그러나 『현정론』에서의 '성'은 불교의 성, 즉 '자성, 불성, 혹은 본래면목'을 의미하고, 이러한 '성'에는 '정'이 없기 때문에 능히 '도'를 이룰 수 있다는 것을 의미한다.

이와 같이 정도전의 『불씨잡변』에서는 유교의 '성'을 하늘과의 관계를 지닌 인성(人性)의 의미로 본 것에 반하여, 함허는 『현정론』에서 불교의 '성'(도 혹은 깨달음)은 궁극적인 이(理) 또는 보편적인 진리의 개념으로 파악하여 '인'에 한정되지 않은 초월적인 의미로 비교담론을 펼치고 있다.

---

*   정도전, 『佛氏雜辨』 「佛氏輪廻之辨」, 『三峰集』, 제5권.

오상(五常)과 오계(五戒)

불교에서 깨달음을 얻기 위한 가장 중요한 근본 계율은 '오계(五戒)'이다. 반면 유교의 도의 핵심은 '오상(五常)'이라 할 수 있다. 함허는 유교의 오상과 불교의 오계를 같은 맥락에서 비교하고 있다. 오상과 오계를 비교하는 담론을 함허가 처음 시도한 것은 아니다. 북제 안자추(顏子推)의 『가훈』 '귀심 편'을 필두로 천태지의(天台智顗) 대사의 『마하지관(摩訶止觀)』, 『지관보행전홍결(止觀輔行傳弘決)』, 『변정론(辯正論)』, 『석씨요람(釋氏要覽)』 등에서도 논의되고 있음이 이를 반증한다. 『현정론』은 "유교에서 오상을 도의 핵심으로 삼는데, 불교에서 말한 오계는 곧 유교에서 말한 오상이다. 즉 살생하지 않는 것은 인, 훔치지 않는 것은 의, 간음하지 않는 것은 예, 술 마시지 않는 것은 지, 망령된 말을 하지 않는 것은 신에 해당한다."라고 하여 불교의 '오계'를 유교의 '오상'과 대비시키는 것으로 보아 양교의 교리가 본질적으로 같은 것으로 보았다.

또한 함허는 '성'과 '정'의 관계를 미발(未發)과 이발(已發)의 문제로 보는 주희의 관점*과는 달리 "성(性)이란 본래 정(情)이 없지만, 미혹

---

* 진래, 안영호 옮김, 『송명성리학』, 예문서원, 1997, 252~253쪽. "성과 정은 하나의 사물인데, 그렇게 나뉘는 까닭은 단지 미발(未發)과 이발(理發)이 다르기 때문일 뿐이다. 만일 이발과 미발로 그것들을 나누지 않는다면, 어느 것이 성이고 어느 것이 정이겠는가."

한 성에서 정이 생긴다"라고 하여 불교적인 시각에서 각성(覺性)과 미혹(迷惑)의 문제로 보고 있다. 즉 '정'이란 깨닫지 못한 '성'의 한 부분이라는 것이다. 그런데 함허는 이 '정'에서부터 염정(染淨), 선악(善惡), 범성(凡聖)의 문제를 연결시키고 있다. 이 관계를 좀 더 쉽게 표시하면 다음과 같다.

$$\text{정(情)} \begin{cases} \text{염(染)} - \text{악(惡)} - \text{범(凡)} \\ \text{정(淨)} - \text{선(善)} - \text{성(聖)} \end{cases}$$

『현정론』은 염정, 선악, 범성의 문제를 성정의 관계로 보지 않고 모두 정의 내부 문제로 이해하고 있는 점이 특이하다. 따라서 그는 만약 '정'을 발생시키지 않으면 범부도 더러움이 없는 성인과 같을 수 있다고 판단했던 것이다. 그러나 자세히 살펴보면 여기에는 논리상의 모순이 드러난다. 그것은 범성의 문제를 정의 문제로 보고 있으면서도 정이 발생하지 않는 상태, 즉 정이 없는 것을 성인으로 보고 있기 때문이다.

따라서 이것은 정 내부의 염정, 선악, 범성의 문제는 상대적 정도의 차이를 말하는 것이고, 염·악·범이 완전히 없어진 상태를 '성'이라 보는 것이 타당한 것으로 여겨진다. 이것은 "삼장(三藏)의 요체는 단지 사람으로 하여 '정'을 거두고 '성'을 드러내게 하는 데 있을 따름이다"라는 서론의 다른 부분에서 보다 더 분명하게 밝히고 있기 때문이다. 그러나 염정·선악·범성의 이항대립(binary opposition)의 차이는 '정'의 문제일 뿐 아니라 결국 '성'에까지 이어진다는 함허의 사상은 은연중에 유교를 불교의 영역 속에 포함시키고자 하는 불교 우위의 사유에서 비롯되었다. 그의 이러한 구상은 서론에서 다음과 같이 나타난다.

> 보살은 성(性)은 비록 이미 깨달았으나 정(情)이 아직 다하지 못한 까닭에 정이 있는 깨달음이라 칭한다. 보살이 이미 그러할진대 하물며 이승(二乘)은 어떻겠는가? 삼승이 이미 이러할진대 하물며 그 나머지 인천(人天) 등 다른 유형은 어떻겠는가? 부처는 깨달음이 충만하여 지혜가 두루하지 않음이 없고, 맑음이 지극하여 정의 쌓임이 이미 없어졌다. 그런 까닭에 정이라는 말은 부처에게 붙일 수 없다. 오직 부처를 제외한 모두를 유정자라고 칭하는 것은 이와 같이 삼승·오승이 모두 정을 다스리기 때문이며, 인천승이 더러운 때를 다스리기 때문이며, 삼승이 깨끗한 때를 다스리기 때문이다. 더럽거나 깨끗한 때가 다 없어진 뒤에야 비로소 큰 깨달음의 경지에 나아갈 수 있다.

함허의 이와 같은 주장은 사람의 근기에 따라 인(人)→ 천(天)→ 이승(二乘)→ 보살(菩薩)→ 불(佛)의 단계로 나누어 볼 수 있다는 소위 불교의 근기론(根機論)에 기초하여 염정(染淨)에서 '성'으로 이어진다는 것으로 재해석하는 것이라 할 수 있다. 불교의 근기론을 성정의 문제로 해석하려는 것 자체가 성리학적 인간론을 예견하고 있는 것이다. 이러한 논리는 다시 윤리학에 치중하는 유교를 의식하여 불교의 근기론적 수행론을 이끌어낸다.

오계(五戒)는 사람으로 태어나게 하는 것이며, 십선(十善)은 천상에 태어나게 하는 것이다. 사제의 인연법은 이승을 이루게 하는 것이며, 육바라밀*은 보살을 이루게 하는 것이다.

이 관계를 위의 불교의 근기론과 수행을 함께 연관시켜 보면 다음과 같이 쉽게 표현될 수 있다.

인(오계) → 천(십선) → 이승(사제) → 보살(육바라밀) → 불(佛)

함허가 불교의 진리관에서 성정(性情) 개념을 이끌어낸 다음, 불교의 근기론과 수행론을 성정개념으로 재해석한 것은 궁극적으로 유교 윤리의 핵심인 오상(五常)을 불교의 오계에 연결시키려고 한

---

* 대승불교의 기본 수행덕목으로 보살이 열반에 이르기 위해 실천해야 할 여섯 가지 덕목. 보시, 인욕, 지계, 정진, 선정, 지혜를 가리킨다.

사전의 치밀한 준비 작업이었다고 할 수 있다. 스님의 그러한 의도가 서론에서 명징하게 드러나고 있다.

> 유교는 오상으로써 도의 요체를 삼는다. 불교에서 말하는 오계가 곧 유교에서 말하는 오상이다. 죽이지 않음[不殺生]은 인이요, 훔치지 않음[不盜]은 의이며, 음란하지 않음[不淫]은 예이고, 술 마시지 않음[不飮酒]은 지이며, 헛된 말 하지 않음[不妄言]은 신이다.

인용문은 유교의 오상이 불교의 오계에 해당하기 때문에 유교는 불교의 초보적 단계의 가르침의 하나로 볼 수 있다는 것이다. 따라서 유교의 가르침이란 불교적 관점에서 보면 근기가 낮은 사람을 위한 방편적 가르침에 불과하다는 것이다. 이것은 불교의 가르침이 현실사회를 파괴하지도 않을 뿐만 아니라, 유교의 오상에 대응할 수 있는 동일한 사회의 윤리적 기능을 실행할 수 있음을 역설하는 것이며, 더 나아가 불교의 우위성을 드러내고 있다고 볼 수 있다. 때문에 『현정론』의 각론은 대부분 불교가 유교 못지않은 사회의 윤리적 덕목을 주장하는 데 반하여, 『현정론』의 서론은 진리적인 면에서 시작하여 인간론과 수행론을 거쳐 사회의 윤리적 덕목을 역설하고 있어 타당성과 논리성을 한결 더 설득력 있게 보여준다. 어쩌면 이러한 논증과정이 각론으로 갈수록 약화되는 인상을 주는 것

조선이여, 법의 등불을 밝혀라 •

은 서론의 총론적 논증으로 그것을 대체하려 했기 때문일 것이다.

유가에서 말하는 '오상'은 인륜의 대도(大道)로써 인간이 지녀야 할 다섯 가지 기본 덕목으로, 맹자가 주장한 인·의·예·지 네 가지에 동중서(董仲舒)가 오행의 원리에 맞추기 위하여 신(信)을 추가해서 만들어진 것이다.* 맹자는 "인심의 측면에서 측은함을 느끼게 되는 것은 '인'에 기인한 것이고, 남의 잘못을 미워하고 나의 잘못을 부끄럽게 느끼는 것은 '의'에, 사양하는 마음을 일으키게 되는 것은 '예'에, 옳고 그름을 분별하게 되는 것은 '지'에 기인한다."**고 말함으로써 이 네 가지를 인성의 근본으로 보고 있다. 여기에 '신'이 추가되어 다섯 가지 기본 덕목으로 삼은 것이 '오상'이다.

한편, '오계'는 불도(佛道) 수행의 기초로서 출가자와 재가자들이 지켜야 할 가장 기본적인 계율이다. 따라서 신·구·의(身口意) 삼업으로 인해 일어나는 모든 악업을 막기 위해 마련된 '오계'는 불교윤리의 핵심을 이루는 근본 계율로 출가자뿐만 아니라 재가자들이 지켜야 할 덕목으로 중요한 의미를 지닌다. 이러한 관점에서 보면, '오상'은 맹자의 성선설(性善說)과 같은 맥락에서 인간의 근본심성은 착하기 때문에 착한 마음을 유지하도록 한 도덕규범이라 할 수 있으며, '오계'는 사람의 나쁜 마음이 저지르게 되는 악행을 막기 위

---

*   성균관대학교 유학과, 『유학원론』, 성균관대학교출판부, 1984, 124~125쪽.
**   『맹자』, 「공손추」 상.

한 금제규범(禁制規範)이라 할 수 있을 것이다.

이와 같이 서로 다른 두 교리의 조화가 가능한 것은 악업을 짓지 말고 선업을 짓는 것을 중요시하는 공통적인 기본입장 때문이다. 그러나 '오상'과 '오계'가 앞에서 언급한 것처럼 똑같이 배대되는 것만은 아니다. 함허는 『현정론』과 『유석질의론』에서 '오상'과 '오계'의 관계를 조화롭게 다루고자 하였다. 그것은 당시 팽배해진 배불풍토 속에서 불교와 유교의 대립관계를 지양하고 상호간의 합일과 조화의 공통점을 찾아내기 위한 담론이라고 할 수 있다. 다만 불교와 유교가 서로 다른 점은 사람을 교육하는 데 있어서 불교는 덕과 예로써 내적 충실을 기하는 반면, 유교는 외적인 개정을 시도한다는 것이다.

함허는 『현정론』에서 '오상'과 '오계'가 사람을 가르치기 위한 것이며, 유교가 사람을 가르침에 있어 덕행으로 안 되면 정치와 형벌로 다스린다는 점을 비판하고 있다. 아울러 그는 형벌로써 다스리면 백성들이 형벌을 면하고 수치심이 없게 되지만, 덕으로 인도하고 예로써 다스리면 부끄러워할 줄 알고 또 잘못을 바로 잡을 수 있다. 그러나 덕과 예로써 다스리는 것은 성인이 아니면 할 수 없는 것이고, 상벌로는 면전에서 따를 뿐이지만, 불교의 인과를 잘 인식시키면 마음으로까지 복종한다는 사실을 강조하였다.* 즉 불교는

---

* 　　함허기화, 『현정론』(『한국불교전서』 7) 217c~218a쪽.

인과설로 사람의 마음을 감복시키기 때문에 상벌로 다스리는 유교처럼 눈앞에서는 복종하나, 뒤에서는 배반하는 사람은 생기지 않는다는 것이다.* 결국 '오상'과 '오계'가 사람을 가르치기 위한 훌륭한 덕목이자 방편이며, 상벌과 인과를 겸하여 가르치면 마음으로 복종하게 되니 유교와 불교를 모두 없앨 수 없다는 것이 『현정론』의 입장이라 할 수 있다.

세간법(世間法)과 출세간법(出世間法)

불교에서 생멸의 변화가 있는 미혹세계의 모든 법을 '세간법(世間法)'이라 하며, 생멸 변화가 없는 깨달음의 세계, 즉 현실의 모든 미망(迷妄)을 타파하여 근본 무명(無明)을 여의고 해탈하여 열반에 이르는 해탈 경계의 모든 법을 '출세간법(出世間法)'이라 한다. 이에 대해 유교에서는 하늘이 인간에 부여한 성에 어긋남이 없이 인도를 지키고 선함을 드러내어 안으로 격물·치지·성의·정심(格物致知誠意正心)하여 수신(修身)하고 밖으로 제가·치국·평천하(齊家治國平天下)를 이루는 것을 '세간법(世間法)'이라 한다. 함허는 불교와 유교의 견해 차이에 대해서 물아(物我)가 양립하고 자타가 적을 이루어 윤회의 일이 일어남을 지적한다.

---

*   함허기화, 『현정론』(『한국불교전서』 7) 217c쪽.

세간의 법은 각기 그 아버지만을 아버지로 여기며, 각기 그 자식만을 자식으로 여기고, 각기 그 몸만을 몸으로 여기며, 각기 그 아내만을 아내로 여긴다. 그러므로 물아가 양립하며 자타가 적을 이루어 윤회의 일이 일어난다.*

함허는 세속번뇌의 근본적인 원인은 나와 모든 대상과의 대립관계에서 시작된다고 인식하였다. 이어서 그는 윤회란 생명으로서 생명을 바꾸고 힘으로 힘에 보복하는 것이니 세간의 모든 일이 다 그러하여 머리를 고치고 얼굴을 바꾸어 서로 고하(高下)가 되는 결과를 초래하는 이기의 세상이 된다고 논하고 있다.

부처님께서는 무애한 대비로써 만행을 쌓아 만덕을 이루시고 삼계의 도사(導師), 사생의 자부(慈父)가 되시어 대본으로 포괄하고 일성으로 평등하게 하여 피차와 물아가 모두 실제로 돌아가게 하시었다.**

또한 함허는 『유석질의론』에서 출세간법, 즉 불법(佛法)을 나와 대상이 대립(對立)되지 않고 일체가 평등한 관계에서 윤회가 일어나

---

*　　함허기화, 『유석질의론』(『한국불교전서』 7) 254a쪽.

**　함허기화, 『유석질의론』(『한국불교전서』 7) 255a쪽.

지 않는 법으로 파악하고 있다. 이와 같이 함허는 『유석질의론』에서 불교를 '출세간법'이라고 비판하는 유교의 '세간법'과의 비교를 통하여 모든 대립의 차별상을 없앤 후에야 비로소 진여의 청정심을 얻을 수 있으며, 또한 진여법성(眞如法性)을 얻을 수 있다고 주장하였다.

인(仁)과 불살생(不殺生)

유교의 가르침 중 가장 중요한 덕목은 '인'이라 할 수 있는데, 『논어』에 분명한 개념이 언급되어 있다. 공자는 구체적인 행동윤리로써 제자들의 물음에 다양하게 답변하고 있다. 그 가운데 중요한 것은 어진 사람은 "말을 함부로 하지 않고 참으며",* "자기를 이기고 예(禮)로 돌아오며, 사람을 사랑하는 일",** "능히 공손하고, 너그럽고 믿음이 있고, 민첩하고 은혜를 베푸는 것 등 이 다섯 가지를 천하에 실천하는 것"***이라 말하며, "인은 멀리 있는 것이 아니고 내가 '인'하고자 하면 '인'에 이른다."****고 하여 '인'을 상황에 따른 행

---

*   『논어』, 「안연」편.
**   위와 같음.
***   『논어』, 「양화」편.
**** 『논어』, 「술이」편.

동규범임을 말하고 있다. 주자 역시 '인'이란 천지에 있어 혼연히 물(物)을 생기게 하는 마음이요, 사람에게 있어서는 온화하고 원만하게 사람을 사랑하고 물을 이롭게 하는 마음이며, 인륜의 네 가지 덕인 효·제·충·신(孝悌忠信)을 포함하는 마음, 즉 사랑하는 이치요 마음의 덕이라고 설하고 있다. 이러한 맥락에서 보면, '인'이란 모든 사람에게 통하는 공동선(共同善)으로 이것의 실천을 위해 자신의 수양을 바탕으로 널리 사람을 사랑하고 덕을 베푸는 행동규범이라 할 수 있다.

한편, 함허는 불교의 '자비'와 유교의 '인'을 불살생의 관점에서 비교하였다. 그는 부처님이 말씀하신 "천지와 나는 같은 뿌리요, 만물은 나와 한 몸[天地與我同根 萬物與我一體]"이라고 한 동체대비(同體大悲)와 유가에서 말하는 "어진 사람은 천지만물과 더불어 하나가 된다"고 한 것은 동일한 가르침이라고 주장한다. 그러나 『서경』에 이르기를, "천지는 만물의 부모요, 천지간에 생겨난 것은 모두 천지의 자식이고, 천지의 물체이니 부모의 자식과 같다"고 하였는데, 어떻게 하여 유학자들은 산목숨을 죽여서 자기 목숨을 유지하려 하는가? 이는 형제를 죽이는 것과 같지 않은가?"라고 반문하고 있다. 즉 함허의 질문요지는 유학자들이 "인자(仁者)는 천지만물(天地萬物)과 한 몸이 된다"고 하면서 산목숨을 죽이니 이것은 언행이 일치하지 않는 행위라는 것이다. 이른바 함허에게 '불살생'은 '인'의 단서를 여는 것이었다. 나아가 그는 도둑질하지 않는 것은 '의

(義)', 불음은 '예(禮)', 불망어는 '신(信)', 불음주는 '지혜(智慧)'의 단서를 여는 것이라 하여 불교의 '오계'가 '오상', 즉 인·의·예·지·신을 여는 단서가 되고 있다고 하였다.

공자가 말한 '인'과 맹자가 말한 '의'는 유가의 근본 가르침으로, 유학자들이 체용(體用)으로 삼고 있는 덕목이다. 때문에 모든 행위는 '인'의 근본이라고 할 수 있다. 이에 대해 불교윤리의 가장 중요한 덕목은 '자비'라고 할 수 있다. 『현정론』에서는 불살생을 자비의 기본으로 하여 '자(慈)'를 논하고 있다. 불교의 자비는 자(maitri)와 비(karuna)의 합성어이다. '자'는 모든 중생을 위하여 이익을 주고, '비'는 중생들에게 한량없는 이로움과 즐거움을 주도록 원하는 것을 말한다.* 그래서 '자비'는 괴로움을 없애주고 즐거움을 주는 것을 의미한다. 즉 모든 중생에게 이익과 안락을 주고 불이익과 괴로움을 없애려는 따뜻한 인간애를 뜻한다.

이와 같은 자비심을 말살하는 것이 바로 살생이며, 때문에 살생을 금했던 것이다. 불교의 '불살생'은 범어(梵語) '아힘사(ahimsa)'의 번역어로 모든 살아 있는 것을 죽이지 않는 것을 말한다. 살아 있는 것을 죽이는 것은 곧 자비의 종자를 끊는 것이라 하여 불살생이 불교에서 무엇보다 강조되고 있는 것이다. 그러나 이론상으로는 동체

---

* 　「대반열반경」, 권15 대정장 12권, p.454 상단. 「爲諸衆生 除無利益」.

대비(同體大悲)를 실천하기 위한 불교의 '불살생'과 유교의 '인'이 같다고 할 수 있지만, 실천적인 면에서 양자 간에 현격한 차이가 있다. 말하자면, 유학자들은 말로서는 '인'의 도를 잘하지만 실천이 부족한 반면, 불교는 자비실천의 윤리를 "산목숨을 죽이지 말 것"을 첫 번째의 계율로 정하여 만물이 나와 한 몸임을 실천하는 동체자비심을 강조하고 있다. 이러한 점에서 유교와 불교의 '인'과 '불살생'의 실천 덕목은 상당한 차이를 보인다고 할 수 있다.

불교는 무부무군(無父無君)의
도가 아니다

　여말선초의 유교와 불교 간의 논쟁은 충·효가 지닌 기본 윤리와 사회적 결속문제에서부터 시작되었다.

　중국은 고대로부터 황하(黃河)를 중심으로 농경생활을 하면서 훌륭한 문명을 이루었으며, 사상적으로도 공자·맹자의 가르침인 유교와 노자·장자의 노장사상을 비롯하여 수많은 사상들이 출현하여 중국인들은 자신들의 사상과 문화에 대한 자부심이 대단하였다. 그리하여 그들은 자신들을 위대한 민족이며 세계의 중심이라 하여 '중화(中華)'라 하였고, 주변의 국가들은 미개하고 야만적이라 하여 '오랑캐'라 하였다.

　기원 전후 실크로드(Silkroad)를 통해 서역의 문화와 사상이 중국에 유입되었고, 불교 또한 중국에 전래되었다. 그러나 중국인들은 기존의 유교와 노장사상이 세계적으로 뛰어난 사상이었기에 새로운 사상으로 대체할 필요성을 느끼지 않았으며, 불교를 오랑캐의 가르침으로 여겨 불교가 중국 내에 널리 전파되지 못하도록 거센 비판과 저항을 하였다.

특히 유교는 인·의·예·지·신(仁義禮智信)의 오상과 삼강오륜이라는 인륜을 중요시하는 세간의 사상인 반면, 불교는 무상(無相)과 무아(無我)를 주장하고 실천하는 출세간 사상으로 유교와 불교가 서로 융화될 수 없는 것으로 여겼다. 더욱이 중국 사회에서 가장 중요한 실천 덕목이 충과 효인데, 불교는 임금에게 예경(禮敬), 구체적으로는 절을 하지 않고 군역(軍役)과 납세(納稅)와 부역(賦役) 등을 하지 않으니 불충(不忠)이요, 또한 부모와 처자를 버리고 출가하며 머리를 깎고 혼인을 하지 않아 후사(後嗣)를 끊으니 유학자들로부터 불효(不孝)라는 강한 비판을 받게 되었다.

이러한 비난은 불교가 중국 전역에 널리 전파되어 그 지지기반이 넓혀졌을 때에도 불교를 배척하고자 하는 배불론자들이 줄기차게 계속해 온 주장이었다. 불충과 불효라는 커다란 벽에 부딪히게 된 불교는 중국의 토착화를 위해서 유교의 사상과 타협하고 조화를 이루지 않을 수 없었다. 더러는 효에 관한 위경(僞經)이 만들어지기도 한 것이다. 따라서 불교 측에서도 이러한 윤리적 비판에 대응을 해야만 했고, 불교는 효를 반대하지 않는데 유교에서 불교에 대한 비판의 하나로 효도 관념이 미약한 것 같이 지적한다고 보았다.

중국에서 형성된 성리학의 가르침이 여말에 전래되어 막강한 영향을 미치고 있던 시기에, 배불에 대한 유학자들의 논리에 맞선 함허의 『현정론』에 나타난 효에 대한 대응 논리는 두 가지로 구분한다. 즉 일상적인 효와 특별한 효를 말한다. 일상적인 효는 부모에 효도하고 나라에 충성하는 것이다. 특별한 효는 부모로 하여금 윤회의 속박에서 해탈시켜 드리는 일이다. 그러므로 불교에서는 출가 수도하여 자기의 부모를 윤회로부터 해탈시켜 드리는 것을 보다 큰 효로 간주한다. 그렇다고 일상적인 효를 완전히 무시하는 것은 아니다. 따라서 함허는 불교가 불효를 행한다는 비난에 대하여, 혼인을 하고 부모를 봉양하고 제사를 잘 받드는 것은 좋은 이름을 얻을 수는 있으나 윤회를 면하지는 못한다고 하였으며, 진정한 불교의 효는 부모를 윤회로부터 벗어나게 하는 것이라고 답변하고 있다.

　　불교의 초기 경전에도 석가모니는 부모의 은혜를 알고 부모를 잘 봉양할 것을 비구와 재가자들에게 설하고 있다. 그리고 스스로도 부모의 은혜를 보답하기 위해 깨달음을 얻은 후 부왕을 먼저 뵙고, 생모를 위해 도리천(忉利天)에 올라가 설법을 하고, 부왕이 타계하자 그의 관을 짊어지는 모습을 보이고 있다.

　　그러나 불교에서 주장하는 최상의 효는 궁극적으로 부모로 하여금 윤회와 인과의 업보설을 깨닫게 하여 고통의 세계인 윤회로부터 벗어나게 하는 것이다. 다시 말해, 불교에서는 부모로 하여금 윤회를 벗어나 '수다원과(須陀洹果)'*를 얻게 하는 것이 최상의 효로 강조되고 있다. 그 뿐만 아니라 석가모니 부처는 삼명육통(三明六通)**의 신통력을 갖춘 대성인이 되어 부모의 이름을 후세에 길이 알렸으며 석씨의 성으로 모든 출가자의 성이 되게 했으니 그보다 큰 효는 없으리라. 공자도 "출세하여 도를 행하고 이름을 후세에 날리어 부모의 명성을 드러냄이 효도의 마침"이라고 했다.

도(道)로써 천하를 교화해서 근기에 따라 해탈케 함은 대자비라 할 것이요, 세간에 대한 무관심이 아니라 할 것이다. 공자는 "사람이 단 하루라도 제 몸의 욕심을 버리고 본래의 모습으로 돌아오면 온 천하가 다툼 없이 화평한 대동 세상이 될 것(一日克己復體禮 天下歸仁)"이라고 설파했듯이, 이런 관점에서 세존의 공덕은 이해되어야 한다.

초기불교의 경전에는 은혜를 매우 중요하게 생각하여 은혜를 베풀 것과 은혜를 알고 은혜에 보답해야 한다는 내용이 많다. 『칠처삼관경(七處三觀經)』에 "세간에 얻기 어려운 두 사람이 있으니, 베푸는 자와 은

---

* 소승불교(小乘佛敎)의 성문(聲聞)들이 탐(貪)·진(瞋)·치(癡)를 끊고 부처가 되는 네 단계의 지위[수다원과(須陀洹果)·사다함과(斯陀含果)·아나함과(阿那含果)·아라한과(阿羅漢果)] 중 하나로 그릇된 견해, 진리에 대한 의심 따위를 버리고 성자의 무리에 들어가는 성문(聲聞)의 마지막 지위를 이른다.

** 석가와 아라한(阿羅漢)이 최초의 깨달음에 도달할 때 얻었다는 초인적인 능력으로 세 가지 지혜와 여섯 가지 신통력을 가리킨다. 6신통이란, 신족통(神足通)·천안통(天眼通)·천이통(天耳通)·타심통(他心通), 숙명통(宿命通), 누진통(漏盡通)을 말하고, 이 중 천안통의 지혜인 천안명, 숙명통의 지혜인 숙명명·누진통의 지혜인 누진명을 일러 3명이라고 한다.

조선이여, 법의 등불을 밝혀라   •

혜를 반복하여 잊지 아니하는 자이다.”라고 하여 은혜를 잊지 않는 것이 어렵다고 하였다. 또한 “세간에 얻기 어려운 두 사람이 있으니, 은혜를 베풀면서 베푼다고 생각하지 않는 자와 은혜를 받고 다시 그 은혜를 갚는 자이다.”*라고 하여 거듭 은혜를 베풀 것과 은혜를 갚을 것에 대하여 강조하고 있다. 그리고 은혜를 모르는 자는 지옥의 과보를 받는다고 하였다.** 이처럼 은혜를 알고 보답하는 것은 불교의 근본 가르침이었기에 후일의 『대지도론(大智度論)』에서도 다음과 같이 은혜를 아는 것이 중요함을 논하고 있다.

> 은혜를 안다는 것은 대비의 근본이요 선업을 여는 첫 문이다. 사람들에게 존경을 받고 그 명예가 멀리까지 들린다. 죽으면 하늘에 나며 마침내 불도를 성취한다. 은혜를 모르는 사람은 축생보다 못한 것이다.

인용문에서 보듯이, 초기경전에는 불은(佛恩), 법은(法恩), 부모은(父母恩), 왕은(王恩), 사은(師恩), 우은(友恩), 재은(財恩), 공양은(供養恩) 등의 다양한 형태의 은혜가 기록되어 있다. 이러한 다양한 형태의 은혜가 『심지관경』에는 “세간과 출세간의 은혜에는 네 가지가 있

---

*   『佛說七處三觀經』, 『大正藏』 2. 881a쪽.

**   『佛爲首迦長者說業報差別經』, 『大正藏』 1, 893a쪽.

으니 부모의 은혜, 중생의 은혜, 국왕의 은혜, 삼보의 은혜"*라고 설하였다. 그리고 "열심히 부모에게 효도하는 것은 부처님께 공양하는 복덕과 차이가 없으니 마땅히 이와 같이 부모의 은혜에 보답하라."**고 설하였다. 이러한 여러 은혜 가운데에서도 부모의 은혜를 갚기가 매우 어렵다고 하여 다음과 같이 설하고 있다.

두 사람의 은혜는 보답하기 어려우니 다름 아닌 부모이다. 비구여, 아버지를 왼쪽 어깨에 앉히고 어머니를 오른쪽 어깨에 앉혀 천만세가 되도록 옷을 입히고 음식을 드리고 상을 드리고 잠자리를 드리고 병이 나면 의약을 드리고 어깨 위가 오줌으로 젖어도 오히려 그 은혜를 갚기가 어렵다.***

이와 같이 불교에서는 부모의 은혜에 대한 지극한 보답을 해야 함이 강조되고 있다. 은혜를 베풀어야 하며 은혜를 받으면 그 은혜를 알고 은혜에 대한 보답을 하여야 하며, 은혜를 모르면 지옥에 떨어진다고 하였다. 그러므로 은혜는 반드시 갚아야만 한다. 그리고 세간과 출세간의 은혜 가운데 부모의 은혜는 더없이 크므로 부

***

* 　『大乘本生心地觀經』, 『大正藏』3, 297a쪽.

** 　『大乘本生心地觀經』, 『大正藏』3, 297c쪽.

*** 　『增一阿含經』, 『大正藏』2, 601a쪽.

모의 은혜를 갚기가 매우 어렵다고 하였다. 이렇듯 부모에 대한 효는 결국 부모의 은혜를 보답하는 것에서 비롯된다는 것이 불교 교설의 핵심이다.

부모를 섬기는 것은 자식의 기본적인 도리이며, 이는 유교사회의 가장 근본이 되는 윤리이다. 효의 뜻에 대하여 『효경(孝經)』의 「대의(大義)」에서는 "부모를 잘 섬기는 것이 효이니 사람의 행실이 효보다 큰 것이 없다. 요순 임금은 큰 성인이었으나 그 도가 효와 공경(悌)에 불과하였다."*라고 하여, 대성인은 부모와 형제를 잘 섬기는 사람이라고 하였다. 부모를 잘 섬기는 일이야말로 인간이 이 세상에서 행하는 가장 근본적인 도리인 것이다. 그리고 효도에 대하여 『효경』에서는 다음과 같이 밝히고 있다.

> 사람의 몸뚱이와 머리터럭과 피부는 모두 부모에게서 받은 것이라, 감히 이것을 상하게 하지 않는 것이야말로 효도의 시작이며, 몸을 세워 도를 행하고 이름을 후세에 드날려 부모를 빛나게 하는 것이 효도의 마침이다.
>
> 身體髮膚 受之父母 不敢毁傷 孝之始也
> (신체발부 수지부모 불감훼상 효지시야)

---

*　譯註, 『孝經』, 전통문화연구원, 2001. 22쪽.

立身行道 揚名於後世 以顯父母 孝之終也[*]
(입신행도 양명어후세 이현부모 효지종야)

　부모로부터 받은 이 몸은 천하의 어느 것과도 바꿀 수 없는 소중한 것이다. 그러므로 손끝 하나라도 손상하여서는 안 되며, 후세에까지 자신의 이름을 드날림으로써 그를 낳고 키운 부모의 이름까지 여러 사람들에게 칭송되게 하는 것이 효도라는 것이다. 불교의 불효에 대한 유교의 이러한 비난에 대하여 일찍이 모자(牟子)는 『이혹론(理惑論)』에서 중국 내의 역사적인 사실을 열거하여 반론을하였다. 머리를 깎는 것이 불효라는 비난에 대하여 『이혹론』에서는 옛날 현인이라 부르는 사람들 중에도 신체를 상하게 한 사람이 많았음을 예로 든 것이다.

　　태왕의 태자인 태백(泰伯)은 천자의 자리를 아우인 계력(季歷)에게 넘겨주고자 스스로 머리를 자르고 몸에 문신을 새기고 야만족인 오월로 들어갔으며, 진나라 예양(豫讓)은 몸에 숯칠과 옻칠을 하고 목소리를 바꾸고 몸에 상처를 내는 등으로 그 형상을 바꾸어 은인인 지백(智伯)의 원수를 갚으려 하였으며, 섭정(聶政)은 은인의 원수를 무찌르고자 자기의 피부를 벗기고

---

[*]　　『大智度論』, 『大正藏』 25, 413c쪽.

눈을 도려내어 얼굴을 감추는 등의 일을 하였으나 공자는 몸에 상처를 낸 것을 조금도 비난하지 않고 오히려 이들의 지극한 덕을 칭송하였다.

그러므로 머리를 깎는 것이 곧 불효라는 유교의 비난은 잘못이라는 것이다. 그리고 효의 실천에 대하여 다음과 같이 설명하고 있다.

효자가 부모를 섬김에 있어, 보통 거처할 때에는 그 공경하는 마음을 다하고, 봉양할 때에는 부모가 즐거워하도록 하고, 부모가 병이 있으면 몹시 근심하고, 또 죽으면 슬퍼하며, 제사를 지내는 일에는 엄숙한 마음을 다하는 것이다. 이 다섯 가지가 갖추어진 뒤에라야 부모를 잘 섬겼다고 말할 수 있다.

부모를 모시고 살면서 공경하는 마음으로 잘 봉양하여 부모를 기쁘게 해 드리고, 부모의 건강을 염려하여 병이 들면 온갖 약을 구하고, 죽으면 슬퍼하는 마음으로 삼년상을 치르며, 명절과 기일에 엄숙한 마음으로 제사를 지내고, 묘를 잘 관리하여야 한다는 것이다. 유학자들의 효에 대한 사상은 유교의 가장 근본적인 가르침 중의 하나이기에 『효경』이라는 텍스트를 따로 편집하여 가르쳐오고 있다.

그러나 효에 대해 기록한 유교의 효 경전인 『효경』의 본문에는

'恩'자가 한 자도 없다. 부모의 은혜에 대하여 효도해야 하는 당위성과 어떻게 해야 한다는 행동지침을 일방적으로 강요하고 있을 뿐이다. 유교의 윤리는 삼강(三綱)에서 보는 것과 같이 군(君)에서 신(臣)으로, 부(父)에서 자(子)로, 부(夫)에서 부(婦)로의 신분적이거나 가족적인 상하 관계를 강조하여 절대적이고 강요적인 복종의 의미가 강하다.

이러한 도덕적인 면을 중시하는 유교에서 가장 집중적으로 불교를 비판한 부분이 윤리적인 부분이다. 즉 불교는 윤리가 없다는 것이다. 이때 말하는 윤리란 "아비도 임금도 없는 종교"라는 뜻이다. 이러한 비판은 세간의 기준에 의한 비판이다. 유교 윤리가 철저히 세간의 윤리관에 입각하고 있기 때문에 유학자들의 배불론은 자연히 윤리문제로 집중되었다.

불교를 불효의 가르침이라고 하는 유학자들의 내용을『현정론』에서는 가장 먼저 질문하고 있다. 혼인을 하지 않고 인륜을 저버리고 산속으로 들어가 영원히 후사를 끊는다는 것과 부모님께 알리지 않고 스스로 출가하여 한번 출가하면 종신토록 돌아오지 않고 살아서는 맛있는 것을 봉양하지 않고 죽어서는 장사를 잘 지내지 않는다는 것의 두 가지를 이야기하고 있다. 그리고 일곱 번째 항목에서 장지를 잘 골라 후하게 장사지내지 않고, 화장을 하는 것이 잘못이라고 지적한다.

무릇 사람이란 부모에 의탁하여 태어나고 임금과 나라에 기탁하여 생존한다. 들어와서는 효도하고 나가서는 충성하는 것은 오로지 신하와 자식의 마땅히 해야 할 일이다. 또한 혼인과 제사 또한 인륜의 큰 도리이다. 혼인하지 않으면 태어나는 이치가 끊어지고 제사가 아니면 조상을 추모하는 법이 사라질 것이다.

앞의 인용문에서 보듯, 불교에서도 원칙적으로는 혼인과 제사를 인륜의 도리이므로 지켜야 한다는 것을 강조하고 있다.

그러나 신하와 자식이 된 자가 충성과 효도를 다하기란 어렵고, 혼인하여 종신토록 바른 도를 지키고 제사를 받들되 마음을 다하여 극진히 재계(齋戒)하기는 어렵다고 하였다. 그리고 설혹 이렇게 충과 효를 다한다고 할지라도 살아서는 좋은 이름을 얻을 뿐이고 죽어서는 인간의 도를 다했다는 소리를 들을 뿐이라는 것이다. 살아서 애욕을 끊는 자가 드물고, 죽어서 윤회를 면하기가 어렵다는 것이다.

사람의 태어남과 죽음이 처음이고 끝이라고 믿는 유학자(儒學者)의 주장에 대하여, 사람의 태어남과 죽음은 낮과 밤이 서로 바뀌는 것과 같으며 바뀜이 있어 전후가 생겨나고 낮과 밤이 이렇듯 세월이 그러하며 세월이 이렇듯 생사 또한 그러해서 시작도 없고 끝도 없다(無始無終)는 것이다.

사람이 태어나서 살다가 죽으면 끝이라고 믿는 유교에 비해, 사람은 죽으면 다시 태어난다는 윤회사상은 불교의 근본사상이다. 그러므로 인간이 살아서 아무리 부귀영화를 누리며 살더라도 그것은 일시적인 것으로 생사를 거듭하는 윤회의 존재는 결국 고통스러운 것이며, 윤회로부터 완전히 벗어날 때 영원한 행복이 있는 것이다. 그러므로 윤회를 면하기 위해서는 먼저 애욕(愛欲)을 끊어야 하며, 애욕을 끊기 위해서는 처자(妻子)를 떠나야 하며, 처자를 떠나기 위해서는 모름지기 출가를 해야 한다는 것이다.* 왜냐하면 애(愛)는 윤회의 근본이요, 욕(欲)은 생을 받는 인연이 되므로** 애욕을 끊기 위해서 처자를 떠날 수밖에 없다는 것이다.

　　『현정론』은 불교의 교주인 석가세존이 비록 부모와 처자를 버리고 출가를 하였으나 결국 효도를 하였다는 증거로 세 가지를 제시하였다. 첫째 진리의 불을 밝힌 다음에 고향으로 돌아와 부왕(父王)을 뵈었으며, 둘째 하늘에 올라가 어머니인 마야부인을 뵙고 진리를 설하여 해탈하도록 하였다는 것이다. 셋째 부처님은 3명과 6신통을 갖추고 4지와 8해탈을 원만히 구족하여 그 덕이 천하후세에 전하고 천하후세로 하여금 그 부모를 대성인의 부모라 하였고, 그 성(姓)으로써 모든 성으로 삼게 하여 출가자로 하여금 모두 석씨

---

*　　함허기화, 『현정론』(『한국불교전서』 7) 218c쪽.

**　　함허기화, 『현정론』(『한국불교전서』 7) 218b-c쪽.

의 자식이라 하였다는 것이다.

붓다가 부왕을 찾아뵈었다는 내용은 『증일아함경(增一阿含經)』에서 다음과 같이 기록하고 있다.

> 석존의 부왕인 정반왕은 세존이 깨달음을 얻고서 고향인 카필라성으로 돌아온다는 소식을 듣고 석가족과 함께 세존이 있는 곳으로 가려고 하였다. 이때 세존은 '만약 부왕이 몸소 온다면 이는 마땅한 일이 아니다. 내가 지금 마땅히 가서 뵈어야 한다. 왜냐하면 부모의 은혜가 무겁고 양육한 정이 깊기 때문이다'고 생각하고 직접 부왕에게 나아갔다.*

깨달음을 얻어 모든 이들에게 존경받는 세존이 되었으나 부왕을 먼저 찾아가 뵙는 모습을 보임으로써 중생들에게 부모의 은혜를 일깨우고자 한 것이다. 그리고 부왕이 돌아가시자 석가세존은 부왕의 관을 직접 메어 효의 실천을 보였다는 내용이 『불설정반왕열반경』에 다음과 같이 기록되어져 있다.

> 이때 세존께서는 '오는 세상의 중생들은 흉악하여 부모가 양육하여 준 은혜를 보답하지 않으리라. 이러한 불효한 자들과

당래의 중생들을 위하여 예법을 베풀어야 하겠다고 생각하시고, 부처님은 몸을 굽혀 스스로 부왕의 관을 짊어지고자 하였다.*

석가세존은 부친인 정반왕의 관을 짊어지는 모습을 보임으로써 당시의 중생들이 부모의 은혜에 보답하는 예법과 도리를 가지도록 하고자 한 것이다.

한편 석가세존이 도리천에 올라가 어머니 마야부인을 뵙고 진리를 설하여 해탈하도록 한 것은『불승도리천위모설법경(佛昇忉利天爲母說法經)』에 잘 나타나 있다. 석존이 태어나자 일주일 만에 생모인 마야부인이 돌아가셨으므로, 생모에 대한 보은을 위해 도리천으로 올라가 3개월 동안 설법을 하였다.

이 설화는 인도에서도 널리 유포되어 바르후트(Bhārhut)대탑**이나 산치(Sāñchī)대탑***의 울타리를 비롯한 여러 곳에서 조각과 회화의 소재로 쓰였으며, 부처님께서 도리천으로부터 하강하였다는 상카샤(Samkāśya)는 불교유적 순례자들이 즐겨 찾는 불교 8대 유적지 중의 하나이다.

———

* 『佛說淨飯王涅槃經』(『大正藏』14), 782c쪽.
** 기원전 2세기 경에 인도 중부의 바르후트 지방에 아쇼카 대왕이 세운 부처님의 사리탑.
*** 1세기 초 경에 인도 중부의 산치지방에 세워진 부처님의 사리탑.

마지막으로 석가세존의 덕망이 천하에 알려지고 후세인들이 그의 부모를 대성인의 부모라 칭송한다는 것은 『효경』에서 말한 "몸을 세워 도를 행하고 이름을 후세에 날려서 부모를 빛나게 하는 것이 효도의 마침이다."라고 한 것을 궁극적으로 실현한 것임을 보여주는 대목이라 할 것이다.

불교에 있어 효의 실천은 윤회와 업보사상을 통해서 이루어진다. 윤회(samsāra)란 한 존재가 죽으면 이 세상이나 다른 세상에 새로운 몸을 받아 태어나게 되고 그곳에서 살다가 죽으면 그곳이나 다른 세상에 태어난다. 존재는 여러 세계를 돌아다니면서 삶과 죽음을 끝없이 되풀이한다. 그래서 이것을 '도는 것' 즉 윤회라고 한 것이다.* 그리고 윤회에서 벗어나지 못하는 한 괴로움은 언제나 있는 것이다. 그리고 다음 생은 현생에서의 어떠한 행위 곧 업(karma)에 의해 결정되어지므로, 천상에 태어나기를 바라고, 진리를 깨달아 윤회에서 완전히 벗어나려면 선업을 수행하여야만 한다. 윤회와 업보는 곧 전생의 업으로 금생의 과보를 받고, 금생의 업으로 후생의 과보를 받는 삼세인과설로 설명되어진다. 세속의 부귀와 명예, 사랑 등은 늘 존재하는 것이 아니므로 일체가 무상(無常)한 것이며, 변하지 않는 것은 없으므로 결국 고(苦)일 뿐이다. 따라서 세속의 애욕에서 벗어나서 윤회로부터 완전히 벗어나기를 원하는 것이다.

———

* 　『불교사상의 이해』, 동국대학교 불교문화대학, 1999. 112쪽.

불교에 있어 효도의 실천은 이러한 사상에 근거하여 이루어진다.

초기불교의 경전에는 재가자에게 부모의 은혜에 보답하라는 내용과 부모를 공양하여야 한다는 내용이 많다. 초기경전인『숫타니파타』에는 "부모를 섬기는 것, 처자를 사랑하고 보호하는 것, 일에 질서가 있어 혼란하지 않는 것, 이것이 위없는 행복이다."*라고 하였으며, 재가자에게 "지혜로운 자는 집에 머물면서 공손하고 절약하고 네 가지를 받들면 환희를 얻으리니 첫째는 부모처자를 공양하는 것이요, 둘째는 손님과 노비를 잘 보살피는 것이요, 셋째는 친속과 친구들에게 베푸는 것이요, 넷째는 임금과 천신(天神)과 사문·도사(道士)를 받드는 것이다."**라고 하였다. 다시 말하면, 행복과 기쁨이 부모와 처자를 공양하는 것에서 비롯된다는 것이다. 또한『육방예경(六方禮經)』에서는 자식이 부모를 위해서 해야 할 다섯 가지를 다음과 같이 자세히 설하고 있다.

동쪽을 향하여 절하는 것은 자식이 부모를 섬기는 것을 뜻한다. 이에는 마땅히 다섯 가지가 있으니 첫째는 잘 사시도록 마땅히 생각하는 것이요, 둘째는 일찍 일어나 노비들을 잘 다스리며 때에 맞추어 음식을 장만하는 것이요, 셋째는 부모가 근

---

*   법정 역,『숫타니파타』. 정음사, 1980, 262쪽.

**   『長阿含 般泥洹經』(『大正藏』1), 183a쪽.

심하지 않도록 하는 것이요, 넷째는 부모의 은혜를 기억하는 것이요, 다섯째는 부모가 질병에 걸렸으면 두려워하여 의사를 구하여 치료하는 것이다.*

　그리고 비구들에게도 "대공덕을 얻고 대과보를 이루며 감로미(甘露味)를 얻어 무의처(無依處)에 이르는 두 가지 법이 있으니 부모를 공양하는 것과 일생 보처보살(補處菩薩)을 공양하는 것"이라고 하여, 항상 효순할 것을 생각하고 부모를 공양하라고 하였으며, 아울러 "길러주고 때때로 보호해준 부모의 은혜는 크므로 때를 놓치지 말고 마땅히 부모를 공양하고 항상 효순하라."**고 비구들에게 설법하고 있다. 부모를 공양하라는 것은 유교의 가르침과 일치하는 것이다. 그러나 유교의 효는 부모의 살아생전에 봉양하는 것과 사후에 제사를 잘 지내는 것이나, 불교에서의 진정한 효란 부모를 공양하는 것으로 그치지 않고 부모에게 진리를 일깨워주어 윤회의 고통으로부터 영원히 벗어나도록 하는 것이다. 그러므로 『불설아속달경(佛說阿速達經)』에서는 부모의 은혜를 갚기 위해서 다음과 같이 비구들에게 이르고 있다.

---

*　　　『佛說尸迦羅越六方禮經』(『大正藏』 1), 251b쪽.

**　　『增一阿含經』(『大正藏』 2), 601a쪽.

부모가 살생을 좋아하면 자식은 그만 둘 것을 간하여 부모가 다시 살생하지 못하도록 하고, 부모가 악한 마음을 가졌으면 항상 그만 할 것을 간하여 선을 생각하며 악한 마음을 갖지 않도록 하고, 부모가 어리석고 아는 것이 적어서 바른 도를 알지 못하면 불경으로서 알려주고, 부모가 탐욕을 가지고 질투하면 자식은 공손히 그만 둘 것을 간하고, 부모가 선과 악을 모르면 자식은 순리로써 알려주어라.*

부모에게 선한 업을 지어 좋은 과보를 받도록 하는 것이 진정한 효도라는 것이다. 삼보의 가르침으로 현생의 부모를 제도하는 것이 중요하다는 것을 『사십이장경(四十二章經)』에서는 "십억의 아라한에게 밥을 주는 것이 한 벽지불에게 밥을 주는 것만 못하고, 백억의 벽지불에게 밥을 주는 것이 삼보의 가르침으로 현세의 부모를 제도하는 것만 못하다."**라고 하였다. 결국 불교에 있어 최상의 효도란 부모에게 윤회와 업의 사상을 깨닫게 하여 부모로 하여금 윤회의 고통에서 영원히 벗어나도록 하는 것이다.

이상을 종합해 보면, 유교에서 불교인이 출가함으로써 후사를 단절하고 부모를 봉양하지도 않으며 제사도 받들지 않는 것은 불

---

* 　　『佛說阿遫達經』(『大正藏』 2), 863b쪽.
** 　　『四十二章經』(『大正藏』 17), 722c쪽.

효라고 비판하는 것에 대해 『현정론』은 불교의 목적이 애욕을 끊어 윤회에서 벗어나는 것임을 전제로, 결혼하여 가사에 충실하고 제사를 잘 받드는 것은 분명 일상적인 인간의 도리에 충실한 행위로 생전에는 세인들의 호평을 받고 사후에는 도리를 다했다는 평가를 받기는 하지만, 이러한 삶의 방식으로는 윤회의 원인이 되는 애욕을 다스릴 수 없으므로 불교가 설정한 삶의 목적을 달성하기 위해서는 출가가 불가피하다고 반론한다.

유교에서 강조하는 효를 수긍은 하지만, 일면 타당성을 지닐 뿐이며, 불교는 삶의 궁극 목적이 유교와는 다르므로 불교적 인생관을 전제로 할 때는 출가 역시 타당성을 지닌다는 것이 함허의 주장이다. 또한 함허는 유교가 설정하는 군신, 부자, 부부, 장유의 윤리 질서는 어디까지나 세간의 법이니 삼계(三界)를 초월하여 세간의 가치 체계를 근본적으로 초월해 버린 부처와 같은 인물을 다시 세간의 고착된 윤리 체계 속으로 끌어들여 비판할 수는 없다고 반박한다. 때문에 유교와 불교의 가치 체계가 세간과 출세간으로 그 사상적 바탕을 달리한다는 점을 고려하고 이해할 필요가 있다. 아울러 함허는 이와 같이 불교의 근본적인 가르침과 가치 체계를 인정한다면 효의 개념 역시 새롭게 이해할 수 있다고 주장한다.

그러므로 불교에서 효의 실천은 부모를 봉양하는 것뿐만 아니라 부모로 하여금 세상의 모든 것은 무상(無常)하고 고통이라는 현실을 깨닫게 하여 애욕을 끊고 선업을 행하여 윤회하는 고통에서 벗어나도록 하는 것이며, 아울러 현생의 부모는 물론 나아가 과거세의 부모와 유주무주(有住無住) 고혼(孤魂)들의 왕생극락을 기원하는 것이 참다운 효라는 것이다. 이러한 출세간적 지혜와 능력 때문에 천하와 후세의 모든 사람들에게 존경받고, 그 결과 석가세존의 부모인 정반왕과 마야부인이 역시 대성인의 부모라고 칭송되고 있다는 것이 함허의 주장이다.

한편 출가자들의 생활방식이 국가나 군주에 대해 불충(不忠)이라는 유교 측의 비판에 대해서, 함허는 출가자들의 생활방식에 대해 설명하고 있다. 예컨대 승려들이 예불(禮佛) 때마다 나라와 국왕을 축원하고 왕이 계품을 받아 심신을 정결히 하여 통치하도록 선을 권장한다. 아울러 형벌의 위엄으로 악을 금하는 정치적 수단을 빌리지 않고도 불교는 선인선과(善因善果), 악인악과(惡因惡果)의 교설(敎說)로써 자연스럽게 사람들을 교화시키니 결과적으로 출가자들의 생활도 나름대로 국가와 국왕에 기여하여 충성을 다하는 셈이라고 반박하고 있다.

충의 방법 역시 일방적으로 규정할 수 없는 것이므로 불교적 충의 방식도 인정해야 한다는 주장이다. 충·효는 결코 획일적으로 규정될 수 없고, 지향하는 이념과 가치에 바탕을 둔 삶의 해석 체계에 따라 탄력적으로 이해되어야 한다는 『현정론』의 주장은 타당성이 있고 설득력이 있는 반론이라고 할 수 있다. '충'에 대해서도 함허는 불교도가 현실정치에 참여하지는 않지만 종교적인 감화와 축원, 인과응보의 가르침을 통해 나름대로 사회교화의 기능을 실천하고 있음을 밝히고 있다. 또한 결혼을 하지 않고 후사(後嗣)가 없는 것이 불효라 하지만, 허유(許由)·백이(伯夷)·숙제(叔齊) 등은 절개를 지켜 후사가 없었으나 공자는 이들을 칭찬하며 인(仁)을 얻은 자라 칭송하였다며 반박하고 있다.

함허는 '입신양명'이 유교에서 말하는 최상의 도임을 예로 들어 보인다. 불교도 역시 출가자들이 석씨의 이름을 얻어 부처의 이름을 드높이므로 유교에서 말하는 입신양명과 다를 바 없다고 말한다. 또한 '효'와 함께 유교의 핵심을 이루는 '충'에 대해서도 유학자들의 문제가 제기된다.

> 사람이 이 세상에 태어나 마땅히 군주에게 충성을 다하고 성의(誠意)를 기울여 나라를 도와야 하거늘, 이제 불교인들은 세상에 나오지를 않고, 왕후를 섬기지 않으면서 거처하고 멀리 들어앉아서 성패를 바라보기만 하니 어찌 충이라 할 수 있겠는가?

'충'에 대한 문제 제기의 핵심은 불교도들이 현실 정치에 참여하지 않으므로 사회적 결속력을 지니지 못하는 데 초점이 맞추어져 있다. 유교는 기본적으로 자신의 도덕성을 계발하고 이를 바탕으로 정치를 통해 백성을 편히 다스리는 '수기치인(修己治人)'을 기본이념으로 한다. 그렇기 때문에 현실 정치에 참여하는 것이 매우 중요하다. 공자가 천하를 주유한 것도 정치적 이상을 실현하기 위해서였다. 따라서 유학자들의 입장에서 볼 때, 불교도들이 출가하여 세속 정치에 참여하지 않는 것은 신하된 자와 지식인으로서의 본분을 저버리는 것으로 판단될 수 있다. 이에 대해서 함허는 다음과 같이 반론을 제기한다.

> 출가자들은 아침저녁으로 향을 피우고 등불을 켜 군주를 축원하고 나라를 축원하니 충(忠)이라고 하지 않을 수 있겠는가? 또한 군주가 녹(祿)으로써 선을 권하고 형벌로써 악을 금하는 외에 우리 부처께서 '선을 행하면 경사를 부르고 악을 행하면 재앙을 부른다'는 것으로써 보이니, 이를 듣는 사람은 자연히 악한 마음을 거두어들이고 착한 뜻을 낸다. 이렇듯 우리 부처의 가르침이 상으로 권함과 형벌로써 위압함을 빌지 않고서도 사람들로 하여금 쓸리듯 교화를 좇게 하니 어찌 군주와 나라에 도움됨이 없겠는가?

함허는 불교도가 현실 정치에 참여하지는 않지만 군주의 마음을 깨끗하게 하는 종교적인 감화와 국가를 위하여 축원하는 종교적인 행사, 그리고 인과응보의 가르침을 통해 나름대로의 사회교화의 기능을 실행하고 있음을 강조함으로써 반박하고 있는 것이다.

유교는 삼강오륜이 말해주듯이 전제군주 하에서 군신과 부자 간의 윤리는 굉장히 중요한 의미를 지니고 있다. 위로 임금과 안으로 부모에 대한 예를 다하지 못한다는 것은 용납될 수 없었다. 이에 비해 불교는 수행을 위해 출가를 하고 그 가르침은 세간을 뛰어 넘는 것이므로 유교와 불교는 일상윤리의 문제에 있어서 크게 상반되고 있다.

이러한 상반성은 불교와 유교가 대립하게 되는 직접적인 원인이 되었던 것이다. 이미 중국에서 동진시대로부터 당·송에 이르기까지 끊임없이 불교와 유교가 충돌하여 불교는 국왕도 없고 부모도 없는 오랑캐의 교라든가, 나라가 피폐해지고 질병이 창궐하여 수명이 단명해진다든가, 선악보응과 삼세인과, 영혼불멸 등 형이상학적인 문제에 이르기까지 광범위하게 첨예한 대립이 이루어졌던 것이다.

먼저 유학자들은 "불자들은 출가를 함으로써 혼인을 끊고 인륜을 버려 산속으로 들어가 후사를 끊기 때문에 부모에게 불효하고 동시에 임금에게도 충성을 다하지 않는다."고 지적하였다. 이에 대해 함허는 다음과 같이 대응한다.

무릇 사람이란 부모에 의탁하여 태어나고 임금과 나라에 기탁하여 생존한다. 집에 들어와서는 부모에게 효도하고, 밖에 나가서는 임금과 나라에 충성하는 것은 진실로 신하로서 당연히 해야 할 일이다. 혼인과 제사도 또한 인륜(人倫)의 큰 도리다. 혼인이 아니면 거듭거듭 태어나는 이치가 끊어지고 제사가 아니면 먼 조상을 추모하는 법이 폐지될 것이다.

원칙적으로 효도와 충성은 인륜의 도리이므로 지켜야 하지만 신하가 되었다 해서 충성과 효도를 다하기는 어렵고, 혼인은 하였으나 종신토록 바른 도를 지키고 제사를 받들되 마음을 다해 극진히 재계(齋戒)하기는 더욱 어려운 일이라고 했다. 그러나 설혹 이렇게 한다 하더라도 좋은 이름을 얻었을 뿐 애욕을 끊은 사람은 드물고, 인간으로 죽었다 태어났다 할 뿐 윤회를 면키 어려운 법이라 윤회와 생의 근본이 되는 애욕을 끊지 않고서는 불가능하기에 애욕을 끊기 위해서 처자를 버리고, 처자를 버리기 위해서는 티끌세상을 벗어나지 않을 수 없다고 주장하고 있다. 물론 티끌세상을 벗어나지 않고도 할 수 없는 것은 아니나 용렬한 범부로서는 하기 어렵기 때문에 이와 같은 방편을 보인 것이라고 했다.

또한 세간의 법이라는 것은 각각 그 아버지만을 아버지로 여기며, 각각 그 자식만을 자식으로 여기며, 각각 그 몸만을 몸으로 여기며, 각각 그 아내만을 아내로 여긴다. 그 때문에 물아(物我)가 양립하며, 자타가 대적함을 이루어 윤회의 일이 일어난다.

… 중략 …

그렇다면 품류가 비록 다르나 본성은 하나이다. 본성이 이미 하나라면 저 사물의 분총(紛總)함은 모두 나와 한 성품의 작용이니, 마치 사람의 몸에 사지가 있고 사지에는 오지가 있음과 같다… 손가락이 편안하면 사지도 편안하며 사지가 편안하면 몸이 안온한 것이다. 처음 몸을 거둠에 착수하여 마음을 거둠에 이르며, 그 마음을 거둠으로부터 본성을 이루는 데 이르러, 자비를 광대하게 미루어 은택이 대천을 덮는다. 이것이 불교의 인이다.

함허가 유학의 인륜관에 대한 편협함을 지적한 것은 유학의 차별적인 윤리 실천에 대한 비판이다. 유학의 윤리 실천은 본성에서 자연스럽게 우러나오며 그러기에 가장 절실한 지친(至親) 간의 윤리를 바탕으로 하여 외부로 확장해 나가는 과정 속에서 이루어진다. 그리고 그러한 지친 간의 윤리에 근거할 때에만 그 실천이 마치 근원이 있는 물길이나 뿌리가 있는 나무와 같아서 그침이 없이 확장되어 갈 수 있다고 한다.

그러나 이에 반해 불교의 입장은 인간뿐만 아니라 흙, 나무, 돌 등의 두두물물(頭頭物物) 모두 같은 '중생'으로서 본질적으로 차이가 없다는 것이다. 따라서 각기 존재의 차별성을 인정하지 않는다. 이것은 불교의 윤회사상에 근거한 것으로 사람도 악을 행하면 내세에 짐승으로 태어날 수 있으며, 짐승도 선을 행하면 인간으로 태어날 수 있다는 '선인선과 악인악과(善因善果 惡因惡果)' 즉 인과(因果)의 가르침이다. 그러므로 불교의 자비는 모든 중생에게 차별 없이 적용되는 것이다.

이상의 논의에서 알 수 있듯이, 인륜문제에 대한 유학과 불교의 논쟁은 양자의 기본적인 방향성에 있어서 세간적 가치 지향과 출세간적 가치 지향의 대립, 인륜의 실천방법에서의 차별주의와 평등주의에 기인하는 것이다.

함허는 이 문제에 대해 불교가 유교보다 악을 멀리하고 선을 가까이 할 수 있는 가르침임을 바탕으로 하고 있기 때문에 백성들에게 형벌로써 다스리지 않더라도 나라를 잘 다스릴 수 있다는 논리를 펴면서 불교는 마음을 정화시켜 근본을 다스림으로 넓은 의미에서 국가에 큰 이익을 준다고 밝히고 있다. 그리고 그는 유교에서 형벌로서 나라를 다스리는 것은 한계가 있으며 미진함이 많다고 말하고 불교가 무익하다는 주장에 대해 다음과 같이 반박하고 있다.

군주는 벼슬과 녹으로 선을 권하고 형벌로 악을 금하지만 우리 불교는 이외에도 선을 지으면 경사를 가져오게 되고 악을 지으면 재앙을 부르게 됨을 교시해 준다. 그래서 사람들은 악한 마음을 자연히 거두어들여서 선한 뜻을 펴게 된다. 우리 불교의 가르침은 벼슬이나 상을 빌리지 않고 선을 권하고, 형벌의 위엄을 빌리지 않고 악을 거둬들이게 해서 사람들이 마음으로 복종해서 저절로 따라오게 만든다. 이러한데 어찌 군국에 도움이 없다고 말할 수 있겠는가?

인용문에서 보듯이 함허는 악에 대한 형벌보다는 불교의 인과를 설함으로써 모든 악을 사전에 막을 수 있기 때문에 국가에 도움이 없다는 말은 근거 없는 주장이라고 논박하고 있다.

유학자들의 비판은 이에 그치지 않고 불법이 중국에 들어온 후 세상은 점점 인심이 각박해지고 기근이 심해서 풀을 먹게 되고, 집을 잃은 백성이 많고, 전염병은 날로 심해져서 그 피해가 컸음을 예로 들며 불교의 무익성과 유해성에 대해 비판하였다. 이에 함허는 중국 역사상의 인물들을 거론하며 다음과 같이 반박한다.

요·순·우·탕은 천하의 대성인이면서 홍수나 가뭄의 재앙을 면치 못했고, 걸(桀)·주(紂)·유(幽)·여(厲)도 천하를 다스리는 임금이면서 백성으로부터의 지탄을 면치 못했다. 주나라가 쇠망할 때에 인민의 생활은 도탄에 빠졌고, 진나라가 일어날 때에 천하는 큰 난잡을 치렀다. 또 공자 같은 대성인도 양식이 떨어짐을 면치 못했고, 안회와 같은 성인도 요절을 면치 못했으며, 원헌(공자의 손자인 자은을 말함) 같은 대현인도 가난함을 면치 못했으니 이것이 다 불교 때문인가?

171

함허는 불교가 중국에 들어오기 이전에 있었던 일들을 열거하여 불교의 무익함에 대한 반론의 논지를 펴고 있다. 그러면서 불교를 신봉하던 당나라 태종은 위징·이순풍 등과 더불어 마음을 모으고 덕을 같이 하여 혼란스런 천하를 통일하자 백성들이 모두 기뻐하며 경하하였던 일과 신라 태종 김춘추가 김유신과 함께 힘을 합해 삼국을 통일했을 때 백성들에게 근심이 없고 즐거워서 태평성대를 누렸던 사실을 예로 들었다.

또한 중국의 조주선사가 120세를 산 것과 오대개 법사가 300년을 살았던 사실을 들어 불법이 국가를 피폐하게 한다는 것과 인간을 요절케 한다는 것을 반박했다. 이와 같이 함허는 유가의 비판을 불교를 위해하기 위한 모략으로 보고 역사적인 사실을 열거하여 하나하나 반론을 제시하였다.

「칠불통게(七佛通偈)」에 잘 언급되고 있듯이, 불교는 악을 끊고 선을 닦고, 스스로 마음을 맑혀 실천함으로써 사회에 기여함을 강조한다. 따라서 불교는 악의 근원인 본능적 감정을 다스려 참된 성품을 보는 깨달음의 종교이다. 본능적인 감정은 사람에 따라 정도의 차이가 있으므로 오계, 십선, 사제, 12연기 등을 지키는 도(道)도 그 사람의 근기에 따라 차이가 있고, 깨달음에 이르는 결과에도 차이가 있다. 그렇지만 선행을 하고 악행을 멀리하며 미혹된 마음을 닦고 바른 마음을 얻으면 '수신제가치국평천하(修身齊家治國平天下)'를 이룰 수 있다. 하나의 선을 행하면 하나의 경사가 발생하고 이것

조선이여, 법의 등불을 밝혀라 •

이 가정과 국가의 경사로 발전할 것이므로 불교는 사회국가에 이롭지 않다는 말은 타당치 않다*는 것이다.

유교의 핵심인 인·의·예·지·신의 '오상(五常)'은 불살생, 불투도, 불망어, 불사음, 불음주의 '오계(五戒)'와 순서상으로나 내용상으로 상통하는 바가 많다.** 다만 불교와 유교는 서로 상통하면서도 유교는 현세의 일에 치중하고, 불교는 인과의 원리와 덕행에 의하여 심복하게 한다. 여기서 함허가 유교를 정형(政刑)의 교로 규정한 것은 내용상 정치와 직결된 학문이라는 데서 이름을 차용한 것으로 보인다.

한편 불교는 재가자와 출가자 모두 수도할 수 있는 법이어서 반드시 출가 승려가 되어야만 불도를 닦는 것은 아니라는 것이다.*** 장소와 형편에 따라 자유롭게 하기도 하고 속박하기도 하니 이를 삼매(三昧)라 하고, 고정된 법에 속박되지 않는 것을 '무상보리(無上菩提)'라 하니 부처의 심법(心法)이 결코 협소한 것이 아니다.

이어 전개되는 불교의 계율인 '불살생(不殺生)'과 '불음주(不飮酒)', 그리고 화장(火葬)에 대한 함허의 대응은 충·효의 논리와 비교해 볼 때 상대적으로 더 구체적이고 체계적이다. '불살생'에 대해서는

———

*   함허기화, 『유석질의론』下, 253쪽.

**   위와 같음.

*** 위와 같음.

유교가 윤리의 핵심인 '인'을 통해 '불살생'의 정당성을 밝히고 있기 때문이다. '불음주'의 문제도 현실적인 폐해를 구체적으로 예시하여 유학자들의 비판에 대응하고 있는 면이라든지, '화장'에 대해서도 화장에 전제되어 있는 육신관 자체를 드러내 더 근원적으로 설득하고 있는 점이 그러하다.

한편 함허는 이와 같은 충과 효의 논리는 유교의 인이나 불교의 불살생의 도리와 직접적으로 연관성을 지니고 있다고 판단했다. 즉 불살생, 불음주, 화장과 같은 불교윤리 역시도 유교의 이상과 다를 것이 없다고 생각한 것이다. 하지만 일상생활에서 범인(凡人)들이 실천하는 유가의 윤리는 이성적인 유가의 윤리와는 거리가 멀다. 그것은 세속적 현실에서는 수많은 제약이 따르기 때문이다. 그러나 불교도들이 이상적인 윤리와 관련하여 더욱 많은 비판과 제재를 받는 까닭은 출가하여 세속을 등진 삶을 사는 이들에게 좀 더 엄격한 윤리의 기준이 적용되기 때문일 것이다.

함허는 유학자들이 불교는 고기로 노인을 봉양하지 않으며, 법제로 정한 사냥을 하지도 않고, 짐승을 제물로 바치지도 못하게 하는 것은 잘못이라는 비판에 대해서, 불교는 "천지가 나와 한 뿌리이고[天地與我同根] 만물은 나와 한 몸[萬物與我同體]이다"고 밝히고, 유교도 "인자는 천지만물을 자기 몸과 같이 여긴다"라고 했으니 사람과 만물이 서로 죽이는 것은 천지의 뜻이 아니며, 진실로 인자(仁者)의 도에 충실하려면 살생(殺生)하지 말아야 한다고 반박하고 있다. 또 주역의 "예전에 총명하고 예지롭고 뛰어난 자는 살생하지 않았다"는 구절을 인용하고, 부득이한 살생은 혹여 있을 수 있으나 반드시 이치에 합당한 것은 아니므로 대경(大經)이라 할 수는 없다고 대응하고 있다. 그리고 그는 살아 있는 짐승을 제물로 바치는 것은 사후에도 살생(殺生)의 죄를 더하는 것이니 비록 성대한 예가 될지라도 이를 폐지해야만 한다고 주장한다.

"인자는 천지만물을 자기 몸으로 삼는다"고 하면서도 만물의 하나인 가축의 고기를 칠십 노인은 먹어도 좋다고 하는 유교의 모순된 주장이 바로 자신의 출가 계기가 되었음을 술회하기도 한 함허는, "천지만물을 자기 몸으로 삼는다"는 유교의 인도(仁道)를 언급하여 이에 대한 철저한 실천을 할 것을 유교 측에 요구함으로써 불교의 불살생의 윤리를 더 적극적으로 변호하고 있는 것이다.

불교의 계율 중 가장 중요한 계율이라고 할 수 있는 불살생에 대해 유학자들이 제기하는 문제는 다음과 같다.

> 사람이 사물을 먹고 사물이 사람에게 공급하는 것은 진실로 자연스러운 것이다. 게다가 나이가 일흔 된 이는 고기가 아니면 배부르지 않으므로 노인을 봉양하는 이는 이로써 드리지 않을 수 없다. 또한 봄·여름·가을·겨울사냥은 곧 선왕이 백성들을 위해 해를 없애기 위해 시절에 따라 법을 세운 것이니 바꿀 수 없다. 이제 불교도들은 부모가 늙어 맛이 없는 것을 먹

승가사 마애불

함허스님은 성균관 유생시절 삼각산 승가사의 노스님과 만난 이후
유교와 불교가 분리되어 있거나 대립적이지 않다는 것을 깨닫게 되었다.

는데도 고기를 드리지 않고 사람을 가르치는데 또한 선왕의 법제와 희생의 예를 폐하게 하니 잘못이 아닌가?

우선 유학자들은 불살생에 대한 비판의 근거로 세 가지를 들고 있다.

첫째, 나이든 부모에게 고기로써 봉양하지 않음은 불효(不孝)이다.

둘째, 사냥은 야수들로 인한 백성들의 피해를 막고자 선왕이 때를 지정한 것이다.

셋째, 제사에 고기를 사용하지 않는 것은 유교의 예에 어긋나는 것이다.

이같은 유학자들의 불살생에 대한 문제 제기에 대해 함허는 유교의 핵심인 '인(仁)'을 들어 다음과 같이 반박한다.

하늘이 내린 사물을 포악하게 없애는 것은 성인이 더불어 하지 않는 바이다. 하물며 천도(天道)는 지극히 인(仁)하니 어찌 사람으로 하여금 생명을 죽여서 양생하게 하는가. 「시경(詩經)」에서는 '천지는 만물의 부모이며, 사람은 만물 가운데 영장이다. 진실로 총명한 자가 우두머리가 되고 우두머리는 백성의 부모가 된다'라고 하였다. 천지가 이미 만물의 부모라면 천지 사이에 태어난 자는 모두 천지의 자식이다. 천지와 사물의 관계는 부모와 자식의 관계와 같다. … 인간과 만물이 이미 천지의 기를 함께 얻었으며 또한 천지의 이(理)를 부여받은 바인데 어찌 살생하여 양생하는 이치가 있겠는가? '인이란 천지만물을 자기와 하나로 하는 것'이라는 말은 유가의 말이다. 행하는 바가 그 말과 같은 뒤에야 비로소 인의 도를 다할 수 있다.

함허는 유교가 인의 실천에 있어 이론과 현저히 거리가 있음을 날카롭게 지적하면서 유교 경전의 예를 들어 반론을 제기한다. 즉 유교 경전에 나오는 '인'을 비판의 근거로 삼아 유교가 '인'의 도리는 말하고 있지만, '인'을 실천하지는 못하는 모순을 지적하고 있는 것이다. 이것은 유교 역시 윤리의 실현에 있어 현실과 이상 사이에 상당한 괴리가 있음을 밝힌 것이다. 또한 함허는 불교의 불살생계(不殺生戒)에서 '인'의 실천방법을 찾아 불교에 귀의하게 된 동기를 다음과 같이 밝히고 있다.

병자년 무렵에 삼각산에 놀러 갔다. 승가사에 들러 한 노선사와 밤에 대화를 나누었는데, 대화를 하던 중에 선사가 말하기를, "불교에는 열 가지 중요한 계율이 있는데 맨 처음이 불살생이다."라고 하였다. 내가 이에 석연하게 심복하여 스스로 말하

조선이여, 법의 등불을 밝혀라 •

기를, "이는 참으로 인(仁)한 사람의 행위이며, 인의 도를 깊이 체득한 이의 말이다."라고 하였다. 이로부터 유교와 불교의 사이를 다시 의심하지 않았다.

함허는 출가하기 전 유교 경전을 배우면서 "인이란 천지와 만물을 자기와 하나로 하는 것인데 어떻게 살생의 도리가 있게 되는가?"라는 의문을 갖고 여러 경전을 찾아보았으나 그 의심을 풀지 못하다가 승가사에서 노선사와 대화를 나누던 중에 '인'의 도를 깨닫게 된 것이었다. 그는 불살생계가 단순한 불교의 계율에 그치는 것이 아니라, 곧 천지만물을 자기와 하나로 하는 인의 적극적 실천 방법으로 보았던 것이다.

불교의 인과와
윤회의 도리는 분명하다

인과설은 불교 세계관의 기초가 되고 있지만, 현상론에 치중하는 유교의 입장에서 불교의 삼세인과설(三世因果說)은 허탄한 이론일 수밖에 없다. 따라서 공자는 생사만 언급했을 뿐 죽음 이후의 문제에 대해서는 언급하지 않았고, 증명 불가능한 삼세인과설로 불교는 혹세무민한다고 비판하였다.

사람의 생사는 사람의 처음과 끝이다. 그래서 공자께서는 생사만을 말하였을 뿐 그 앞뒤는 말하지 않았다. 지금도 불교도들은 생사와 앞뒤의 관계를 말하여 삼세라 한다. 태어나기 전과 죽은 뒤는 귀와 눈으로 접할 수 없는 것이니 누가 친히 보았겠는가? 그런데도 이로써 사람을 미혹시키니 어찌 허탄한 것이 아니겠는가?

함허는 자연현상에서 인과(因果)를 예측할 수 있음을 인식하고, 유교 경전인『주역』에서 인과설의 실마리를 찾아 유교에도 일단 인과론이 존재함을 밝힌다. 그러나 유가의 인과론은 현실 인과론에 그치는 것이다. 함허는 여기서 현실 인과론이 가능하다면 이것을 왜 삼세 인과론으로 연장할 수는 없는가라는 문제를 제기한다. 그는 이러한 원리는 낮과 밤의 원리와 동일한 것이라고 주장하며 유가의 인과설에 대해 다음과 같이 비판하고 있다.

> 사람의 생사는 마치 낮과 밤이 뒤바뀌는 것과 같다. 이미 서로 바꾸는 일이 있으니 저절로 앞과 뒤가 이루어진다. 낮은 지난 밤을 앞으로 삼고, 오는 밤을 뒤로 삼으며, 그 낮밤과 함께 저절로 세 때를 이룬다. 낮과 밤이 이미 이러하니 세월도 또한 그러하다. 세월이 이미 이러하니 생사도 또한 그러하다. 과거는 시작이 없으며 미래는 다함이 없다는 것을 또한 이로써 알 수 있다. 주역에서는 '지난 것을 밝히고 오는 것을 살피면 득실의 과보를 알 수 있다'고 하였다. 가고 온다는 말이 어찌 이른바 앞뒤가 아니겠는가? 이로써 삼세의 설이 허탄하다고 생각하지 않을 것이다.

인용문에서 보듯, 함허는 삼세인과 역시 유교 자체의 논리로 가능하다고 보았다. 낮이 금생이라면 밤은 내생이라는 것이다. 낮이 있으면 밤이 있듯이, 삶이 있으면 죽음이 있고, 죽음은 밤이고, 이 밤은 내생에 비유하여 설명한 것이다. 낮이 어두워지기 전은 인(因)이고, 어두워진 것은 과(果)이다. 그러므로 음양과 주야의 이치는 인과에 합치되므로 현재의 사물은 홀로 있을 수 없다고 본다. 아울러 함허는 생로병사의 순환을 낮과 밤에 확대시켜 사시변천과 같다고 하였다. 즉 순환함이 일월(日月)과 같다는 것이다.

주역에서 음양을 말할 때는 고정된 음양을 말한 것이 아니고, 음이 변해야 양이 됨을 말하였으며, 귀신도 음양(陰陽)의 굴신(屈伸) 왕복(往復)하는 이치를 의미하였다. 이것은 즉 음양의 순환이 필연적임을 의미하며, 이기(二氣) 안에 있는 것은 모두 순환함을 뜻한다는 것이다.* 바꾸어 말하면, 음양 상승이 인과의 범위로 파악할 수 있음을 밝힌 후에 삼세인과라는 것은 만물순환의 음양 상승의 필연적 순환에 의하여 성립된다고 볼 수 있음을 천명한 것이다. 전통적인 인과(因果)의 비판(批判)이 음양설(陰陽說)에 근거하고 있는 것과 비교하면, 상당히 설득력 있는 논리를 펴고 있는 것으로 여겨진다.

한편, 함허는 『유석질의론(儒釋質疑論)』에서 주역(周易)의 핵심원리는 근본으로 돌아가려는 힘에 있다고 보았다. 하도낙서(河圖洛書)의 이치는 기(氣)에서 벗어남이 없는데 기는 결과적으로 삼재(三才)

---

*   함허기화, 『현정론』, 앞의 책 7, 223a쪽.

라고 하는 근원으로 돌아가려는 데 지나지 않는다. 즉 이(理)는 근본으로 돌아가려는 힘에 의해 생성의 힘이 나타나며, 조화의 공이 나타나 천지가 위치를 정하고 만물이 생육된다고 본 것이다.

불교의 삼세인과설(三世因果說)은 불교의 근본교설로서 업설(業說)을 바탕으로 한다. 즉 삼세인과설은 현세에 있어서 업설로 설명될 수 없는 엄연한 사실이 있기 때문이며, 현세에서 업인(業因)을 찾을 수 없는 과보는 과거세에서 그 원인을 찾고 또한 현세의 업인에 대응하는 과보를 발견할 수 없는 것은 미래세에서 그 과보를 찾는 데서 성립된 것이다. 우주의 모든 존재를 원인과 결과로서 파악하는 불교적 세계관인 인과설에 대해 자연현상과 유교 경전에서 반론의 근거를 찾아 제시한 함허의 논증은 체계적이고 설득력이 있다.

그런데 『현정론』과 『유석질의론』의 체제상 두드러지는 특징 가운데 하나가 삼세인과설과 선악응보설(善惡應報說)에 관한 담론이 중복되어 강조되고 있다는 점이다. 이는 『현정론』의 다음과 같은 구절에서 그 원인을 찾아 볼 수 있다.

천당, 지옥이 설사 없다고 해도 그런 말을 듣고서 천당을 흠모하여 선을 따르고 지옥을 싫어해서 악을 버리게 되는 것이니, 이 천당, 지옥설이 백성을 교화함에 있어 그 이익이 막대하다. 또한 과연 천당, 지옥이 존재하면 선한 사람은 반드시 천당에 오르게 되고 악한 사람은 지옥에 떨어지게 되므로 사람들로 하여금 이것을 듣게 하면 선한 사람은 스스로 착한 일에 힘써야 천당의 즐거움을 마땅히 누리려 하고, 악한 사람은 스스로 나쁜 짓을 그쳐서 지옥에 들어감을 면하려고 한다. 그런데도 구태여 천당 지옥설을 배척하여 망령된 것이라고 하는가?

유학자들의 배불론이 불교윤리의 출세간성 및 보편성 등으로 인한 비현실성을 반박하는 데 그 초점이 있음을 고려할 때, 『현정론』과 『유석질의론』에서 인과응보설을 특별히 중복하여 취급하고 있는 것은 인과응보설이 불교의 현세 윤리적 기능을 가장 효과적으로 담당한다고 판단하여 이를 부각시킴으로써 유학자들의 윤리적 배불론에 대응했다고 할 수 있다. 특히 『유석질의론』의 열두 번째 문답인 '악의 보은(報恩)'에 관한 설명에서는 음험하게 남을 해침의 폐해를 정치적 영역에서 그 실례를 들며 상세히 논함으로써 인과응보설의 정치윤리적인 선도의 기능을 부각시키고 있는데, 이것은 당시에 이미 정치적 지배이념으로 자리 잡은 성리학을 의식한 입론(立論)이라고 생각할 수 있다.

불교에서는 정신의 불멸과 업보의 인과를 근거로 하여 윤회를 강조한다. 즉 사람의 육체는 사라져도 정신은 없어지지 않고 불멸하여 자신이 지은 업에 따른 보응을 받으며, 과거와 현재 그리고 미래의 삼세를 윤회한다고 하는 것이다.

또한 삼법인(三法印)에서의 무아(無我)를 다 마쳤거나 무아인 것을 깨달았을 때 윤회도 끝난다는 진리이다. 그러나 이에 대해, 성리학에서는 기(氣)의 '모임'과 '흩어짐'으로 생사(生死)를 설명함으로써, 불교의 윤회설과 그 근거가 되는 정신불멸설이 비합리적이라고 비판한다. 즉 불교에서는 정신의 불멸과 윤회를 주장하지만, 유교에서는 사람이 태어나고 죽는 것은 기(氣)의 모임과 흩어짐에 의한 것으로, 기가 모이면 태어나고 기가 흩어지면 죽는다고 주장한다. 이때 기의 '모임'과 '흩어짐'에 의한 생멸의 대상에는 정신도 포함된다. 하지만 함허는 정신의 생멸에 관한 유학자들의 이러한 생각은 단견(短見)이며 생생(生生)의 이치에 밝지 못한 것이라고 비판하였다.

정신이 일생에 그치고 다 멸한다고 말하는 것은 단견이니, 이는 생생의 이치에 어두운 것이다. 사람은 항상 사람만 되고 축생(畜生)은 항상 축생만 된다고 하는 것은 상견(常見)이니, 이는 음양변화의 이치에 어두운 것이다. 단상의 두 견해는 부처가 꾸짖은 것이다 … 음양주야(陰陽晝夜)가 왕복해서 다함이 없는 것은 원기가 주가 되기 때문이고, 삼세의 만물이 생생하여 끊어지지 않는 것은 정신이 주가 되기 때문이다.

즉 그는 『유석질의론』에서 밤과 낮의 바뀜과 삼세의 만물이 생생하여 끊어지지 않는 것은 정신이 주가 되기 때문임을 분명히 함으로써 정신불멸설을 주장하고 있다. 아울러 정신불멸설과 더불어 윤회설의 근거가 되는 것이 업보설이다. 업보설은 현상계 가운데 사람과 다른 사물과의 차별과 사람 사이의 지혜로움과 우둔함·어질고 어리석음·빈부·귀천·천수 등의 차이를 전생에서 지은 선업과 악업이 원인이 되어 보응으로 나타난 결과로 설명한다. 이러한 업이 원인이 되어 보응의 결과가 온다는 불교의 업보설은 정신불멸설과 더불어 윤회설의 이론적 근거가 되며, 또한 종교적인 측면에서 불교가 일반대중에게 지닌 가장 설득력 있는 교설이 되고 있다고 할 수 있다.

그러나 이에 대해 성리학에서는 전생에 지은 업이 원인이 되어 보응의 결과로 나타난다는 불교의 업보설(業報說)이 비합리적이라고 비판하고, 현상계의 차별상을 기(氣)의 자연스런 작용으로 설명한다. 즉 현상계에는 음양오행의 기가 운행하는데, 그러한 기는 다양한 속성을 지닌다는 것이다. 때문에 인간을 포함한 모든 존재는 그러한 기의 다양한 속성에서 기인하는 것으로 여겨지고 있는 것이다. 비유하자면 태어날 때 바르고 트인 기를 얻으면 사람이 되고, 치우치고 막힌 기를 얻으면 여타의 사물이 된다는 것이다. 또한 사람들 간에 현실적으로 다양한 차별이 있는 것 역시 마찬가지 원인에 의한 것이다.

다시 말하면, 맑은 기를 얻으면 지혜로운 사람이나 어진 사람이 되고, 흐린 기를 얻으면 어리석고 못난 사람이 되며, 두터운 기를 얻으면 부자가 되고, 얇은 기를 얻으면 가난한 사람이 되며, 높은 기를 얻으면 귀한 사람이 되고, 낮은 기를 얻으면 천한 사람이 되며, 긴 기(氣)를 얻으면 장수하고, 짧은 기를 얻으면 요절한다는 것이다. 결국 현상계의 다양한 차이는 기의 필연적인 법칙에 의한 것이지, 불교에서 말하는 정신이 주체가 되어 받은 업보(業報)에 따른 인과(因果)적인 작용에 의한 것은 아니라는 것이 유학자들의 주장이다. 그렇다면 이 세상에 태어날 때 어떤 사람이 두텁고 긴 기를 받으며, 어떤 사람이 짧고 얇은 기를 받는 것인지의 결정은 누가 어떤 기준으로 한다는 것인가? 또한 인생이 금생으로 끝난다면 금생에 지은 과보를 받지 않을 텐데 선하게만 살려고 노력할 필요가 있겠는가?

그러나 함허는 중생이 선악을 지으면 반드시 그 과보를 받게 된다는 업보설을 분명히 역설함으로써 그들의 주장을 반박하였다.

이른바 인과(因果)라는 것은 콩을 심으면 콩을 얻고 보리를 심으면 보리를 얻는 것을 말한다. 그러므로 말하기를, "봄에 한 알의 곡식을 심으면 가을에 만 알의 씨를 거둔다." 하였는데, 인생이 선악을 지으면 과보(果報)도 이와 같은 것이다. 또 말하기를, "전세(前世)의 인을 알고자 한다면 금생에 받은 것이 바로 이것이고, 미래세의 과를 알고자 한다면 금생에 지은 것이 이것이다."라고 하였으며, "백천 겁을 지나더라도 지은 바의 업은 없어지지 않고 인연이 회우할 때에 과보를 스스로 다시 받는다." 하였으니, 이는 부처가 보여준 가르침이 인과를 먼저 함이다.

인용문에서 알 수 있듯이, 함허는 인과라는 것은 '자연의 정리(情理)'인 까닭에, 업은 없어지지 않고 언젠가는 그 과보를 받는다고 주장하며 유학자들의 입장을 반박하였다. 그러나 유교의 입장이 인과응보를 말하지 않은 것은 아니지만 그것이 현세에 그칠 뿐이다. 따라서 함허는 행위의 과보(果報)가 과거·현재·미래의 삼세에 미치는 영향이 매우 엄정하기에 백성들이 불교의 이러한 인과응보를 안다면 자연스럽게 풍속이 선하게 될 것이므로 정치에 도움이 된다는 점을 밝히고 있다.

위에서 살펴본 것처럼, 유학자들은 주로 기론적(氣論的) 사유에 근거한 유학의 합리주의와 현실주의로서 불교 교리의 비합리성과 초월적 성격을 비판하고 있다. 이러한 유학의 합리성과 불교 교리의 비합리성은 우열을 매길 수 있는 성질의 것이 아니다. 그것은 유학의 본질은 경험적이고 상식적인 세계 속에서 인간의 도덕적 자각과 실천을 주된 관심사로 삼은 윤리체계이며, 불교의 본질은 경험적이고 상식적인 세계를 넘어선 초월적 가치를 지향하고 있기 때문이다.

함허는 황극(皇極)의 도와 삼세인과 등을 들어서 불교와 유교의 상관관계를 설명하였다. 인과설은 유교와 불교에서 공통으로 설하고 있지만, 유교가 현세에만 그치고 있는 반면 불교에서는 과거·현재·미래의 삼세인과를 설하고 있다. 유교의 인과설은 황극의 도에서 찾을 수가 있는데, 황극의 도는 홍범구주(洪範九疇)* 중 기본이며 중심이 되는 대중지정(大中至正)의 도로써 구주 중 오행·오사·오기·삼덕·계의·서징을 통하여 천의에 따라 선을 행하면 오복을 받고 천의를 어기고 악을 행하면 육극을 받는다고 보는 유교의 정치철학으로 볼 수 있다.

앞에서 언급한 바와 같이, 불교의 삼세인과설은 업설을 바탕으로 이루어진 것으로 우주의 모든 존재를 원인과 결과로써 파악하려는 교설이다. 업설은 안(眼)·이(耳)·비(鼻)·설(舌)·신(身)·의(意)의 육근(六根)과 색(色)·성(聲)·향(香)·미(味)·촉(觸)·법(法)의 육경(六境), 즉 인식 기관과 인식 대상의 상호관계를 의지적인 작용과 필연적 반응의 법칙으로 파악하여 이루어진 것이다.

이와 같은 업설은 모든 것에 적용되어 삼세인과설로 발전하게 된다. 그것은 현세에 있어서 업설로 설명될 수 없는 엄연한 사실이 있기 때문이다. 이러한 현상을 석가모니 부처는 초극적인 신(神)이

---

* 『서경(書經)』의 주서(周書) 홍범편에 기록되어 있는 것으로 우(禹)가 정한 정치 도덕의 아홉 원칙. 오행(五行)·오사(五事)·팔정(八政)·오기(五紀)·황극(皇極)·삼덕(三德)·계의(稽疑)·서징(庶徵) 및 오복(五福)과 육극(六極)이다.

나 숙명론과 우연론으로는 결코 설명할 수 없으므로 현세의 업인(業因)을 찾을 수 없는 업보는 과거세에서 그 업인을 찾고 있다. 또한 현세의 업인에 대응하는 업보를 발견할 수 없는 것은 미래세에서 그 업보를 찾아 삼세윤회설로 확립된 것이기 때문이다.

요컨대 유·불 양교가 인과를 인정함에는 동일하나 인과의 적용이 현세에 끝나버리는가 아니면 삼세를 관통하는가의 차이라고 볼 수 있다. 이렇듯 함허는 『현정론』을 통해 당시 유학자들의 시각이 지극히 현세적인 시각으로 불교의 삼세인과설을 비판하는 것에 대해 조목조목 반론하며 잘못된 시각을 바로 잡아주고자 노력하였음을 알 수 있다.

불교 탄압에 대한 또 다른 상소, 「간폐석교소」

　함허의 이론이 조선 초기 불교 탄압과 왜곡에 대한 반론이자 대응론이었다면, 백곡처능의 「간폐석교소(諫廢釋敎疏)」는 조선 후기 불교 탄압과 소외에 대한 적극적인 대응논리였다고 할 수 있다. 임진왜란 이후 승려들의 사회적 지위는 다소 호전되었지만, 위정자 및 유생들의 부당한 핍박과 시달림은 계속되었다. 남한산성과 북한산성을 비롯한 군사적 요충지에 산성(山城)을 구축하고 수비하는 일은 모두 승려들의 몫이 되었고, 관청(官廳)과 유생들에게 종이와 기름, 신발 등을 만들어 바치게 하였으며, 그 밖의 잡역(雜役)을 시켰다. 그리하여 승려들은 여전히 사회에서 가장 심한 천민 대접을 받고 있었다.

　또한 현종은 즉위와 동시에 양민이 출가하여 승니(僧尼)가 되는 것을 금하였고, 이미 승니가 된 사람들도 환속할 것을 권하거나 명령하였다. 그는 송시열 등의 상소를 빌미삼아 서울의 비구니 사찰인 자수원(慈壽院)과 인수원(仁壽院)을 철폐하고 거기에 모셨던 열성(列聖)의 위판(位版)을 땅에 묻어버렸으며, 사찰 소속의 노비와 위전(位田)은 모두 본사(本司)로 돌리게 하였다. 이러한 사태는 1749년(영조 25)에도 있었는데, 영조는 승려의 도성출입을 금하였다. 정조는 불교를 신봉한다고 하면서 불교를 옹호하는 몇 가지 조처를 취하기는 하였으나, 그의 신앙은 개인적인 기복신앙이었으며, 다른 왕족, 왕가 주변 사람들의 불교신앙도 그 수준을 벗어나지 못하였다. 승려들은 이러한 정치적·사회적 환경 속에서 자연히 은둔적·체념적인 삶을 택하거나 아니면 주변 환경에 적절히 대처하여 이익을 추구하는 경향을 보이기도 했다.

이와 같은 조선 후기의 가혹한 불교 탄압 속에서 정면으로 반대의 뜻을 밝혔던 승려는 백곡처능(白谷處能, 1619~1680)이었다. 백곡은 현종이 불교를 탄압하자 그에 항의하는 장문의 「간폐석교소(諫廢釋敎疏)」를 올려, 조선왕조 척불책과 배불사상의 잘못된 부분을 인식시키며 바로 잡고자 하였다. 이 탄원 형식의 「간폐석교소」는 조선시대 모든 상소문 가운데 가장 길고 분량이 많은 것이었고, 유일무이한 승려의 상소문이었으며, 현종의 불교에 대한 심한 박해를 어느 정도 방지하는 계기가 되었다. 그러나 아쉽게도 조선조 500년 동안 가혹했던 배불정책에 대해 공식적으로 그 부당성을 지적하고 시정을 촉구했던 유일한 승려로 기록되고 있는 백곡처능 선

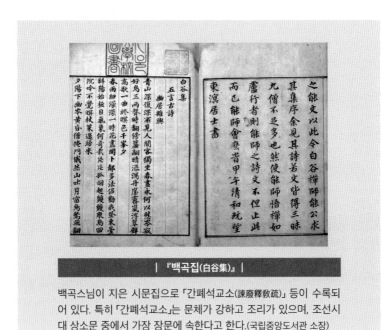

| 『백곡집(白谷集)』 |

백곡스님이 지은 시문집으로 「간폐석교소(諫廢釋敎疏)」 등이 수록되어 있다. 특히 「간폐석교소」는 문체가 강하고 조리가 있으며, 조선시대 상소문 중에서 가장 장문에 속한다고 한다.(국립중앙도서관 소장)

사의 생애에 대한 기록이 제대로 전해지지 않아 그의 전기에 관한 자세한 내용은 알 수 없다.

하지만 그의 유고(遺稿) 문집인 『대각등계집(大覺登階集)』과 『백곡선사탑명(白谷禪師塔銘)』, 이 탑명을 쓴 최석정(崔錫鼎)의 『명곡집(明谷集)』 등 단편적인 기록들을 통해 그의 행장(行狀)을 일부나마 살펴볼 수 있을 뿐이다. 특히 그의 시적 재능은 당시 걸출한 선배들의 아낌없는 사랑과 칭찬을 받았을 뿐만 아니라 효종(孝宗) 역시 세자로 있을 때에 백곡의 문덕(文德)이 탈속의 높은 경지에 있음을 극찬할 정도로 그의 시재(詩才)는 탁월했다.

남한산성

조선 후기 남한산성과 북한산성을 비롯한 군사적 요충지에
산성(山城)을 구축하고 수비하는 일은 대부분 승려들의 몫이었다.

백곡은 광해군 9년(1619) 숭유배불정책(崇儒排佛政策)으로 인해 불교가 겨우 그 명맥을 유지해 가던 조선 중기에 태어났다. 그의 속성은 전(全) 씨이고, 법명은 처능(處能)이며, 백곡(白谷)은 법호이다. 백곡은 12세에 의현(義賢)에게 글을 배우다가 불경(佛經)을 읽고 그 깊은 이치에 감동하여 출가를 결심하였다. 15세에 출가하여 속리산에서 2~3년 동안 불법(佛法)을 배웠다. 17, 18세 무렵에 서울에 올라간 백곡은 불학(佛學)보다는 잠시 한문과 유학에 전념하고 있었는데, 이 무렵 주로 동회(東淮) 신익성(申翊聖, 1588~1644)의 집에 머물면서 경사(經史)와 제자(諸子)의 책을 읽고, 시문(詩文)을 체계적으로 배워 사대부들과 함께 교유할 정도로 시문에 탁월한 재능을 보였다. 선조의 부마(駙馬)이며 병자호란 당시 척화오신(斥和五臣) 중의 한 사람이기도 한 신익성과 교분을 쌓음으로써 백곡은 당시 고관대작 및 지식인들과의 폭넓게 교유할 수 있는 직접적인 계기를 마련하게 되었다.

신익성의 집에서 4년을 지낸 백곡은 어느 날 문득 경사(經史)에 대한 지식이나 뛰어난 문장이 하잘것없는 것임을 깨닫고 지리산 쌍계사의 벽암각성(碧岩覺性, 1575~1660)을 찾아가 그의 제자가 되었다. 벽암각성은 청허휴정보다 23세 연하이면서 동문의 위치에서, 한국 불교계에 큰 영향을 끼쳤던 고승 부휴선수(浮休善修, 1543~1615)의 600여 제자 가운데 가장 뛰어난 인물이다. 이러한 벽암각성의 법을 전해 받았으므로, 백곡은 곧 부휴선수의 법손(法

孫)이 된다. 백곡은 이미 15세 때 속리산에서 출가한 몸이기는 했지만 진정한 출가는 이때 비로소 이루어진 것이라 할 수 있다. 그의 나이 20세를 조금 넘겼을 무렵의 일이다. 벽암각성 문하에서 20여 년간 수도에 전념한 백곡은 수선(修禪)과 내전(內典)을 익혀 스승의 의발을 전수받고, 중년에는 서울 근교의 산사에 머물렀다.

1674년(현종 15) 김좌명(金佐明)의 주청으로 팔도선교십육종도총섭이 되어 남한산성에 있다가 3개월이 채 못되어 사임하고 말았다. 그 후 백곡은 얼마동안 남북을 오가는 운수행각을 하며 속리산·성주산·청룡산·계룡산 등지에서 산림법회를 열어 후학들을 지도하고 전법활동에 전념하였다. 그가 가장 오래 머물렀던 사찰은 대둔산의 안심사(安心寺)였으며, 1680년(숙종 6) 봄에 모악산 금산사(母岳山金山寺)에서 큰 법회를 열고, 7월 30일에 세수 64세, 법랍 49세의 일기로 원적에 들었다.

백곡은 조선 초기 많은 실제적 사례와 경전 등을 근거로 하여 폐불의 불가함을 논파한 함허에 이어, 8천여 자에 이르는 장문으로 된「간폐석교소」를 국왕에게 올려 당시 가혹했던 배불정책에 대해 공식적으로 부당함을 조목조목 지적하고 그것의 시정을 간청하였다. 다시 말해, 백곡은「간폐석교소」를 통하여 불교를 비판하고 논박하는 근거가 승단의 재력과 인력의 소모를 내세울 뿐, 논리적 타당성을 제시하지 못하고 있는 점을 구체적으로 지적하며 대응하였던 것이다.

조선이여, 법의 등불을 밝혀라 •

백곡이 이와 같은 장문의 「간폐석교소」를 제기한 동기는 무엇일까. 국가의 배불정책에서 비롯된 것이었다. 현종(顯宗)은 즉위하자마자 양민(良民)이 출가하는 것을 법으로 금지하고, 또한 승니(僧尼)가 된 자는 모두 환속(還俗)시키고 그것을 어기는 자는 죄를 부과하도록 하는 조치를 취하였다.* 또 다른 동기는 그 이듬해 정월에 부제학 유계(俞棨)가 상소를 올려 이단을 척결하는 의지를 보여주어야 한다고 주장하자, 현종은 유계의 건의를 수용하여 도성 안에 있던 자수원과 인수원의 양니원(兩尼院)의 철폐를 명령하게 된다.

따라서 40세 이하의 비구니는 모두 환속시켜 혼인하게 하고, 나머지 비구니들을 모두 도성 밖에 있던 니원(尼院)으로 축출하며, 나이가 넘은 사람도 환속하려는 자는 허락하는 하교(下敎)를 내린다. 또 다른 동기는 자수원에 봉안되어 있던 열성(列聖)의 위판을 땅에 묻도록 했다**는 사실과 선교양종(禪敎兩宗)의 수사찰(首寺刹)인 봉은사(奉恩寺)와 봉선사까지도 폐하여 승중(僧衆)을 환속시켜 불교를 무너뜨리고자 하였던 것에서 찾아진다. 이와 같이 불교계의 절박한 현실 문제가 항소의 직접적인 동기가 된 것이지만, 무엇보다도 도첩제와 승과제의 폐지 등 가혹한 척불시책에 대한 부당함의 간청이 그 중요한 동기라 할 수 있다.

---

* 　　『현종실록』 권1, 현종 원년 12월 경자조.

** 　　『현종실록』 권4, 현종 2년 1월 을묘조.

그렇다면 백곡의 척불에 대한 항소 제기는 눈앞의 절박한 문제에서만이 아닌 또 다른 측면에서 당시 사회의 어떤 변화와 상황이 뒷받침되어 백곡으로 하여금 분연히 항소의 글을 짓게 했던 것이었을까. 그것은 주로 임진·병자 양란의 과정과 그 후 승려들의 국가적 기여와도 무관하지 않을 것이다. 즉 양란의 과정에서 의승군의 활동과 전국의 중요한 군사 요충지의 축성과 전후 복구사업에 참여한 국가적 기여는 대단한 것이어서 척불의 정도를 약화시키고 불교에 대한 인식을 새롭게 하는 계기가 되었다.

> 삼가 조보(朝報)에 의해 엎드려 성지(聖旨)를 받잡건대, 승니를 모두 사태시켜 니승은 환속시키고 남승도 역시 없애기로 의논이 되었다 하온대, 신은 실로 우둔하여 전하께서 무엇을 생각하시는지 엿보지 못하겠습니다.*

인용문은 백곡이 상소를 올린 직접적인 동기가 승니의 사태(沙汰)가 배경이었음을 알 수 있다. 백곡이 활동했던 조선 중기는 산림(山林)의 시대로 불릴 정도로 지역과 당파, 학파를 중심으로 형성된 다양한 산림이 등장하고 있으며, 당시 산림의 수장이었던 송시열(宋時烈) 계열에 권력이 집중되면서 현종 시대에 들어서자 폐불론이

---

* 　白谷處能, 「諫廢釋敎疏」(『韓佛全』 제8권), 동국대학교출판부, 221a쪽.

대둔산 안심사
백곡스님이 전법활동을 하면서 가장 많이 머물던 사찰이다.

모악산 금산사

백곡스님은 1680년(숙종 6), 금산사에서 대법회를 열고,
그해 세수 64세 법랍 49년으로 입적하였다

설득력을 얻게 된 것으로 보인다. 당시 권력자인 송시열과 송준길은 주자의 예에 따라 자수원을 헐어 그 재목으로 북학을 부흥하는 데 사용하고자 했지만 실패하였다. 그 후 현종 4년(1663)이 되자 그 재목으로 성균관 서쪽에 비천당(丕闡堂)을 비롯해 일량재(一兩齋) · 벽입재(闢入齋)를 건축했다.

이상에서 살펴본 일련의 사건들을 통해 당시 정치권에 폐불의 분위기가 얼마나 심각했던가를 가히 짐작할 수 있다.

함허의 『현정론』에서 살펴본 호불의 담론처럼, 백곡의 「간폐석교소」가 우리의 주목을 끄는 것은 불교에 대한 정치적 · 사회적 분위기가 살기를 드리울 정도로 경색되어 있던 시기에 유학자들의 맹목적인 불교 비판에 맞서 불교의 교리를 바탕으로 논리적으로 반박하는 담론을 펼치고 있다는 점이다.

백곡의 호불상소인 「간폐석교소」의 핵심 내용을 전반적으로 살펴보면 크게 두 가지로 요약할 수 있다.

첫째, 폐불의 이유로 추정되는 여섯 가지 주장에 대한 반박이다. 둘째, 불교의 무용론에 대한 반박이다. 전자나 후자 모두 여섯 가지 조항으로 구성되어 있으며, 주로 폐불의 이유로 거론되고 있는 것에 대한 백곡의 반박 담론이다. 주된 내용은 '이방역(異邦域)', '수시대(殊時代)', '무윤회(誣輪回)', '모재백(耗財帛)', '상정교(傷政敎)', '실편오(失偏伍)' 등이다.

우선 백곡은 훼불훼석(毁佛毁釋)이 부당하고 불가함을 논증하기

조선이여, 법의 등불을 밝혀라 •

위해 광범한 사례와 해박한 지식으로 이를 타당하고도 정연하게 역설하여 위정자들의 불교 탄압의 시정을 촉구하고 있다. 그는 서론적으로 불타의 탄생과 입멸 그리고 불교의 중국 전래와 홍전(弘轉) 내력에 대하여 약술한 다음 본론에 들어가 우리나라에서의 훼불훼석(廢佛毀釋)의 근거를 6개항으로 간결하게 설명해 보이고 있다.

즉 첫째, 불교가 중국이 아닌 이방(異邦)에서 생긴 것이고, 둘째, 3대 후에 출현하여 상고(上古)의 법이 아닌 시대가 다른 것이며, 셋째, 인과응보의 그릇된 견해로서 윤회를 무설(誣說)하고, 넷째, 농사를 짓지 않고 놀면서 재면(財綿)을 소모하며, 다섯째, 머리를 깎고 법망(法網)에 잘 걸려 정교(政敎)를 손상케 하고, 여섯째, 승려임을 빙자하여 요역(徭役)의 기피로 편오(編伍)에 유실이 있기 때문에, 국왕이 불교를 말살하려 한다는 요지였다.

백곡은 자신이 가정한 이 6개항에 달하는 척불논리와 이로 인한 폐불훼석은 부당하며 불가한 것임을 많은 사례와 경전 등에 근거하여 일일이 논증하고 있다. 그런데 대체로 이들 6개항에 달하는 그의 주장은 불교의 철학적인 교리 측면보다는 현실적인 면을 강조함으로써 불교가 존재해야할 당위성을 역설하는 내용들이다.

백곡은 또 중국에서 숭불과 억불의 사례를 들어 척불 위정자들의 주위를 환기시키는가 하면, 우리나라로 눈을 돌려 삼국의 숭불흥국(崇佛興國)과 고려의 국가적 불교숭신이 국가 통치에 유해하지 않았음을 언급하고 있다. 뿐만 아니라 태조 이래 조선의 역대 왕이 실질적으로는 숭불하여 폐불하지 않았음을 예를 들어 보임으로써, 당시 국왕 현종에게 거듭 불교의 무해성을 강조하고 신불(信佛)의 이로움을 넌지시 내비치고 있다. 특히 풍수지리설을 독신하던 당시에 도선(道詵, 827~898)의 '사탑비보설(寺塔裨補說)'을 호소력 있게 강조함으로써 거듭 신불(信佛)의 이점을 논하고, 끝으로 상소의 궁극적 목적인 양원, 즉 내외원당의 훼폐(毁廢)가 불가하다는 데 초점을 맞추면서 폐불훼석의 부당함을 간(諫)하는 것으로 「간폐석교소」의 결론 부분을 마무리 하고 있다.

폐불의 6가지 이유에 대한 백곡의 반론을 구체적으로 정리해 보면 다음과 같다.

이방역(異邦域)의 문제에 대한 반박

이방역의 주장은 불교가 중국에서 발생한 종교가 아니고 이국(異國)인 인도에서 발생한 것이기 때문에 폐지해야 한다는 것이다. 백곡은 「간폐석교소」에서 이방역의 주장에 대해 세 가지 관점에서 다음과 같이 반박한다.

전하께서 방역(邦域)이 다르다고 해서 불교를 폐지하려고 하십니까? 만일 그렇다면 성인인 공자의 수레는 노나라에만 그치고 구태여 진(陳)나라와 채(蔡)나라까지 돌지 않았을 것이요, 현인인 맹자의 혀는 추나라에만 간직되고 구태여 제나라와 양나라에서 놀리지 않았을 것입니다. 그것은 마치 조씨의 구슬이 진나라의 성(城)과 바꿀 만한 가치가 있는 것이 아니고, 수후의 구슬이 위에게 비추어 자랑할 것도 아닌 것과 같습니다. 순임금이 동이에서 나고, 우임금이 서강(西羌)에서 났다고 성인이 아니라고 한다면 중국에서 태어난 걸왕과 주왕을 성인이라고 하겠습니까? 유여가 서쪽 오랑캐 땅에서 태어나고, 계찰(季札)이 남쪽 오랑캐 땅에서 태어났다고 현인이 아니라고 한다면 중국에서 태어난 도척과 장교를 현인이라 하겠습니까? 그러므로 공자는 구이에 살고자 하였고, 중국 사람들은 삼한에 태어나길 원했습니다. 하물며 배와 수레가 서로 통하고 비와 이슬을 같이 받으며, 오랑캐와 중국 민족이 경계를 서로 맞대고 안팎의 성인이 다르지 않은 경우는 두말할 나위가 없지 않습니까?*

백곡이 불교가 이방역(異邦域)에서 일어난 종교라는 점에 대한 비판에 대해 제기한 반론의 핵심은 세 가지이다. 첫째, 중국 사람이라고 다 우수한 것은 아니며, 오랑캐 중에도 우수한 자가 있는 것이다. 둘째, 사상의 탄생지보다는 사상의 내용이 중요하다는 것이다. 셋째, 중국이 중심이고 나머지 지역이 변방이라는 주장은 부

---

*   處能, 「諫廢釋教疏」(『韓佛全』 제8권), 동국대학교출판부, 336b쪽.

당하다는 것이다. 백곡의 이러한 주장은 오늘의 시점에서 본다면 상당한 설득력을 지닌다고 할 수 있다. 물론 당시 유학자들의 눈에 이와 같은 논리가 타당하게 비쳤을 리는 없을 것이고, 특히 성리학(性理學)이 지니고 있는 사상적 독선을 고려한다면 백곡의 주장은 매우 위험한 주장이 아닐 수 없다. 그럼에도 불구하고 방역이 사상이나 현자를 판단하는 기준의 틀이 되어선 안 된다고 주장한 것은 백곡의 수행자다운 면모를 잘 보여준다고 할 수 있다.

실제로, 백곡이 「간폐석교소」에서 반론을 제기하고 있는 이방역의 문제는 이미 오래전부터 제기된 문제이다. 인용문에도 언급되고 있지만, 이방역의 주장은 중국에서는 '이하론(夷夏論)'으로 알려져 있다. 즉 남북조 시대의 제왕들이 불교를 후원하는 동안 많은 중국인들이 불교에 귀의하게 되자, 중국사회에서 불교세력의 양적인 팽창은 토착종교인 유교와 도교의 저항을 불러일으켰다.

그런데 이들 저항은 두 가지 형태로 나타났다. 북방에서는 폐불(廢佛)이라는 박해와 탄압이 일어난 반면, 남방에선 우열을 따지는 설전의 형태가 그것이다. 이러한 우열논쟁은 많은 반불교적 저술을 낳게 하며, 그 중심에 중화(中華)가 이적(夷狄)의 부처를 예배하는 데 대한 부조리를 역설하는 「이하론(夷夏論)」이 있었던 것이다.*

———

* 『홍명집(弘明集)』 권6과 권7에 유관 논서가 실려 있다.

「이하론」을 최초로 전개한 사람은 왕도로 알려져 있으며, 이런 주장들을 종합하여 정리한 저서가 고환(顧歡)의 『이하론(夷夏論)』이다.* 이 책의 골자는 유가의 "이하지방"이란 민족관념을 빌려 불교가 중국에서 전파되는 합리성을 부정하는 것이다. 즉 불교는 이민족의 종교이기 때문에 중국의 종교보다 저열하며, 그렇기 때문에 수용할 수 없다는 논리이다. "불교가 오랑캐의 땅에서 시작되었으니, 그것은 오랑캐의 풍습이 원래 악해서가 아닌가? 도교는 중국에서 시작되었으니, 그것은 중국의 풍습이 원래 선해서가 아닌가?" 말하며, "불교는 중국인을 위한 길이 아니고, 도교는 오랑캐를 위한 가르침이 아니다."고 강변한다.

　또한 남제 시대의 도사가 지은 『삼파론(三破論)』에서는 불교에 대해 "나라에 들어가면 나라를 파괴하고, 가정에 들어가면 가정을 파괴하며, 자신에게 들어가면 자신을 파괴한다."고 하면서 오랑캐는 "고집이 세며 사납고 예의가 없어서 금수와 다르지 않다."고 강변하고 있다.

　한편 이와 같은 주장의 이면에는 중국 민족문화의 우월감과 중

---

*　『남제서』「고환전」에 실려 있다. 송나라 명제 태시(泰始) 3년(467년) 고환은 『이하론』을 지어 도교의 입장에서 불교를 배척한 데 대해서 많은 사람들이 도교와 불교가 같은 뜻이라고 반박하였다. 예컨대 남제(南齊) 시대의 도사인 장융(張融)은 왼손에 『효경』과 『노자』를 들고 바른손에 『소품반야경』과 『법화경』을 들고 죽었다고 한다. 이러한 관점은 마침내 삼교일치론으로 발전하였다.

국 민족의 우수성을 내세우는 중화주의(中華主義)가 자리 잡고 있다. 고대로부터 중국인들은 중국이 세계문명의 중심이며, 주변의 오랑캐(夷狄)는 문명이 저열하다고 생각했다. 나아가 중국인들의 인성과 달리 변방의 민족은 품성이 사악하고 거칠며, 풍속도 반인륜적(反人倫的)이라 고칠 수 없다고 평가했다. "중국, 융이(戎夷), 오방의 백성은 모두 성품이 있으나 변화시킬 수 없다"는 고질적인 우월감이 자리 잡고 있었던 것이다. 때문에 "오랑캐에게는 설사 군주가 있다고 하더라도 중국에 군주가 없는 것만도 못하다"*고 하였으며, 중국의 방식으로 오랑캐를 변화시켰다는 소리는 들었지만 오랑캐의 방식으로 중국을 변화시킨다는 소리를 들은 적이 없다고 하였던 것이다.

중화의식 속에서 외래사상과 종교를 경시하던 중국인의 사고는 불교에 대해 극단적인 적의와 논증할 수 없는 모함을 서슴지 않았다. 그들은 한결같이 중화주의에 치우쳐서 진리의 보편성이나 논리적인 명증성을 추구하지 못했던 것이다. 이에 불교도들은 유교나 도교의 기득권을 인정하려는 태도 위에서 진리의 보편성을 강조하게 된다.

따라서 「사진지서여고도사(謝鎭之書與顧道士)」에서는 "삼재(三才)가 통일된 것인데 어찌 오랑캐와 중하(中夏)로 나눌 수 있는가? …

---

*   모자, 「이혹론」, 『대정신수대장경』 52, 3c쪽.

그러므로 중국인과 오랑캐가 함께 귀중하며, 사람을 공경하는 것이 두터워야 한다."*고 하는 반문의 선상에서 인류와 진리의 보편성을 강조하게 되었던 것이다.

5세기 하반기에 활동한 심약(沈約)은 『균성론』에서 "내외의 성인은 의리가 균일하다."고 말한다. 북주시대의 명징군(明徵君)은 『이하론』의 잘못을 교정하고자 『정이교론』을 지어 "성인의 교화는 장소를 가리지 않는데, 다만 인간과 하늘이 어긋나 응하지 않을 뿐이다. 미묘한 교화는 내외가 없는데 어찌 중화와 오랑캐로 유정을 차별할 것인가. 이것은 있음으로 설법하되 모든 중생이 균등하게 깨닫는 것이니 어찌 오랑캐와 중하로 가를 것인가?"라고 말하며, 중화중심주의에서 벗어나 보편적인 가치관을 갖자고 역설했다. 백곡역시 이와 같은 입장이었다.

백곡이 「간폐석교소」에서 인용하고 있는 "순임금이 동이에서 나고, 우임금이 서강에서 났다고 성인이 아니라고 한다면 중국에서 태어난 걸왕과 주왕을 성인이라고 하겠습니까? 유여가 서쪽 오랑캐 땅에서 태어나고, 계찰이 남쪽 오랑캐 땅에서 태어났다고 현인이 아니라고 한다면 중국에서 태어난 도척과 장교를 현인이라 하겠습니까?"라는 구절은 『광홍명집』 권6 변혹편 제6 채모의 '혹불출서호(惑佛出西胡)'라는 구절과 유사한 면을 보이고 있다.

———

* 『홍명집』(『대정신수대장경』52) 41c쪽.

이것은 또한 함허가 『유석질의론』에서 장소로 도의 참됨과 그릇됨을 나누어서는 안 됨을 주장하고 있는 것과 유사한 면을 보여준다. 이는 곧 불교가 오랑캐의 가르침이라는 배불이론은 편견에 얽매인 것이라고 하여 그 부당함을 지적하고 있는 함허의 호불론(護佛論)과 맥락을 같이 한다고 볼 수 있는 것이다.

수시대(殊時代)의 문제에 대한 반박

시대를 달리하는 것이 불교를 배척하는 논리적 근거가 된 이유는 무엇인가? 중국인들의 상고주의(上古主義)의 역사의식은 요·순·우·탕·문무·주공이 절대적 지지를 받는 성인으로 묘사된 것에서 비롯되었다. 이들은 천명을 받들어 이 세상을 가장 완벽하게 통치했다고 말한다. 그런데 석가는 상고시대에 출현한 성인도 아니고, 그 자체로 성인도 아니며, 석가의 가르침은 잘못된 것이어서 마땅히 배척되어야 한다고 주장한다.

이와 같이 '수시대'의 문제가 핵심 쟁점으로 부상한 원인은 감계주의(鑑戒主義)와 상고주의(尙古主義), 그리고 순환론적 역사관을 지니고 있는 중국인들의 문화적 특성에서 찾아진다. 감계주의란 "역사적 사실이 역사가의 선택을 거쳐 역사 서술로 나타나는 것이기 때문에 역사가의 선택에 있어서 가치판단 또는 도덕적인 판단이 수반되기 마련이라며 역사 속에서 규범을 찾아 그것을 거울로 삼아서 인간의 행동을 비추어보려고 하는 도덕주의적 경향을 나타내는 것"이라 정의하고 있다.

그렇지만 이러한 감계사관은 객관적인 역사법칙을 찾아내는 데 실패했으며, 유교의 도덕중시 사상과 결부되어 유교사상에 입각한 역사에 대한 '도덕적 심판'만을 반복적으로 되풀이 하는 맹점이 있음이 지적되고 있다.

상고주의는 고대를 존중하는 것이며, 가치의 기준을 후대(後代)보다 전대(前代)에 두는 복고사관이다. 중국 역사관의 중심은 유교사상이며, 그중에서도 상고주의가 사고의 원리를 형성하고 있다고 지적하고 있는데,* 공자의 존주(尊周)사상이나 맹자의 선왕(先王) 사상이 여기에 해당한다고 할 수 있다. 그러나 이러한 사고의 단점은 역사를 단기적·발전적으로 인식하기보다는 반복적·순환적으로 인식하고 있다. 그러한 시각에서 중국의 전통적 역사의식과 사상적 경향을 달리하는 불교를 이단이라 배척하게 된다는 것이다.

또한 중국문화에서 복고주의적 경향이 강한 것은 오랜 중국의 역사 속에서 불교를 제외하면 고도로 발달한 다른 문화를 접촉할 기회가 적었던 탓으로 여겨지기도 한다. 아울러 순환역사란 역사의 변천을 발전이라 보지 않고 순환하는 것으로 인식하는 것을 말한다. 『주역(周易)』에서 중시하는 역의 사상이나 하·은·주의 삼대

———

* 　고병익, 「유교사상에서의 진보관」, 『중국의 역사인식』 상, 창작과 비평, 1985, 75쪽.

를 존중하는 것은 순환사관의 표본으로 여겨지고 있다. 이러한 사관은 직선사관과 대비되면서 매우 부정적으로 인식되고 있는 것이 현실이다.

　이상과 같은 특징을 지니는 유교적 가치관 속에서 중국의 전통주의자들, 유교 혹은 도교의 사상가들은 불교가 상고(尙古)의 법이 아니기 때문에 배척되어야 한다고 주장했으며, 조선시대에 들어와 억불론자들 역시 동일한 논리를 내세워 불교를 배척하고 있는 것으로 판단된다.

> 결승(結繩)의 정치를 구태여 서계(書契)의 문서로 대신할 필요가 없었고, 나무에 사는 위태함을 집에서 사는 편안함으로 바꿀 필요가 없었을 것입니다. 그것은 겨울 음식이 불편하다고 해서 봄에 밭을 갈아 씨를 뿌리지 않으며, 밤잠이 맞지 않다고 해서 낮부터 마루에 앉아 있는 것과 같습니다. 세 사람의 어진 사람이 나왔음에도 은나라가 망했다고 해서 그들이 충신이 아니라고 한다면 저 상고의 구려(九黎)를 충신이라 하겠습니까? 10철(十哲)이 나왔는데도 주나라가 망했다고 해서 그들을 본받을 수 없다면 저 상고의 사흉(四凶)을 본받겠습니까?

　인용문은 상고주의의 논리적 모순에 대한 백곡의 직접적인 반론을 잘 보여주고 있다. 여기서 감계주의(鑑戒主義)에 대한 직접적인 언급은 없지만 불교적 사유체계에 입각해 사물을 관찰하는 한, 역사 속에서 도덕적 판단의 준칙이나 객관적인 역사법칙을 찾아내기 위해 심혈을 기울이지 않는다는 점이다. 즉 존재 일반은 무상(無常)한 것이기 때문에 고정된 틀을 지니지 않으며, 역사 또한 마찬가지라고 할 수 있다. 온고이지신(溫故而知新)은 가능하지만 그것이 인간의 행동을 규율할 정도의 윤리나 도덕으로 고착화된다면 바로 절대주의적 사고에 함몰되고 만다.

이러한 경향은 불교가 지향하는 보편적 가치관이나 상대적 세계관에 배치되는 것이므로, 상고주의 혹은 복고주의에 대한 비판만으로도 이미 유가의 근본적인 모순이 무엇인가를 분명히 지적한 것이라 할 수 있다.

백곡은 "모두 때는 다르나 일은 같은 것이며, 시대는 다르나 이치는 하나"라고 말한다. 이는 곧 진리의 보편성, 상대적 특수성을 인정하는 것이 필요함을 역설한 것이다. 혹자는 백곡의 반박론이 너무 소극적인 것이 아닌가 비판할 수 있는데, 어쩌면 그것은 현실적으로 유교의 강한 세력을 의식했기 때문이라 볼 수도 있다. 그렇지만 불교사상의 특징 역시 유연하고 포용적이란 점을 감안하지 않으면 안 된다.

여기서 백곡은 모자(牟子)의 말 중 "저것도 한 때요, 이것도 한 때다"라는 구절을 인용하고 있다. 이것은 원래 『맹자』에 나오는 구절을 인용한 것인데, 상고주의의 한계를 지적하면서 진리의 상대성과 보편성을 나타내기 위해 활용하고 있다. 모자의 「이혹론」에서는 "중국이 반드시 세상의 중심에 자리 잡고 있는 것은 아니다."라고 직접적으로 중화주의를 비판하기도 하는데, 백곡 역시 그러한 사상의 영향을 받은 것으로 추정할 수 있다.

세계의 중심을 어디에 두느냐에 따라 달라지며 인도에서 보면 중국은 동쪽이 된다.

무윤회(誣輪回)의 문제에 대한 반박

인과(因果)의 그릇된 견해로, 윤회를 없는 것처럼 꾸며 댄 것이 무윤회이다. 윤회의 문제는 불교가 중국에 전래되어 토착화되는 과정에 오랜 기간 동안 도교나 유교를 신봉하는 수구적(守舊的)인 사상가들에 의해 제기된 문제이다. 사실 윤회의 문제는 고려시대부터 지식인들 사이에 논란의 대상이 되었는데, 윤회설과 인과응보설을 이론적인 관점에서 최초로 체계적으로 비판한 사람은 정도전이라 할 수 있다. 정도전이 이해한 윤회설은 윤회전생설을 의미한다. 그는 정신이 죽지 않는다는 것과 죽은 것이 다시 형체를 받는다는 것을 인정하지 않았다.

그가 불교의 윤회설을 비판한 논거는 세 가지로 요약할 수 있다. 첫째, 『주역』의 음양오행설에 입각하여 "정신이란 사람이 태어날 때 기(氣)가 모이는 것이며, 죽어 기가 흩어질 때 함께 사라진다"고 보

조선이여, 법의 등불을 밝혀라 •

앗다. 그래서 한 번 흩어진 기가 다시 원래의 모양으로 형상화될 수 없다는 것이다. 둘째, 생물의 총수 개념에 의거해 불교의 윤회설을 비판한 것이다. 즉 모든 존재의 총수는 정해져 있기 때문에 하나가 증가하면 다른 것이 감소해야 한다는 점에서 윤회란 불가능한 것으로 보았다. 셋째, 사물의 탄생이나 운명에 대해 보응(報應)이란 관념을 믿지 않았기에, 자연의 현상은 천도(天道)에 따라 무심하며, 음양오행의 작용으로 저절로 그렇게 되는 것일 뿐, 일정한 의지에 의해 결정되는 것은 아니라는 것이다.

그러나 정도전의 주장은 "개체상황을 결정짓는 전체 기의 운행이란 관점에서 본다면 일체는 이미 결정되어 있다. 전체적 기의 배치상황에 따라 개체의 운명이 결정된다."고 말할 수 있으며, 이것은 "기의 화합으로 성립하는 개체들의 존재방식에 대해 우연론을 주장하지만 개체를 통합하는 전체의 관점에서 각각의 개체가 실현시켜야할 본성 내지 도가 존재한다고 보는 본질론을 주장"하게 된다.

따라서 이(理)란 개념을 구상하게 되었으며, 이(理)란 개념에 부여된 본성이란 점 때문에 유학자들은 인간사회의 도덕규범이나 자연세계의 객관적 질서를 주장하게 된다고 말한다. 그런 점에서 정도전의 사고는 자연세계가 지니고 있는 작용과 반작용의 법칙을 망각하고 있다. 결정론적으로 규정되어 있는 이(理)라는 도덕성을 실현한다는 사유는 자유의지의 자유로운 발로를 저해할 뿐만 아니라 사회와 인간의 삶을 경직화시키고 사회적 통제와 규율을 요구하게 되는 것이다.

그런데 불교의 인과론의 관점에서 보면, 업(業)이란 것은 개체적인 신체의 부수적인 현상 내지 기능에 그치는 것이 아니라 그 자체가 다음의 존재를 형성하는 존재론적 힘을 갖는다는 것이다. 업력(業力)은 개체가 소멸해도 그 과보가 성숙하여 결정될 때까지 사라지지 않는다. 따라서 윤회를 가능하게 하는 업력은 개체성을 넘어서는 힘이며, 자신의 행위와 그 결과에 대해 자신이 책임지게 되는 윤리성을 지니게 된다. 여기에는 바로 인간 행위의 역동성과 책임성이 내재되어 있다고 말할 수 있다. 그러나 정도전의 주장은 한 개체의 의지적 작용력이 그 개체의 죽음과 더불어 소멸할 뿐 책임성이 수반되지 않으며, 자유의지가 부정되는 예정론이나 도덕부정론으로 오인될 여지가 다분히 있다고 할 수 있을 것이다.

「간폐석교소」에 나타난 백곡의 사상은 윤회전생설과 인과응보설에 치우친 면이 있지만, 업력과 그 과보라는 점에서 다소나마 윤회설과 인과응보설을 이해하고자 한 흔적이 보인다. 그것은 다음의 인용문에서 확인할 수 있다.

당나라 천자의 옥피리는 반드시 도승을 힘입어 전해지지 않았을 것이며, 진나라 도독(都督)의 금반지는 반드시 이웃집 노파에 의해 얻어지지 않았을 것입니다. 그것은 떨어지는 해가 강에 잠길 때 다시는 내일 뜨지 않을 것이며, 시든 꽃이 언덕에

조선이여, 법의 등불을 밝혀라 •

떨어질 때 반드시 내년 봄에 다시 피지 않을 것이라 생각하는 것과 같습니다. 하물며 생사의 얽매임, 화복(禍福)의 부름과 장수(長壽)와 단명(短命)의 나눔이 정해진 것은 아름다움과 잘못됨의 조짐이 분명한 것이지 않겠습니까?

이와 같이 백곡은 정교한 불교이론은 아니지만, 다양한 업력(業力)의 결과가 다양한 인간군상과 사회현상을 만들어 낸다고 명백히 말하고 있다. 이것은 정도전 이후 지식인 사회에 널리 유행되었던 윤회설과 인과응보설의 비판에 대한 입장을 표명한 것이어서 분명 이채로운 주장이라 할 수 있다. 모자(牟子)의 「이혹론(理惑論)」에 의하면 '영혼의 유무와 인과응보에 대한 논쟁'이 일찍이 제기되고 있었다는 것을 알 수 있다. 문답형식으로 전개되고 있는 「이혹론」은 영혼불멸과 인과응보에 입각하여 문답을 실행하고 있으며, 영혼의 존재를 부정하는 사람들에게 사후의 초혼과 제기를 들어 역공을 취하기도 한다. 이후 범진(范縝)이란 사람이 507년 「신멸론(神滅論)」을 발표하면서 지식인 사회의 주목을 끌었다.

당시 중국 사회의 전반적인 분위기는 영혼불멸을 주장하는 불교에 동조하고 있었지만, 영혼불멸설은 유생들이나 국수주의자들, 특히 배불론자들에겐 끊임없이 불교를 공격하는 빌미를 제공하기도 했다. 여기에는 문화와 관념, 풍토와 역사의 차이를 인식하지 못했던 면이 적지 않았다. 또한 불교를 비판하는 유가의 입장은 불교의 교리에 대한 깊은 이해가 선행되어 있는 것이 아니라 유교의 교리, 혹은 정치적인 입장이 보다 강하게 전제되어 있기 때문에 비판 그 자체에는 한계가 있을 수밖에 없었다.

따라서 유교나 도교적인 사상에 의거해 사회적인 불합리나 모순, 계급모순 등 보다 본질적이고 현실적인 문제를 해결할 수 없었다는 점을 인식한 중국인들은 불교의 인과응보설에 매력을 느끼게 되었다. 하지만 당시 사회의 지식인들, 특히 배불론자들은 인과응보설과 영혼불멸성을 인식하고 있지 못했던 것으로 여겨진다.

모재백(耗財帛)의 문제에 대한 반박

농사를 짓지 않고 놀고 먹으면서 재물을 소비하는 것을 비난하는 것이 모재백이다. 이것은 한국불교 역사상 비대해진 사원경제와도 무관하지 않다. 여기에는 불교계의 과도한 재산 소유에 대한 비난이 담겨 있다. 즉 불교와 승려에 대한 존재 가치는 인정하지만 그 부패와 타락상은 시정되어야 한다는 의도가 다분히 깔려 있다. 사찰의 노비 소유와 영리 추구, 각종 불사(佛事)를 위한 막대한 재정의 소모 등은 사찰의 면세와 함께 국가의 재정을 위태롭게 했다. 또한 너무 많은 승려 수는 노동인력을 감소시키고 군역이나 부역 자원을 소진시켰기 때문에 신진사대부들을 중심으로 한 불교에 대한 노골적인 불만과 비판을 낳게 했던 것이다.

그러나 불교계는 자정운동(自淨運動)을 통한 효율적인 교단관리
나 시대적 요구에 능동적으로 대처하는 모습을 보여주지 못했다.
따라서 유학자들과 정치관료들은 '승려들은 생업에 종사하지 않으
면서 재물만 소비한다'는 주장을 하게 되었으며, 결국 승려의 존재
를 인정하지 않고 나아가서는 불교 자체를 폐지하려는 기도로 발전
하게 되었던 것이다.

'모재백'에 대한 문제는 고려시대 이후 조선시대의 유교입국이 강
화되면서 정치적으로 더욱 공세가 심해졌으며, 특히 폐불의 논거 중
의 하나가 되어 있다는 점에서 호불론자들의 관심사가 되었다. 이
런 시점에서 백곡의 논리는 육체적 노동과 정신적 노동을 구분하지
못하는 유생들의 사고에 직설적인 화법으로 반박하는 것이다.

예컨대 "공자가 늙은 농부보다 통달하지 못했다고 한다면 농사
짓는 법을 물은 번지(樊遲)를 통달했다고 하겠습니까? 맹자가 농부
의 부양을 받는다고 해서 검박하지 않다고 한다면 몸소 신발을 만
들어 신는 허행(許行)을 검박하다고 하겠습니까? 그러므로 벼슬자
리에 나가 노는 사람이 반드시 농사를 지어 밥을 먹는 것이 아니
며, 안방에 깊이 사는 사람들 모두가 반드시 길쌈하여 옷을 지어
입는 것이 아닙니다."라고 맹자와 공자의 예를 들고 있는 경우이다.

순임금은 역산(歷山)에서 쟁기를 잡을 일이지 왜 남면(南面)하
여 임금이 되었으며, 이윤(伊尹)은 신야(莘野)에서 칼을 휘두를

일이지 왜 북면(北面)하여 신하가 되었겠습니까? 그것은 노나라 음식은 기나라 사람의 구미에는 맞지 않고, 월나라의 구운 고기는 진나라 사람의 구미에 맞지 않는 것과 같습니다.

백곡의 이와 같은 주장은 사고와 사회적 역할의 차이, 그리고 문화의 차이를 들어 승려들이 일하지 않고 재물만 소비한다는 유생들의 공격에 반박하고자 한 것이라 볼 수 있다. 또한 승려들이 무위도식(無爲徒食)한다는 주장은 석가모니 부처님 당시에도 있었다. 그때 석가모니 부처님은 육체적인 노동과 정신적인 노동이 있는데, 출가자들은 정신적인 노동에 종사하는 사람들이라 말하며, 결국 노동의 종류와 질이 다르다는 점을 밝히셨다. 그러나 신도들의 경우는 재가자들이기 때문에 육체적인 노동에 최선을 다해야 한다고 말한다. 다시 말하자면, 신도들은 재시(財施)를 하고 출가자들은 법시(法施)를 베푼다는 것이다.

중국에 불교가 전래되자 역시 동일한 문제가 사회적인 논란이 되었다. 당나라 때 부혁(傅奕)은 무덕 4년(621)에 '사찰과 불탑, 승니를 줄여 국리민복(國利民福)을 도모하는 11조를 상주하는데, 여기에서 재백(財帛)을 소모하는 불교계의 폐해로 논하고 있다. 또한 그는 당나라 때의 도사인 이중경의 비판이 법림의 『변정론』에 실려 있으며, 당나라 대종(大宗) 대력 13년(778)에 상서성집의 도관원외랑 팽언(彭偃)의 상소문인 「산태승도의(刪汰僧道議)」에서 생산 활동에 참여하지 않는 승단 때문에 생기는 사회적 폐단을 거론하고 있다.

이 문제는 이후에도 지속적으로 제기되었는데, 이러한 점 때문에 선종에서는 "하루 일하지 않으면 하루 먹지 않는다(一日不作 一日不食)"는 「백장청규(百丈淸規)」가 등장하게 되었던 것이다. 뿐만 아니라 일찍부터 출가자들이 경작에 참여하게 만들었으며, 심지어는 매매, 교역, 대부업, 제분업, 점포, 차방 등도 운영했다.

따라서 출가자들이 무위도식한다는 주장은 설득력을 얻지 못하게 된다. 물론 조선시대의 불교계 역시 마찬가지이며, 수많은 공역과 군역에 시달린다는 점을 보면 이상의 주장은 오히려 유생들에게 적용되는 것이 마땅하다고 할 수 있다. 따라서 백곡의 육체적 노동과 정신적 노동을 구분하지 못하는 유생들의 사고에 직설적인 화법으로 반박하는 주장은 현실적이며 설득력이 있다고 볼 수 있다.

상정교(傷政教)의 문제에 대한 반박

'상정교'는 출가자들이 헌망(憲網)에 잘 걸려 정교를 손상하는 것을 의미한다. 『고려사』에서 가장 많이 등장하는 것은 승려들이 혹세무민하는 부패상이며, 조선시대에도 승려들의 타락과 부패상은 종종 실록에 나타나고 있는데, 그것은 주로 증뢰·관교위조·요사·음행 등이다.

불교에 대해 처음으로 이단이라는 표현을 사용한 사람은 최해

(崔瀣, 1287~1340)이다. 이어 백문보(白文寶, 1303~1374)가 불교의 폐해를 비판한 이래 불교에 비교적 온건한 태도를 보이고 있던 이색(李穡, 1328~1396)도 불교계의 폐해가 적지 않다고 그 시정을 촉구하였다. 이들이 지적한 것은 모두 불교계의 사회적 폐단을 지적한 것이며, 이들의 논조를 종합하여 불교의 배척을 주장하며『불씨잡변』을 저술한 사람이 정도전이다.

그러나 백곡은 정교의 문제를 너무 안이하게 생각하고 있는 인상을 준다. 정교란 치세와 백성의 교화에 불교는 도움이 되지 않는다는 의미를 담고 있음에도 불구하고, 백곡은 정교를 단순한 범법행위로 인식하고 있었던 것이다.

따라서 그는 "승려들이 국법을 어겼으면 자자(刺字)를 해도 좋고 죽여도 좋으며, 여승으로서 세속의 죄를 범했으면 코를 베어도 좋고 죽여도 좋습니다. 그런데 어찌 석가를 허물고 불법(佛法)을 싫어한다고 해서 불교를 모두 폐해서야 되겠습니까?"라고 말하기도 하였다.

실제로 상정교의 문제는 승려들의 개인적인 범법(犯法)의 문제에서 출발한 것이 아니다. 치세와 백성의 교화에 도움이 되지 않기 때문에 중국에서 축출해야 한다는 논리에서 시작된다. 남제말기 어떤 도사가 장융(張融)의 이름에 가탁해 저술한 것으로 알려진『삼파론』은 불교가 국가와 가정, 개인을 망치는 근본이라 주장하고 있다.

여기에서 주장하는 구체적인 내용은, 불교는 재물을 소비하고 백성을 상하게 하며, 궁극적으로 국고는 텅 비게 하고 백성들은 빈궁해진다고 하거나 양친을 버리고 효도하지 않으며, 마침내 패화범순(悖化犯順)한다는 것이다. 또한 훼상의 잘못이 있고, 삭발의 고통이 있으며, 불효의 거스름이 있고, 절종의 죄가 있으며, 망체하고 계를 따르는 허물이 있다는 것이다. 결국 이러한 사실은 유교의 강상(綱常)이나 공자의 가르침에 의거하여 불교를 비판하는 것임을 알 수 있다.

이에 대한 반론의 성격을 지니는 것이 「멸혹론」과 「석삼파론」이며, 모두 『홍명집』 제8권에 수록되어 있다. 이들의 논리는 한결같이 불교는 "시정에 이로움이 없고, 치도에 해로움이 있다"는 주장으로 귀결된다. 또한 "혹은 말하길 삼왕은 부처가 없었지만 연원이 오래되었으며, 이석은 승려가 있었지만 학정을 했다. 교화를 훼손하는 것은 봉불(奉佛)에서 비롯되었으며, 국가를 이롭게 하는 것은 폐승에 있다."고 말하였다.

물론 이후에도 많은 배불론자들이 등장하여 다양한 논리로 불교의 척결을 주장하였지만, 그 정점은 송나라 때의 주희(朱熹)이다. 송대 이후 성리학의 주도로 불교의 영향력은 약화되고 성리학에 대항하는 논리의 설득력도 주목을 끌지 못하게 된다. 규범이나 덕목은 사회성과 역사성을 지니는 것이며, 그것은 인간의 필요에 의한 문화적 자연선택이 분명하다고 할 때, 윤리 도덕은 주희가 말한 그대로 '하늘이 규정한' 천리(天理)라기보다는 인간의 사고와 습관이다. 그것은 세월에 따라 상대적으로 변하지 않는 것도 있고, 반대로 인간의 보편적인 구조 속에 내재하여 변할 수도 있다. 그렇지만 주희가 설정한 인륜의 관계 범주와 그 덕목은 '닫혀' 있는 것이 분명하다. 따라서 유교적인 절대화 내지 형식화는 오히려 사회의 경색을 가져올 수 있고, 역사가 그 사실을 증명했음을 인식할 필요가 있는 것이다.

그러나 조선시대는 중국과 같이 심오한 사상적 논쟁을 벌이지는 못했다. 그런 점에서 신진사대부를 중심으로 한 불교 비판론자들은 불교의 일반적인 사회현상을 비판하는 데 집중하고 있으며, 그것이 정교의 문제를 오인하게 만든 것으로 보여진다. 백곡 역시 승려 개인의 문제를 가지고 불교 전체를 폄하하는 오류를 범해서는 안 된다고 역설했다. 이러한 맥락에서 백곡은 "선비가 설혹 죄가 있더라도 그것은 공자의 허물과 관계없으며, 승려가 잘못이 있다고 해서 어찌 그것이 석가모니의 허물이겠는가?" 하고 반문했던 것이다.

그런데 고려시대나 조선시대에 들어오면서 당시의 불교는 이미 중국화된 불교, 특히 선종 위주로 전개되고 있었기 때문에 정교의 문제를 둘러싼 논쟁은 이미 무의미한 상태에 놓여 있었다고 할 수 있다. 따라서 이 문제는 승려 개인들의 기강문란으로 집중된 것으로 여겨지며 백곡의 논리 역시 그러한 시대 상황과 무관하지 않다고 할 것이다.

조선이여, 법의 등불을 밝혀라 •

실편오(失偏伍)의 문제에 대한 반박

'실편오'의 문제는 승려들이 백성들의 의무인 요역(徭役)을 기피하여 병역(兵役)에 지장을 초래한다는 점이다. 조선시대의 승려들은 양인의 권리와 의무가 인정되지 않았기 때문에 군역의 의무는 없었다. 그렇지만 그들은 각종 공역(公役)이나 사역(使役)에 동원되고 있었고, 또한 임진왜란과 병자호란 등 국가적인 위기 때는 승군을 조직하여 자발적으로 전쟁에 참여하기도 했다. 그런 점에서 군역의 문제는 논란의 중심에 있어야할 이유가 없었다.

불도(佛道)는 쇠약한데 승려의 부역은 너무 많으며, 호적에 편입하는 평민과 다름이 없다"고 호소하고 있다. 또한 "중국에 바친 종이도 모두 승려들이 만든 것이고, 상사(上司)에 바치는 잡물(雜物)도 모두 승려들이 준비합니다. 그 밖에도 온갖 역사의 독촉이 너무 많아 아문(衙門)에서 겨우 물러나오면 관청의 명령이 계속 내리는 데 바빠서 때를 놓치면 옥에 갇히기도 하고, 창졸해서 어쩔 줄 모르면 매질을 받기도 합니다. 심지어 모든 지방의 교루(郊壘)와 남한산성 등 천리 길에 양식을 나르기와 해마다 성을 지키면 몸은 파수를 보는 사람과 같고 자취는 전쟁하는 군인과 같아서 감색 머리털과 푸른 눈동자는 바람에 몹시 시달리고, 흰 버선과 흰 누더기는 진흙과 티끌을 뒤집

어쭙니다.

승려의 요역은 조선 건국 이후 불교의 탄압이 전개되는 과정 속에서 본격적으로 진행되었다. 특히 임진왜란과 병자호란 이후에는 부족한 국역(國役) 자원의 확보를 위해 절대적으로 필요하였다. 사찰은 잡역(雜役)과 잡공(雜貢)을 부담하여 중앙과 지방의 관부, 군영의 수요를 조달하였다. 그 범위는 종이를 생산하는 지역(紙役)에서부터 다듬잇돌(搗衣砧) 납부에 이르기까지 광범위하였다. 승려들은 양반이나 지방의 토호(土豪), 심지어 군현의 이속배(夷屬輩)들의 요구에 응하지 않을 수 없는 상황이었다.

백성의 요역(徭役) 가운데 백면지(白綿紙) 등이 가장 무거운데, 각 읍에서는 모두 승사(僧寺)에 책임지워 마련케 하고 있습니다. 승려의 힘도 한계가 있으니 이들만 침탈하는 것은 옳지 못합니다. 전라감영(全羅監營)에 예납(例納)하는 지물(紙物)이 적지 않은데, 근래에 또 새로운 규례를 만들어 1년에 올리는 것이 대찰(大刹)은 80여 권, 소찰(小刹)은 60여 권이 되므로 승려들이 도피하여 여러 사찰이 소연(蕭然)합니다.*

---

*　　『顯宗實錄』 제18권, 현종 11년 10월 7일조.

　　　　　　　　　　　　조선이여, 법의 등불을 밝혀라　•

대동법이 시행된 이후 현종 11년(1670) 사헌부 집의(執義) 등의 상계(上啓)는 조선 후기 승려들이 부담한 지역(紙役)의 폐단으로 불교계가 어느 정도 황폐화되었는지를 알 수 있다. 사찰이 각 읍에서 부담해야 할 지물(紙物)을 감영에 예납하는 것도 부족해 새로운 규례를 만들어 지물을 추가로 부과한 것이다. 결국 지역(紙役)을 견디지 못한 승려들은 역을 피해 도망가 버리고 사찰은 황폐화되기에 이른다. 이러한 현상은 불교계의 고통으로만 끝나지 않고, 고을의 분정액을 조달하기 위해서는 백성들을 동원하여 부담을 경감시키기 위해 시행한 대동법의 취지를 무색케 하는 것이 된다. 현종 대의 일은 다행히 금지조치가 내려졌지만, 상황은 호전되지 못했다. 지역의 폐단이 가장 극심했던 삼남지방뿐만 아니라 심지어 지물(紙物)을 생산할 수 없었던 평안도와 함경도도 예외는 아니었다. "일찍이 한 장의 지물도 바친 적이 없는 묘향산 사찰에도 지역(紙役)이 과중하여 사찰과 암자 10곳 중에 7~8곳이 조잔(凋殘)하고 승도가 드물어 지역을 부과한 지 10년이 못되어 폐단이 자행된다."고* 하였다.

더욱이 영조 3년(1727) 양산군수(梁山郡守) 김성발(金聲發)은 통도사와 같은 천년 명찰(名刹)이 지역(紙役)으로 하루아침에 공허해졌음을 지적하고, 지역을 혁파한다면 흩어진 승도가 다시 돌아올 것

---

*   「萬合寺扁額」,『朝鮮寺刹史料』下, 207~210쪽.

이라고 하였다. 당시 종이를 생산하여 납부하는 부역의 폐단은 팔도의 목민관(牧民官) 역시 심각하게 인식하여 『조선왕조실록』이나 『비변사등록』과 같은 관찬사서(官撰史書)에서도 그 시정을 요구하는 상소문을 쉽게 찾아볼 수 있다. 더욱이 지물(紙物) 생산과 납부에 따른 대가는 지불되었지만, 시세가의 1/3에 불과하여 무상징발이나 다름없었다.*

백곡은 승려들이 군역의 문제를 떠나 실질적으로 국가와 사회를 위해 공헌한 바가 많다는 사실을 사례를 들어 강조하고 있다. 그렇다면 백곡의 이와 같은 상소에는 당시 문제된 부역과 잡역, 그리고 신분의 차별 등 당면한 현실을 타개하려고 제기된 것이라기보다는 승려들의 국가적인 공헌을 알려 폐불의 부당함을 인식시키려는 의도가 다분하다고 보아야 할 것이다.

불교 무용론(無用論)에 대한 반박

불교가 국가적으로 무용하다는 비판은 비교적 오래전으로 거슬러 올라간다. 불교가 중국에 전래되어 토착화되고, 그 세력이 팽창하면서 불교 무용론은 유교와 도교를 중심으로 한 배불론자들에

---

* 『備邊司謄錄』 제169책, 정조 10년 7월 24일조.

의해 끊임없이 제기되었다. 물론 그 이유도 다양하지만, 불교의 윤리관과 예교, 풍속 등이 유교의 그것과 다르다는 점이 주된 이유였다. 아울러 중국의 문화적 영향을 직·간접으로 받았을 뿐만 아니라 특히 성리학이 주도했던 조선 초기와 중기의 사회 전반의 분위기에는 배불론이 상당히 팽배해질 수밖에 없었다.

이러한 불교배척의 시대적 상황에서 백곡은 불교의 무용론(無用論)에 대한 반론을 전체적으로는 크게 여섯 항목으로 제기하고 있다. 첫째 불교를 믿은 군신의 사례와 그 과보, 둘째 폐불과 관련된 군신의 사례와 그 과보, 셋째 유학자들의 척불과 숭불 사례, 넷째 무불설에 대한 반박, 다섯째 불교의 유해론에 대한 반박, 마지막으로 우리나라의 숭불 사례 등이다.

사실상 불교를 폄하하고 비판하는 유학자들의 논리나 그것을 변호하거나 반박하는 호불론자들의 논리는 다분히 자의적이라 할 수 있다. 아울러 그러한 논리의 핵심에는 여전히 중화중심주의, 유교적 가치관이 내재되어 있다. 보편적이고 상대적인 가치관을 인정하지 못했던 배불론자들의 시각이 편협하고 포용성이 부족한 반면, 호불론자들은 불교적인 보편적·상대적 가치관에 입각해 부처의 가르침을 설파하기 위해 노력한다. 백곡 역시 배불론자들을 대응하기 위해 그 나름의 논리를 전개하며, 궁극적으로는 유교적 시각에서 벗어나 포용의 정책을 펼 것을 현종에게 간절하게 호소했다고 할 수 있다.

봉선사 전경

현종은 양민이 출가해 비구니가 되는 것을 금하고, 이미 비구니가 된 사람은 환속할 것을 권하거나 명령했다. 자수원, 인수원을 철폐하였으나 봉은사와 봉선사는 끝까지 철폐되지 않고 존속된 것은 백곡스님의 상소가 어느 정도 주효했다고 여겨진다.

이와 같이 「간폐석교소」에 나타난 유학자들의 배불논리에 대한 대응은 유교에서 벗어나고자 한 것만이 아니라 불교와 유교의 융합과 회통을 시도한 것으로 여겨진다. 백곡의 이와 같은 주장은 당시의 시대적 상황을 고려한다면 매우 과감한 주장이 아닐 수 없다. 이후 불교 정책은 미약하나마 변화를 보인 것이 사실이다. 예를 들어 서울의 비구니 사찰인 자수원(慈壽院)과 인수원(仁壽院)의 양원은 이미 철폐되었지만 봉은사와 봉선사는 끝까지 철폐되지 않고 존속되어 왔다는 점과 현종이 만년에 봉국사를 세우게 하는 등 신불(信佛)의 흔적이 보이는 점, 또 현종 15년에 백곡 자신이 팔도도총섭에 임명되었다는 점 등은 그의 상소가 어느 정도 주효했던 것으로 판단된다.

조선 중기의 가혹한 척불의 시대 상황에서 백곡은 정연한 논리로 척불을 논파하고 그 시정을 촉구하는 「간폐석교소」는 조선조 500년간에 걸친 배불정책 하의 불교사에서 단 한 편의 항소라는 점에서 그 의의를 높이 평가하지 않을 수 없다. 게다가 그 내용은 더할 수 없이 논리정연하고 간결하기까지 하다. 따라서 국가의 가혹한 배불정책에 대한 불교 측의 공식적인 항의인 동시에 백곡의 분명한 호법의지를 보여주고 있는 「간폐석교소」는 단연코 한국 불교사뿐만 아니라 정치행정의 역사에 있어서 괄목할 만한 기념비적 상소문이라 하지 않을 수 없다.

조선이여, 법의 등불을 밝혀라 •

함허와 백곡의 호불론(護佛論)의 상관성

함허와 백곡은 조선 초기와 중기의 가혹한 배불정책이 실시되는 상황에서 유학자들의 불교에 대한 왜곡된 이해를 바로잡고 불교의 진정한 모습을 현양하려고 한 호불의 대표적인 인물이라 할 수 있다. 그들이 한결같이 주장한 것은 불교가 유해하지 않고, 사회적 기능과 역할에서 있어 유교와 별다른 차이가 없다는 것이었다. 따라서 그들은 보편적이고 상대적인 가치관을 인정하지 못했던 배불론자들의 시각이 편협하고 포용성이 부족한 면을 지적하고, 불교와 유교의 융합과 회통을 시도한 것으로 볼 수 있다.

물론 배불시책이 단행되었던 조선 초기 무렵, 불교 측의 항의가 없었던 것은 아니다. 태종 6년(1406) 승려 성민(省敏)은 누차 의정부에 조정의 지나친 척불시책의 시정을 요구하였고, 아울러 수백 명의 승도를 이끌고 가서 신문고를 쳐 왕에게 직접 척불정책의 완화와 사원·전토·노비의 복구를 호소하기도 하였다. 비록 그의 이러한 노력이 아무런 성과를 거두지는 못하였지만 불교계 나름대로의 적극적인 항의가 있었음을 알 수 있다.

이와 같이 배불정책이 계속되는 가운데 몇몇 승려들의 항의가 있기는 하였으나 그러한 항의도 조선 초기에 극히 짧은 시기의 일이었고 그나마 미미한 것이었다. 또한 상소의 경우도 승려 상총(尙聰)을 비롯하여 임진왜란 당시의 사명·의암에 의한 몇 차례 예를 들 수가 있고, 상소의 내용은 불교계 내부의 문제이거나 국난에 대처할 국가 중대사에 관한 문제를 상소한 위국충정(爲國忠情)의 글로서, 배불정책에 대한 불교 측의 저항 및 정당한 주장과는 거리가 먼 것들이었다.

그러나 『현정론』과 「간폐석교소」에 나타난 함허와 백곡의 배불 논리에 대한 대응은 유교를 공격한 것이 아니라 불교와 유교의 융합과 상호회통을 모색하려 했으며, 무엇보다도 함허의 호불론에서 주목되는 것은 유·불 간의 회통이다. 말하자면, 함허는 유·불·도의 삼교회통보다도 유·불 간의 회통에 보다 역점을 두었다는 것이다. 따라서 도교는 다분히 구색을 맞춘다는 의미가 강하고, 불교의 상대가 되었던 유교 측의 설득에 주력한 인상을 준다. 때문에 함허는 유교 측을 설득하기 위해서는 유교와 불교의 상통점을 강조해야만 했고, 그렇게 함으로써 불교를 옹호하는 입장을 견지하고자 했던 것으로 생각된다.

이러한 맥락에서 함허는 『현정론』에서 유·불의 회통을 주장함으로써 유학자들과 신진 정치관료들의 배불에 대한 인식을 누그러뜨리고 불교의 진정한 모습을 현양하고자 하였던 것이다. 백곡 역시 중국의 대유학자들이 불교이론에 대한 해박한 지식을 지니고 있는 점을 예증하며, 유학자들의 폐불의 부당성을 항변하는 상소를 올렸다. 나아가 그는 유교적 요소로서 불교를 이해하려는 원융의 태도를 보여, 유교의 성명설(性命說)과 인의설(仁義說)을 토대로 불법(佛法)의 타당성을 역설하였다. 때문에 함허와 백곡의 이와 같은 주장은 척불론이 고조된 시대적 상황을 고려한다면 매우 과감한 주장이 아닐 수 없다.

함허와 백곡, 두 선사가 생존했던 조선 초기와 중기만 하더라도 그동안 계속 되어온 척불정책으로 인하여 불교 종단의 피폐상은 이루 말할 수 없었고, 승려의 사회적 지위 또한 소위 팔천(八賤)의 하나로 전락되었던 시대였다. 따라서 승려들은 국가의 부당한 배불시책에 저항할 기력조차 상실한 채 다만 현실을 수용하고 침묵하는 실정이었다. 조선의 이러한 혹독한 척불의 시대적 상황 아래에서 함허와 백곡의 담론은 '불교는 유해하다'는 주장을 반박하는 데 중점을 두었다. 때문에 두 사람은 모두 '불교는 유해하지 않다'는 것을 다양한 전거와 이론을 바탕으로 반론하고 입증하며 보다 적극적으로 담론을 전개했던 것이다.

불교의 유익함에 대하여 그들은 두 가지로 논증하고 있는데, 첫째 여러 나라에서 불교를 실제로 신봉하고 있다는 것이고, 둘째는 불교가 실제로 국가를 이롭게 한다는 것이다.

첫째 사항에 대하여 함허와 백곡은 불교가 실제로 그 나라 군장을 교화시키고 또한 다스리고 지키는 절도를 온전하게 하는 것이고, 유용성이 있기 때문에 여러 나라에서 불교를 믿고 있다고 주장하고 있다. 둘째 사항에 대하여 그들은 사찰과 도승이 국가를 이롭게 한 사례를 들고 있다. 먼저 백곡은 절을 세우는 것이 국가에 이롭고 치도(緇徒)에도 손해가 없음이 분명하며, 또한 불교의 신승(神僧)들이 출현하여 국가를 이롭게 하였다고 주장하고 있다. 그는 중국의 신승으로 마명·보제·지이·현장·마의를, 우리나라의 신승으로는 묵호자(墨胡子)·순도(順道)·난타(難陀)·도선(道詵)·무학(無學) 등을 들고 있다.

이들 신승들이 활약하던 당시에는 불교의 도가 널리 퍼져 국가에 유익하고, 치도에 손해가 없었지만, 지금 고승이 없어서 도통(道統)이 막히고 선림(禪林)이 황폐해졌는데, 이는 국가가 쇠망해져 가고 있는 징조라고 백곡은 역설하고 있다. 백곡의 간소(諫疏)는 승니의 사태, 사찰과 니원(尼院)의 폐쇄, 사찰의 성위(星位)를 매안(埋安)* 하는 일련의 폐불 조치를 철회시키는 것을 목적으로 하고 있다.

따라서 백곡은 사찰과 승려가 국가에 이로움을 준다는 것을 주장하여 폐불 조치에 결사적으로 반대하는 간언을 하고 있는 것이다. 특히 그는 조선시대 왕실불교의 교두보요, 보루라 할 수 있는 인수원과 자수원의 양원과 당시 승단을 대표하는 선교양종의 총본산 사찰이었던 봉은사와 봉선사의 철폐 조치를 철회할 것을 집요하게 간청하고 있다.

백곡은 성위(星位)를 모신 사찰은 이미 종묘(宗廟)와 마찬가지로 여기므로 성위를 매안하게 한 조치는 종묘를 헐어버리는 것과 같

---

* 　매안(埋安) : 신주(神主)를 무덤 앞에 묻는 행위.

다는 논리로서 여러 경사(經史)의 구절을 인용하면서 그것의 부당성을 계속하여 간언하고 있다. 또한 백곡은 죽음을 불사하고 비장한 심정으로 폐불 조치의 철회를 재삼 간언하고 있다. 당시 비천한 신분인 일개 승려로서 임금이 취한 조치의 부당함을 항론하면서 임금에게 직간(直諫)하는 것은 백곡의 말대로 죽음을 무릅쓴 행동이었다고 하지 않을 수 없다. 무엇보다도 함허와 백곡은 많은 사례와 경전 등에 근거하여 폐불의 불가함을 논파하고 있다.

그런데 두 인물의 논증은 대체로 교리의 측면보다는 현실적인 면을 강조함으로서 불교가 존재해야 할 당위성을 강조한다는 특징을 가지고 있다. 더욱 중요한 사실은 국가정책을 문제 삼아 불교 측에서 이를 공식적으로 항의하고 시정을 촉구한 것은 배불의 시대적 상황에서 높이 평가되어야 한다. 뿐만 아니라 배불에 대한 반박의 논리를 주장한 두 인물은 암울했던 시대적 상황에서 불멸의 법등을 지켜낸 것으로 그 위대성 또한 인정되어야 할 것이다.

그렇다면 함허와 백곡의 폐불론에 대한 반박의 담론과 그 관련성은 어떻게 설명될 수 있을까. 필자는 그들의 관련성을 다음과 같이 언급하고자 한다.

첫째 중화주의(中華主義)와 보편적 세계관의 대립과 갈등이고, 둘째 유교독존주의(儒敎獨尊主義)에 대한 불교적 상대주의의 강조이며, 셋째 유교적 가치관과 불교적 가치관의 충돌이다. 이런 관점에서 "모두 때는 다르나 일은 같은 것이며, 시대는 다르나 이치는 하나"라고 말하는 백곡의 주장은 진리의 보편성, 상대적 특수성의 인정이 필요함을 역설하는 것이라 할 수 있다. 혹자는 유학자들의 배불에 대한 함허와 백곡의 반박 담론이 너무 소극적인 것이 아닌가 하고 반문할 수도 있다. 아마도 그것은 현실적으로 유교의 강대한 정치적·관료적 세력을 의식했기 때문이라 볼 수도 있다. 하지만 불교의 근본사상은 자비정신을 바탕으로 한 대승적이고 포용적이란 점을 감안하지 않으면 안 된다.

함허와 백곡은 유교적 독존주의(獨尊主義)를 부정하며 불교적 보편주의를 강조하고, 유교지향의 사상을 벗어나 유불의 원융과 상호회통을 모색했다. 뿐만 아니라 함허와 백곡, 두 사람은 크게 위축되어 있던 조선시대의 불교승단을 대변하여 호불 간쟁(諫爭)에 앞장섰던 인물들이다. 또한 배불의 시대 상황을 극복하려 했던 호법자(護法者)로서 조선불교사에 불멸의 흔적을 남긴 대표적인 선구자라고 하지 않을 수 없다.

제4장

삼교(三敎)의 조화를 노래하다

- 삼교의 가르침은 동일하다
- 불교의 우월성 속에서 삼교의 조화를 주장하다
- 삼성화현설(三聖化現說)과 진리 인식

삼교의 가르침은
동일하다

고려 말 성리학의 도입과 국가권력에 의한 불교 탄압이라는 전혀 새로운 상황은 불교인들로 하여금 사상적으로 불교에 대한 변호와 함께 삼교(三敎), 특히 유교와의 관계에 대한 진지한 반성과 모색을 강하게 요구하게 되었다. 이러한 상황에서 저술된 함허의 『현정론』은 배불론자들의 비판에 답하는 형식으로 불교에 대해 잘못 이해하고 있는 점을 바로잡기 위해 쓰여졌다.

한편 『유석질의론』은 불교의 입장에서 유교의 가르침을 비교하여 두 종교의 교법(敎法)이 세상을 구제하고 중생을 이롭게 하는 것이므로 상호 공존해야 함을 주장한 것이라 할 수 있다. 『유석질의론』은 『현정론』의 3배가 넘는 26,000여 자의 2권 1책으로 되어 있다. 유·불 간의 논쟁이 되는 중요한 주제들을 선정하여 상·하권 각각 서론과 7개, 12개 항목의 총 19개 항목으로 구성되어 있다.

『유석질의론』은 유학자의 질문과 함허의 답변형식을 취하고 있어 그 내용과 형식면에서 『현정론』과 상당히 유사한 면을 보인다. 그러나 이론 전개나 질의 답변에 있어서 『현정론』보다 더 자세하고 내용면에서도 충실하여 불교입문서 혹은 불교개론서와 같은 이중적 성격을 지니고 있다.

즉 배불론이 계속 우세해지는 상황에서 유·불·도 삼교는 모두 백성에게 유리한 도(道)이자 사상이므로 서로 배척할 것이 아니라 각각 한 분야씩 맡아 백성을 교화하는 사명을 수행해야 한다는 점을 밝히고 있다. 상·하 두 권의 문답식으로 되어 있는 『유석질의론』 상권의 내용을 정리하면 다음과 같다.

「유석질의론」 상권의 항목별 내용

서론		1. 도와 교의 구분 2. 삼교의 근본과 독자성을 통한 불교의 무위성론변 3. 군신부자의 윤리가 없음을 비방함에 대한 반론
1	문	'성(性)'은 유학자 또한 밝혔으므로 불교는 학문에 있어서 불필요한 것이며 천하에 무익한 것이 아닌가.
	답	1. 유·불에 있어서 '성'의 개념을 논함. 2. 불교의 무익함에 대한 반론
2	문	말법의 운을 당하여 불도들이 나라에 해가 되므로 이를 부역시킴이 유익하지 않은가.
	답	1. 승려 부역에 대한 반론

조선이여, 법의 등불을 밝혀라 •

3	문	불도가 수신과 정치에 있어서 도움이 지극한데 유학자들은 척불로 능사를 삼으니 그 옳고 그름을 밝혀라.
	답	1. 삼교의 주에 대한 답변 2. 유·불의 교리비교를 통한 불교의 우위성 주장 3. 배불태도에 대한 비판
4	문	불교는 서이(西夷)의 교이며 도서의 논함에 미치지 못하니 하열하다 함이 당연하지 않은가.
	답	1. 서이의 교라는 배불에 대한 반론 2. 불의 일대기에 대한 기술과 해설
5	문	불의 출가·중생제도·열반에 대하여 상세하게 설명하여 주시오.
	답	1. 불의 출가에서 열반까지의 해석 2. 배불에 대한 반론
6	문	천지조화의 오묘한 내용이 도서보다 자세한 것이 없는데 부처님이 미처 의론하지 않으심은 무엇인가.
	답	1. 삼신(三身)의 수인을 역으로 해석하여 불이 건곤조화의 근원을 보이심을 해설 2. 유·불의 비교 3. 도서를 살피지 않았다는 주장에 대한 반론
7	문	불의 시현이 왕대하였는데 왜 그때 중국을 함께 교화하지 못하고 교법은 한대에, 선법은 양대에 이르러 천 년이나 지연됨은 무슨 이유인가.
	답	1. 중국에 불교가 전래된 역사 2. 교법, 선법의 전래가 늦어진 이유를 밝힘

『유석질의론』의 상권은 서론으로 도와 교를 구분하고, 유·불·도 삼교의 본질과 특성을 말하고 불교에 대한 무지를 반박하고 있다.

(1) '성(性)'의 개념을 전제로 불교가 무익하지 않다고 논하고,

(2) 승려들은 부역에 편입시켜야 한다는 것에 대한 반론을 펴고 있다.

(3) 불도(佛道)가 수신(修身)과 정치에 공이 큼에도 유학자들이 불교를 배척하는 것의 이유에 대해 답변하며,

(4) 불교가 서쪽 오랑캐의 종교라는 것과 불서(佛書)가 다른 종교에 비해 질이 떨어진다는 것에 대한 반론을 전개하고 있다.

(5) 부처님의 출가와 중생제도 및 열반에 대한 물음에 답변하며,

(6) 천지조화의 오묘한 이치에 대해 부처님이 말씀하지 않은 이유가 무엇인가라는 물음에 답하고 있다.

(7) 불교가 중국에 들어온 것과 교법이 전래한 것과 선법(禪法)이 들어온 것이 각각 다른 이유를 묻는 질문에 답하고 있다.

『유석질의론』 하권의 항목별 내용

서론		1. 삼교의 독자성과 상통성 2. 불교의 교법 3. 오상과 오계의 교리 비교
1	문	삼재의 시초가 유학자가 말한 혼돈, 반고 등의 말과 같지 않은 이유는 무엇인가.
	답	1. 삼재를 오행으로 순환 왕복함 2. 불교의 우위성을 담론으로 함

2	문	도를 역에 붙여 보임이 하도(河圖)의 숫자에 근본하고 오행생성의 숫자만 따랐지 그 까닭을 밝힌 자가 없으니 그 미진함을 밝히는 것은 더욱 훌륭하지 않겠는가.
	답	1. 역을 연기와 삼신으로 해석 2. 24기(氣)의 운행에 대한 해석 3. 불교의 정의 4. 삼교의 성·심·도를 비교하여 불교의 우위성을 논변 5. 유가의 배불태도에 대한 비판
3	문	일월운행의 영허(盈虛)와 한서(寒暑)의 설이 역상(易象)과 같지 않은 까닭은 무엇인가.
	답	1. 불교의 묘지를 밝힘 2. 영허와 한서의 설을 설명
4	문	불교의 삼세인과, 죄복보응설을 무엇으로 증거하겠는가.
	답	1. 삼세인과, 죄복보응설의 타당성 논변 2. 황극의 도와 삼세인과에 대한 비교 논술
5	문	적선의 인과만 밝혔고 악의 보응은 밝히지 않았으니, 계속 밝혀 몽매한 선비를 깨우친다면 교리에 있어 더욱 자세하지 않겠는가.
	답	1. 악의 보응을 밝힘
6	문	선을 행하고 악을 행함이 어찌 여기에 그치겠는가.
	답	1. 선과 악의 과보를 예를 들어 설명
7	문	불교에서 시식하여 밥 일곱 알로 시방에 두루한다는 말은 사리가 황당하여 유학자가 믿지 않으며, 또 신주가지법의 일이 3, 7, 49편으로 한계를 삼는데 이는 무엇 때문인가.
	답	1. 신주가지법의 오행적 해석 2. 불의 보시와 공덕을 밝힘
8	문	정토수행에 있어서 불의 십호 송념하되 수주(數珠)를 108에 그치는 이유는 무엇이며, 무슨 가르침이 이와 같이 번거로운가.
	답	1. 정토수행을 하는 이유 2. 수주를 108에 그치는 이유

9	문	불의 가르침을 배우면 다다름이 있겠는가.
	답	1. 불교 입문의 길을 계·정·혜의 삼학을 들어 설명
10	문	불을 배우는 자는 반드시 참화(參話)로 도에 들어가는 방편으로 삼는데 정·혜의 논함과 어떻게 다른가?
	답	1. 참화와 정·혜는 같은 것임을 설명
11	문	지금은 선사가 매우 많아 다 아회불법(我會佛法)이라 하니 어떻게 그 옳고 그름을 구별하겠는가.
	답	1. 선법전수의 정과 사에 대한 논변
12	문	불교는 윤회를 초탈하여 본성을 보고 불을 이루는 학문인데 그것이 지리와 무슨 관계가 있는가.
	답	1. 비보설의 타당성을 밝힘

하권의 서론에서는 유·불·도 삼교의 독자성과 상통성을 말하고 유교의 오상(五相)과 불교의 오계(五戒)를 비교하였다.

　(1) 우주의 시작에 대한 설명이 유교와 불교가 서로 다른 이유를 설명하고,

　(2) 역(易)과 오행(五行) 생성에 대한 미진함을 해석해 줄 것에 대한 담론을 펴고 있다.

　(3) 불교에서 천지(天地)의 운행을 설명하는 것이 역상(易象)과 다른 이유를 설명하고

　(4) 삼세인과와 죄복보응에 대한 물음에 답하고 있다.

　(5) 악에 대한 인과응보(因果應報)를 설명하고,

(6) 선과 악의 과보에 대해 예를 들어 설명하고 있다.

(7) 불교의 시식과 신주가지법에서 3, 7, 7×7의 수로 한정하는 이유를 설명하고,

(8) 정토수행을 하는 이유와 수주가 백팔에 그치는 이유를 밝히고 있다.

(9) 부처님의 가르침에 입문하는 길을 계·정·혜(戒定慧) 삼학(三學)을 들어 밝히면서,

(10) 화두를 참구하는 것과 정·혜가 같은 것임을 드러내 보인다.

(11) 선법전수(禪法傳授)의 정(正)과 사(邪)에 대해 변론으로, 깨달았다고 하는 이들의 바르고 그릇됨을 가리는 방법을 설명하며,

(12) 윤회를 초월하여 깨달음을 이루는 것과 풍수지리에 근거한 비보설이 무슨 관계가 있느냐는 물음에 답하고 있는 것이 그 요지이다.

한편 『유석질의론』에서 배불론에 대한 호불론으로 간주할 수 있는 것은 상권의 처음 네 항목에 지나지 않는다. 나머지 항목들은 질문자가 불교에 대하여 의문시 되는 것을 물어보고, 이에 대하여 답변하는 내용으로 전개되고 있다. 따라서 『현정론』이 배불론자들이 제기한 구체적인 불교 비판론에 대응하여 불교를 옹호하는 호불론적인 성격을 띠고 있다면, 『유석질의론』은 서론과 19개 항의

문답형식을 통해 먼저 삼교를 거시적으로 비교 논술하여 상통성과 독자성을 밝히고, 유교와 불교의 교리를 비교 논술하여 불교의 우위성을 명징하게 주장하고 있다.

아울러 배불의 쟁점들에 대한 반론을 논리적으로 제기하여 그 부당성을 밝힘과 동시에 초학자(初學者)들을 위하여 불교 전반에 관한 교리를 상세하게 소개하고 있다.

『유석질의론』과 『현정론』이 제시하는 삼교론은 '원리적인 삼교일치론과 현상적인 불교우월론'의 이중구조를 보이고 있다는 점에서 같은 구조를 지니고 있다. 두 책은 또한 현상적으로 드러나는 가르침의 차이에도 불구하고 삼교의 가르침이 근본적으로 동일하다는 진리에 근거하는 특징을 지니고 있다.

이미 전제했던 바와 같이, 『현정론』에서는 천하에 두 도(道)가 없고, 성인에게 두 마음이 없다고 말함으로써 진리의 보편성과 유일성(唯一性), 진리를 체득한 경지의 보편성을 강조하고 있는데, 이러한 태도의 바탕에는 불교와 유교 모두 진리의 가르침이고, 성인들은 모두 진리를 인식한 이들이라는 것을 전제로 하고 있다. 그러나 다양한 전통들이 제각기 다른 모습으로 나타나는 것은 본질의 문제가 아니라 현상적인 드러남의 문제이다. 각 전통에 속하는 성인들이 체득한 것은 동일한 진리이지만, 그것을 대중화하여 가르침으로 정립하는 과정에서 제각기 다른 모습을 띠게 된 것으로 이해할 수 있는 것이다. 요컨대 함허는 유교와 불교의 원리적인 동일성을 인정하는 근거로서 각 전통이 근거하고 있는 진리와 진리 인식의 보편성을 제시했다고 추정할 수 있다.

물론 함허는 『유석질의론』에서도 진리의 보편성과 유일성에 근거하여 삼교의 동일성을 말하고 있다. 삼교의 가르침은 모두 마음에 바탕하고 있으며, 천하에 통하는 것은 하나의 도이고, 변화를 지어내는 것은 하나의 기(氣)이며, 만물에 균등한 것은 하나의 이(理)이다. 삼교가 비록 서로 다르지만, 그 도는 하나임이 강조되고 있다.

한편 『유석질의론』은 바탕이 되는 진리의 보편성에 대해서 말하고 있지만, 『현정론』에서는 진리의 보편성에 대해서는 말하지 않고 있다. 『유석질의론』에서는 삼교의 차별이 근본적으로 진리 인식의 차이에서 비롯된 것으로 보고 있다는 점에서 이는 당연한 것이라고 할 수 있다. 이미 『현정론』에서 제시하였듯이 함허는 『유석질의론』에서도 불교가 출가수행을 통하여 보다 더 큰 윤리를 실천하고 있음을 논변하여 무부무군(無父無君)을 주장하는 배불이론에 맞서고 있다.

불교에는 임금과 신하의 도리가 없고 아비와 자식을 버린다고 하여 매우 꾸짖는 자들이 있는데, 이는 부처님이 부처가 된 까닭을 모르고 하는 말이라 하여, "삼계를 초탈한 자를 어떻게 다시 군신(君臣), 부자(父子), 부부(夫婦), 장유(長幼) 등의 세간법(世間法)으로 구애를 받게 하겠는가."라고 하며, "만법(萬法)의 왕이며 모든 중생의 어버이 된 자를 어찌 임금의 신하 노릇을 하게 하며 아비의 자식 노릇을 하겠느냐."

이는 진실로 불도(佛道)를 이룬다면 임금과 어버이도 신하와 자식으로 삼지 못할 일이 없을 뿐만 아니라 도리어 따르고 존경하게 된다며 무부무군(無夫無君)의 비윤리성을 들어 배척하는 유가의 배불논리에 반론을 제기하고 있다.

함허는 삼교를 '세상을 다스리는 큰 가르침'이라고 전제하고, 삼교의 공통되는 궁극적 목표가 성인의 말씀을 계승하고 '치세(治世)'를 잘하는 데 있다고 말한다. 치세를 잘 하는 것이 삼교의 근본이라 할 때, 유교에서는 '수신(修身)과 평천하(平天下)', 불교는 '불국정토(佛國淨土)의 건설', 도교는 '무위자연(無爲自然)과 애민치국(愛民治國)'이라는 말에서 그 근본 뜻을 파악할 수 있다. 유교의 '평천하'는 『대학』에서 말하는 여덟 가지 덕목 중 격물치지(格物致知), 즉 실제 사물의 이치를 연구하여 지식을 완전하게 하는 것에서 시작해서 수신제가를 거쳐 치국한 다음에 이루어지는 이상적 경지를 말한다.

반면, 불교의 '불국정토의 건설'이란 무명업식(無明業識)과 번뇌로 더럽혀진 우리의 마음을 깨끗이 하고, 마음이 깨끗해진 때 비로소 나라도 깨끗하게 되어 청정한 나라가 건설되는 것을 말한다. 도교의 '애민치국'도 무위자연(無爲自然)의 모든 존재를 통해서 개인과 사회와 국가가 바르게 다스려지고, 그런 후에 천하가 우주질서에 순응하여 조화를 이루게 된다는 것이다.

이와 같이 삼교가 서로 표현하는 말만 다를 뿐 궁극적으로 지향하는 바는 '이상향의 건설'이라는 공동 목표에 있다. 함허는 이와 같은 삼교의 상통성(相通性)에 대하여 "삼교의 성인이 제각기 그 백성의 병통을 치료하는 것으로 다만 그 순서가 같지 않을 뿐이다."라고 하여 접근 방법과 논리는 다르지만, 도는 하나임을 밝히고 있다. 그러나 삼교가 서로 상통하지만, 같은 것은 아니며, 또한 교학적인 면에서 서로 다른 면을 보이고 있으며, 삼교 고유의 독자성을 말하고 있는 것이다.

이와 같은 사실은 『유석질의론』의 첫 부분 삼교의 대요(大要)에서 삼교의 도는 모두 마음을 근본으로 하지만, 유학자는 적(迹), 즉 발자취를 파고 들어가고, 불자(佛者)는 그 진(眞)에 일치해 들어가고, 그 둘 사이에 접하며 이 둘을 결부시키는 것이 노자의 '도'라고 주장하는 부분에서 확인된다.

> 삼교의 도는 모두 그 근본을 마음에 두고 있으나 유학자는 그 자취[迹]를 쫓아가고, 불자는 그 참[眞]에 계합하고 그 둘 사이에 접해서 서로 밀접하게 연결해주는 구실을 하는 것이 노자의 도이다.

함허는 이와 같이 삼교의 서로 다른 점을 논하면서 '자취'에 비유한 유교는 '닦고 다스려야 하는 것'이요 형이하학적인 '정(情)'이라 말하고, '진'에 비유한 불교는 '밝히고 깨달아야 하는 것'이요 형이 상학적인 '성(性)'이라 말했다. 또 '드러나 보이는 것은 자취'이고 '묘하여 보이지 않는 것은 성'이라 하고, 도교는 이 둘 사이를 연결하는 아교(我教)와 같은 것이라고 했다. 아울러 함허는 삼교를 또한 나무를 심는 일에 비유해 불교를 '씨앗이 자라는 기름진 땅', 도교를 '싹을 돕게 하는 씨앗', 유교를 '잎사귀와 가지가 같은 뿌리'라고 하여 이 세 가지 요건이 구비될 때 나무가 무성하게 자라듯이 삼교가 서로 의지해서 교화하면 성대한 세상을 이룰 수 있다고 말한다.

따라서 함허가 강조한 삼교관의 핵심은 유교는 만물에 균점하는 일리(一理), 즉 인간윤리의 본분을 제시하려는 것이고, 불교는 천하에 통하는 일도(一道), 즉 진공에 합치하는 것이며, 도교는 교묘한 변화를 일으키는 일기(一氣), 즉 곡신(谷神, 玄妙之道)을 받드는 것이라고 할 수 있다.

조선이여, 법의 등불을 밝혀라 •

불교의 우월성 속에서
삼교의 조화를 주장하다

　『현정론』과 『유석질의론』은 구성이나 주제, 그리고 내용면에서 유사한 점이 매우 많은 것이 사실이다. 두 책이 삼교(三敎)를 바라보는 기본 틀에서 같은 구조를 보이고 있지만, 그 구체적인 기술 내용이나 유교에 대한 이해, 글의 전체적인 성격 등에서는 서로 다른 면을 보이고 있다.

　필자가 이 책을 통해서 밝히고자 하는 가장 중요한 부분은 이 두 저술이 불교와 유교의 관계에 대한 관점이 서로 다르다는 것과 불교의 우위성의 문제이다. 함허는 삼교의 우열(優劣)을 비교함에 있어 삼자(三者) 간의 직접적인 비교를 하지 않았지만, 불교와 유교를 두고 "보이지 않는 것은 멀고 또 깊으며, 보이는 것은 가깝고 또 얕다."며 은근히 불교의 우위를 말하고 있다. 또한 그는 『현정론』에서도 삼교에 대한 직접적인 비교는 삼가하면서도 다만 "마음의 번뇌를 다 씻어버리고 지혜의 눈으로 대장경이나 유교·도교의 여러 서적을 다 보고 일상생활과 생사·화복이 있을 때 참고하면 내말을 듣지 않고도 스스로 고개를 끄덕일 것이다."라며 삼교를 알아보면 자연히 그 우열도 알게 될 것이라고 자신 있게 말하고 있다.

이렇게 보면, 함허는 성인의 가르침은 깊고 얕음의 차이로 인해 삼교로서 존재하며, 그 깊고 얕음의 차례는 불교–도교–유교라고 하여 도교와 유교에 대한 불교의 우위를 설정함과 동시에 비록 삼교의 깊고 얕음이 다르지만, 도는 하나인 것이어서 뿌리와 나무 그리고 꽃이 불가분이듯 삼교는 천하의 원만한 교화를 위해 모두 필요한 존재라고 말함으로써 불교 우위의 방편적 삼교회통(三敎回通) 논리를 전개하고 있다. 그러나 중요한 사실은 함허가 삼교의 비교를 통해 불교의 우위를 강조하기보다는 불교의 본질을 비방하는 자들에게 불교를 바로 이해시키고 참모습을 드러내는 데 있으며, 삼교의 공존과 회통에 그 목적이 있음을 인식해야 할 것이다.

그럼에도 불구하고 함허는『현정론』과『유석질의론』, 두 권의 저술을 통하여 유·불 양교의 교리에서 동일한 용어 또는 의미로 사용되는 내용의 비교를 통한 불교 우위론을 주장하며 배불이론을 반박하고 있는 모습을 보여준다.

우선 양교의 핵심 개념이라 할 수 있는 성(性)·심(心)·도(道)에 대하여 분명한 담론을 전개하고 있음을 들 수 있다. 유교에서 말하는 성은 천명(天命)의 성으로 하늘이 인간에게 부여한 인성을 의미하는 데 반하여 불교의 성은 원만대각(圓滿大覺)의 성으로 천지에 앞서며 물질을 따라 생하거나 변하지 않는 초월적인 상주불변(常住不變)하는 진여의 체로서 그 우월성을 주장하고 있는 점이다. 또한 유가에서 말하는 심(心)은 생멸하는 육단심(肉團心)인 반면, 불교에서는 진여청정심(眞如淸淨心)을 말하였고, 도에 있어서도 불교에서는 생사와 윤회를 초탈하고 시공을 초월한 도를 말한 반면, 유가에서 주장하는 도는 성을 따르는 세간의 도를 말하고 있어 주객이 대립하는 세간법과 평등한 출세간법의 차이를 들어 불교의 우위성을 주장하고 있다.

불교 교리의 우위성은 『현정론』과 『유석질의론』의 전반에 걸쳐 잘 논거되어 있다. 이러한 논술은 배불이론에 대한 반론의 근거가 되는 동시에 그 타당성을 입증하는 가치를 지닌다. 『유석질의론』에서는 "유·불·도 삼교는 모두 세상을 다스리는 큰 가르침으로 삼교의 성인이 각기 그 백성의 병을 치료하는 것이지만, 다만 그 순서와 방법이 같지 않을 뿐"이라고 전제하고, "삼교가 모두 마음에 근본하였으나 유교는 마음의 자취를, 불교는 진심을, 도교는 자취와 진심의 사이를 접한 도"라고 규정한 뒤, "나타나 볼 수 있는 것은 자취이고, 오묘하여 볼 수 없는 것은 성(性)이니, 볼 수 없는 것은 그 도가 멀고 깊으며 볼 수 있는 것은 가깝고 얕은 도이므로 유교는 불교의 대각의 경계를 논할 수 없다."고 논의하여 불교의 우위성에 대한 담론을 펼치고 있다.

또한 본체론을 언급하는 가운데 불교를 근본으로 돌아가는 가르침이라고 정의하고 물질로 이루어진 세계는 하나의 기(氣)로 형성된 것이며, 이루어지고 파괴되는 것은 하나의 법으로 한 기운을 밝혀 둘이 아님[不二]에 나아가며 이루어지고 파괴됨을 알아 나고 죽음이 없음[無生]에 돌아가는 가르침이 불교인 것에 반하여 유교에서 말한 혼돈, 반고 등의 언어는 다만 억측으로 상상해서 말한 것이니 불교의 진명묘지(眞明妙智)가 삼세를 관통하여 말한 것과는 다르다고 논하여 본체론에 있어서 불교의 우위성을 밝히고 있다.

『현정론』에서도 마지막으로 삼교의 우열을 논하여 "삼교의 말한 바가 은연 중 서로 부합하여 한 입에서 나온 것과 같으나, 삼교의 우열과 같고 다름은 마음을 닦아 지혜로운 안목을 갖춘 뒤에 삼교의 경전을 다 읽고 일상생활과 생사화복의 때를 참고한다면 절로 머리를 끄덕이거니, 내 어찌 구차히 말하여 그대를 놀라게 하겠는가."라고 끝맺고 있는 점도 불교의 우월성을 은연 중 내비치고 있는 대목이다.

이와 같이 함허는 타 종교의 교리를 배타적인 입장에서 논의하지 않고 먼저 긍정적으로 포용하여 객관적인 입장에서 다루면서 정당성과 우위성의 담론을 전개한다. 물론 당시 사회적으로 불교가 처한 상황에 기인한 바는 있었겠지만, 배불이론에 대한 반론에서는 당시 유학자들과 같이 상대 종교를 일방적으로 비방하고 배척하는 태도를 먼저 비판하여 자기의 학문에는 통달하지 못하고 배불론을 급선무로 삼는 것은 천성(天性)과 천명(天命)을 거슬리는 것으로 유생으로서는 도저히 할 수 없는 일로 규정하였다.

『현정론』은 불교와 유교의 차이를 현상적인 가르침의 차이로 설명하고 있는데, 그 기본 골격은 오승(五乘), 즉 인승(人乘), 천승(天乘), 성문승(聲聞乘), 연각승(緣覺乘), 보살승(菩薩乘) 등의 오승론이다.

> 저 삼승이나 오승은 모두 정을 다스리기 위한 것이다. 인천승은 더러운 때를 다스리기 위한 것이며, 삼승은 깨끗한 때를 다스리기 위한 것이다. 더럽고 깨끗한 때가 다한 뒤에야 비로소 대각의 경지에 친히 나아갈 수 있다. 오계는 인간으로 나게 하는 것이며, 십선은 천상에 나게 하는 것이다. 사제와 연기법의 가르침은 이승을 이루게 하는 것이며, 육바라밀은 보살을 이루게 하는 것이다.

함허는 불교적인 가르침의 종류를 인승(人乘)·천승(天乘)·성문승(聲聞乘)·연각승(緣覺乘)·보살승(菩薩乘)의 오승(五乘)으로 파악하였는데, 이것은 대승불교의 전통적인 삼승에 인승과 천승의 이승을 더한 것이다. 이 가운데 인승은 오계의 가르침이고, 천승은 십선의 가르침이며, 성문승은 사제의 가르침이고, 연각승은 연기의 가르침이며, 보살승은 육바라밀의 가르침이다.

이 다섯 가지 가르침 가운데 가장 수준이 높은 것은 궁극적인 깨달음에 이르게 해주는 보살승이며, 가장 낮은 것은 인간으로 태어날 수 있게 하는 인승이다. 따라서 인승, 천승, 성문승, 연각승, 보살승 순으로 높은 가르침을 형성하게 된다. 이 가운데 인승과 천승은 단지 인간이나 천상에 태어나게 해줄 수 있을 뿐 윤회를 벗어나 해탈로 이끄는 가르침이 아니기 때문에 세간승(世間乘)이라 하고, 삼승은 해탈로 이끄는 가르침이기 때문에 출세간승(出世間乘)이라 한다.

따라서 인천승과 삼승이 비록 더불어 거론된다 하여도, 그 가르침의 본질적인 차원이 서로 다르다고 할 수 있다. 이러한 불교 내적 교판 체계를 바탕으로 함허가 불교와 유교의 위상을 어떻게 설정하였는지 추론해볼 수 있다. 그리고 함허는 인승과 천승에 속하는 불교의 오계(五戒)와 십선(十善)이 유교의 가르침과 비슷하다고 보았다.

> 만일 그 드러난 모습을 구하지 않고 행한 도를 구한다면 다만 오계와 십선의 도만으로도 오제삼왕의 도에 부끄럽지 않을 수 있는데 하물며 사제, 인연, 육바라밀 등의 법이겠는가? 만일 오제삼왕으로 하여금 이 가르침을 만나게 하였다면 반드시 손 모으고 무릎 꿇어 듣고 받아들였을 것이다.

인용문에서 보듯이, 함허는 불교에서 가장 기본적인 수준의 가르침인 오계나 십선으로도 유교의 성인들인 오제삼왕의 가르침에

뒤처질 것이 없다고 보았다. 그렇기 때문에 오계나 십선의 가르침만으로도 유교의 이상인 '자신의 몸과 마음을 닦은 후에 남을 다스림(修己治人)'을 충분히 이룰 수 있다고 주장하였다.

오계(五戒)와 십선(十善)은 불교의 가르침 가운데 가장 기본적인 것으로서 본래 근기가 아래인 자를 위하여 시설(施設)한 것이다. 그러나 진실로 이를 행할 수 있다면 충분히 스스로에게 성실하고 남을 이롭게 할 수 있다는 것이다. 그러니 사제(四諦) 연기(緣起)의 가르침과 육바라밀(六波羅蜜)의 가르침이 굳이 필요한 것인가를 묻고 있는 것이다. 결국 함허는 유교의 가르침에 대해 불교의 가장 기본적인 가르침인 인천승(人天乘)과 비슷하거나 그보다 아래라고 평가하고 있음을 알 수 있다. 즉 어디까지나 세간승에 속할 뿐 궁극적인 해탈의 가르침은 될 수 없다는 것이다.

그에 의하면 해탈에 이르는 길, 실재에 도달할 수 있는 길은 현실적으로 오직 불교에서만 찾아볼 수 있다는 것이다. 왜냐하면 불교만이 출세간승인 삼승(三乘)의 가르침을 가지고 있기 때문이다. 그렇다면 결국 유교는 삼승의 가르침으로 옮아가기 위한 전단계의 가르침이라는 의미만을 가지게 된다. 『유석질의론』에서도 함허는 불교와 유교의 가르침이 서로 다름을 주장하고 있다.

도에는 가까운 것이 있고 먼 것이 있으니 언덕배기와 태산(泰山)·화산(華山) 같은 것을 말함이다. 가르침에는 얕은 것이 있고 깊은 것이 있으니 발자국에 고인물과 강이나 바다와 같은 것을 말함이다. … 무릇 성인들이 서로 이어온 세상을 다스리는 큰 가르침으로서는 유교, 노장사상, 불교가 있으니, 세상에서 말하는 삼교(三敎)가 이것이다. 삼교의 도는 모두 마음에 근본하고 있으나 유교는 드러난 자취를 탐구하고, 불교는 참됨에 들어맞으며, 그 둘 사이에 붙어서 두 가지를 붙여주는 것이 노장사상이다.

무엇을 참됨이라 하고 무엇을 자취라 하는가? '밝히고 깨닫는 것'을 일컬어 참됨이라 하고, '닦고 다스림'을 일컬어 자취라 한다. 자취라는 것은 모습이 생긴 뒤의 것으로서 정(情)이니, 사물을 궁구하여 앎을 이루고 뜻을 성실하게 하고 마음을 바르게 하며 덕을 증진시키고 행위를 닦는 것이 모두 이것이다. 참됨이라고 하는 것은 모양 이전의 것으로서 성(性)이며, 그 체는 끝이 없고 그 밝음은 시작이 없고, 신령하여 다함이 없으며, 묘하여 억지로 함이 없고, 삼제(三際)를 끝까지 하고, 시방에 두루 미치며, 맑게 홀로 존재하는 것이다.

부처님께서는 이를 밝히고 깨달아 큰 깨달음으로써 초극하였으니 그 몸은 음성이나 모양으로 구할 수 없고, 그 마음은 생각으로 미칠 수 없다. 곧 성인의 도가 이보다 더 큰 것이 없다는 것이 함허의 주장이다.

함허는 '드러나 있어서 볼 수 있는 것'은 자취이고, '묘하여 볼 수 없는 것'은 성으로 규정한다. 볼 수 없는 것은 멀고 깊으며, 볼 수 있는 것은 가깝고 얕으며, 가까운 것은 먼 것에 미칠 수 없으므로 유학자들은 큰 깨달음의 경계를 더불어 말하지 않고, 먼 것은 반드시 가까운 것에서 시작하므로 석가모니가 이 세상에 태어나는 모습을 보였다는 것이다. 얕은 것은 깊은 것에 이르지 못하므로 유교는 세속을 벗어난 가르침을 더불어 말하지 않고, 깊은 것은 반드시 얕은 것을 다 갖추고 있으므로 석가모니는 삼업(三業)에 대한 경계를 앞세웠음을 주장한다. 여기에는 얕은 것을 먼저 하고 깊은 것을 뒤로 하며, 가까운 것에서 시작하여 먼 것에서 끝나는 것이 가르침의 수순이라는 사실이 담지되어 있다.

『유석질의론』은 『현정론』과 비교해볼 때 삼교의 가르침 자체가 갖는 차별성이 좀 더 심도 있게 논의되고 있음을 알 수 있다. 단지 겉으로 드러난 가르침만의 차별이 아니라 그 가르침의 바탕이 되는 진리 인식의 차별성을 전제로 논의를 전개하고 있는 것이다. 그것은 다음과 같은 주장에서 보다 더 분명하게 드러난다.

마음과 성(性)에 대해서는 유교와 도교에서 또한 말하지 않음이 없지만 말한 바가 지극하지 못하다. 지극한 것은 불교이다. 아직 지극하지 못하여 이미 사이가 있으니 도가 이에 따라 멀고 가까움이 있다. 가까운 것은 귀와 눈으로 듣고 보는 것에

조선이여, 법의 등불을 밝혀라 •

대한불교조계종 제36대 총무원장 취임식이 총본산 조계사에서 봉행되었다. 이날 취임 법회에서 총무원장 원행스님은 "승가는 승가답게, 불자는 불자답게 사부대중 모두가 주어진 책임과 역할을 다하고, 함께 수시로 탁마함으로써 한국 불교의 새로운 미래를 만들어갈 수 있도록 최선을 다하겠다"고 다짐했다.(2018. 11. 13.)

제한된 도이니 세간의 도이다. 먼 것은 삼세(三世)를 꿰뚫고 시방을 다하는 도이다. … 그러나 그들이 말하는 성이란 하늘의 명령으로서의 성(性)일 뿐이어서 불교에서 말하는 원만한 큰 깨달음의 성이 아니다. 그들이 말하는 마음이란 육체와 함께 생겨났다 사라지는 마음이어서 불교에서 말하는 진여로서 청정한 마음이 아니다. 그들이 말하는 도란 성에 따르는 것일 뿐이어서 불교에서 말하는 나고 죽음으로부터 벗어나 윤회를 면하는 묘한 도가 아니다. … 영가(永嘉)*가 말하는 바, "마음의 거울 밝게 비추어 걸림이 없고, 툭 트여 또렷하게 온 우주에 두루 꿰뚫으니, 온갖 사물들이 빽빽하게 그림자로 비추는 가운데, 한 알갱이 원만한 빛 안팎이 따로 없네."라고 한 것이 이것이다. 부처님께서 세로로 과거 현재 미래를 다하시고, 가로로 시방에 두루하며, 밝기는 해와 달을 꿰뚫어 지나고, 덕은 하늘과 땅보다 뛰어나며, 공은 조화를 뛰어넘고, 크기는 태허(太虛)를 벗어나서 삼계(三界)에 있는 사생(四生)의 따뜻한 아버지가 되는 까닭이 모두 이를 얻어서일 따름이다. 그러니 이른바 세간의 성현이라고 하는 이들 가운데 누가 이를 얻어서 견줄 만하겠는가?

---

* 영가현각(675~713)은 중국 절강성 영가현에 출생하여 어릴 때 출가했다. 일찍이 경론을 섭렵하고 천태교관에 정통하며 선적을 즐겨 읽었다. 승찬대사의 '신심명'과 함께 선종 초기의 대표적인 운문작품으로 유명한 '증도가'를 지었다.

조선이여, 법의 등불을 밝혀라 •

여기에서는 동일한 진리에 대한 서로 다른 수준의 진리 인식이 분명하게 구별되어 나타난다. 함허는 마음과 성을 지극하게 말하는 것이 불교요, 삼세를 꿰뚫고 시방을 다하는 도가 불도이며, 사생의 자부(慈父)인 석가모니 부처에 어느 성현도 비교될 수 없음을 주장한다. 진리는 분명 하나지만 이에 대한 인식은 서로 다를 수밖에 없고, 이 차이에서 삼교의 현상적인 가르침의 차별이 나타난다는 것이 『유석질의론』의 입장이다. 그렇기 때문에 같은 개념, 즉 '성'을 사용하여 가르침을 편다고 할지라도, 그 내용은 전혀 다를 수밖에 없다는 것이다.

이와 같이 서로 다른 차원으로 전개된 여러 가르침의 우열을 정하는 기준에 대해 『현정론』과 『유석질의론』 모두 그것이 과연 해탈로 이끄는 가르침인가 아닌가 하는 것을 들고 있다. 그런데 '윤회로부터의 해탈'은 중국의 전통사상에서는 전혀 찾아볼 수 없으며, 불교적 전통에서만 찾아볼 수 있는 고유의 가르침이며, 궁극적으로 추구하는 최고의 가치이다. 따라서 『현정론』이나 『유석질의론』은 확고한 불교의 근본 가르침에 입각하여 여러 가르침을 평가하고 있으며, 이는 불교적 정체성이 매우 뚜렷함을 분명하게 보여준다 할 것이다.

그 다음으로 주목할 것은 『현정론』과 『유석질의론』에서 실천적인 측면에서 불교가 가장 뛰어나다고 주장하는 점이다.

'인이란 천지만물을 자기와 하나로 하는 것이다'는 이 말은 유교인의 말이다. 행하는 바가 그 말과 같은 뒤에야 비로소 인의 도를 다할 수 있다. … 인이란 천지만물을 합하여 한 몸으로 하여 사이가 없음을 말한다. 이러한 이치를 깊이 체득한 이는 비록 하찮은 사물이라도 해를 입히는 일이 없으니 어진 사람의 도를 얻었다고 할 수 있다. …『시전(詩傳)』에서는 '한번 쏘아 다섯 마리 돼지를 잡았다' 하고,『논어』에서는 '낚시는 하여도 그물은 치지 않으며, 자고 있는 새를 화살로 쏘지 않는다' 하였으며,『맹자』에서는 '군자가 주방을 멀리하는 것은 동물들의 죽는 소리를 듣고서는 차마 그 고기를 먹지 못한다'고 하였다. 또 '촘촘한 그물을 연못에 넣지 않으면 온갖 물고기를 다 먹어 볼 수 없다'고 하였는데, 이런 말들은 모두 인을 행하려 하면서도 그 도를 다하지 못한 것이다. 왜 '자기와 한 몸으로 여긴다'는 말에 계합하지 못하였을까?『중용』에서는 '말은 행위를 돌아보고, 행위는 말을 돌아보아야 하니 군자로서 어찌 독실하지 않아서야 되겠는가?' 하였는데, 지금 왜 이렇게 되었는가? 이것이 바로 유학자들이 인의 도는 잘 논하였지만, 그것을 완전히 실행하지 못한 까닭이다.

함허는 유교의 핵심적인 가르침인 '인'의 실천과 관련하여 여러 유교 경전을 통하여 유교에서의 말과 행동의 불일치를 드러내는 방

　　　　　　　　　　　　조선이여, 법의 등불을 밝혀라　•

식으로 유교를 날카롭게 비판하고 있다. 다시 말해, 인용문에 언급된 『시전』·『논어』·『맹자』의 구절은 언행의 일치를 강조하고 있는 『중용』의 말과 모순된다는 것을 보여줌으로써 유교가 이론과는 달리 실질적으로 인(仁)을 제대로 실천하고 있지 못함을 비판하고 있다. 이러한 비판은 그만큼 불살생(不殺生)에 대한 함허의 태도가 단호하고 철저하다는 것을 의미한다. 그러면서 그는 불교에서는 '불살생계'를 통하여 철저하게 인을 실천하고 있다고 말한다. 유교의 이론과 실천이 일치하지 않는다는 비판은 『유석질의론』에서도 나타난다. 세상에서 말하는 성인이란 인의를 지킨다고 하면서도 인의를 다하지 못하고, 도덕을 행하면서도 도덕을 다하지 못하지만, 오직 부처님만이 인의와 도덕을 널리 다할 수 있음을 함허는 설파한다.

세상에서 말하는 성인이란 인의를 지킨다고 하면서도 인의를 다하지 못하고, 도덕을 행하면서도 도덕을 다하지 못하는 이들이다. 인의와 도덕은 오직 부처님만이 다할 수 있다. 그러므로 요임금과 순임금은 널리 베푸는 것을 (해결해야 할) 근심거리로 여겼고, 탕(湯) 임금과 무(武) 임금은 부끄러워할 줄 아는 덕이 있었다. 주공(周公)은 비록 성인이지만 정벌을 없애지 못하였으며, 공자는 비록 인하였으나 제사 지내는 양을 없애지 못하였다. 또한 활과 화살로써 천하에 위세를 떨치고, 그물을 만들어 사냥하고 물고기 잡는 일을 받들며, 동물을 희생하여 종묘에 제사 지내며, 날짐승 길짐승들을 사냥하여 주방에 공급하는 데 이르니 이로써 부처님의 도덕에 비교한다면 마치 하늘과 땅만큼이나 짝할 수 없다.

인용문에 나타난 바와 같이, 『현정론』과 『유석질의론』 모두 인이 불교의 자비처럼 평등한 사랑이라는 전제 위에 유교의 실천적 측면이 따르지 못함에 대한 비판을 가하고 있다. 그렇지만 유교에서 말하는 인은 모든 대상을 똑같이 감싸 안는 보편적인 사랑이 아니라, 친한 정도와 멀고 가까운 관계에 따라서 차별적으로 마음을 쓰는 것이다. 그렇기 때문에 보편적인 사랑을 주장하던 묵가(墨家)에 대해 '무부(無父)', 즉 가족 관계조차 인정하지 않는 집단으로 비판하기도 하였다.

따라서 유교의 입장은 인간들끼리도 혈연과 사회적 지위 등에 따라 그 마음씀씀이가 다른데, 하물며 동물들에게까지 마음이 미치기는 어렵다는 것이다. 따라서 『유석질의론』이 저술된 시기에는 아직 유교의 인과 불교의 자비가 어떻게 다른지 명확하게 분별되지 못한 상태였다는 점을 고려한다 하더라도, 함허의 이러한 비판이 갖는 그 시대적 의미는 결코 간과할 수 없을 것이다.

『유석질의론』에서 찾아볼 수 있는 불교 우위론의 또 다른 근거는 사회적인 효용가치 면에서 불교가 우월하다는 것이다. 『현정론』

에서는 불교의 사회적 교화의 효용성을 다음과 같이 밝히고 있다.

> 유교가 사람을 가르치는 바는 덕행으로 하지 않으면 행정적인
> 명령이나 형벌로 한다.

그러므로 "행정적인 명령으로써 이끌고 형벌로써 다스리면 백성
들은 이를 면하고자 하기만 할 뿐 부끄러움을 모른다. 덕으로써 이
끌고 예로써 다스리면 백성들은 부끄러움도 알게 되고 진심으로
따르게 된다."고 말한다. 덕으로써 이끌고 예로써 다스리는 것은 성
인이 아니면 할 수 없다.

그러므로 "침묵하되 이루고 말하지 않아도 믿음이 있게 되는 것
은 덕행에 달려 있다."는 것이다. 이러한 덕행은 부처의 교화방편이
며, 이와 더불어 인과(因果)로써 보여준다. 상벌로써 보여주면 겉으
로만 따르는 것에 지나지 않을 따름이지만, 인과로써 보여줄 경우
복종하면 곧 마음으로 복종하는 것이다. 또한 유교적인 통치의 한
계를 지적한 다음 불교적 교화의 우월함이 『유석질의론』에서도 잘
지적되고 있다.

> 부처님께서 정하신 법은 완전하게 잘 갖추어져 있고 매우 엄하
> 여, 살펴보는 데에는 귀신이 있고, 심문하는 데에는 명부(冥府)
> 가 있고, 헤아리는 데에는 선악의 두 장부가 있고, 따져보는 데

에는 저울과 거울의 두 가지 증거가 있고, 벌을 주는 데에는 아귀와 축생이 있고, 형을 내리는 데에는 지옥이 있어서 터럭끝만한 악이라도 도망갈 곳이 없다. 천당으로써 상을 주고, 부귀로써 보답하고, 인륜으로써 품부하고, 극락으로써 올리니 작은 물방울이나 먼지 같은 선이라도 들지 않음이 없다. 그러므로 사람이 이를 들으면 뒤집듯 악을 바꾸어 선에 들어가 오히려 악을 없애는 데에 다함이 없을까, 선을 행하는 데에 이르지 못함이 있을까 두려워한다. 그러므로 하늘과 땅과 귀신이 그 몸을 보호하고 그 행위를 지켜주지 않음이 없게 되어 조화로운 기운이 맑아져 비가 때에 맞추어 내리고, 전쟁이 사라져 백성들이 편안해지고, 나라 안이 이로써 태평스럽게 다스려지고, 임금과 신하가 이로써 경사가 있으니, 어찌 (불교가) 군더더기로서 천하에 이익이 없다 하겠는가?

삼세의 인과응보설(因果應報說)을 들어 불교의 사회적 교화의 효용성이 유교보다 우월함이 언급되고 있다. 중국에 불교가 전래된 이래 유학자들의 주된 비판, 또는 비난의 대상이 되었던 불교 교리가 바로 삼세 인과응보설이었다. 현세 중심의 일회적이고 단멸론적인 인생관을 지니고 있었던 중국인들에게 윤회와 삼세 인과응보설은 전혀 낯선 가르침이었고, 그렇기 때문에 전래 초기부터 가장 이해하기 어려운 독특한 가르침으로 인식되었었다. 그러나 유학자들이 삼세 인과응보설을 비판하였던 이유는 단지 그것이 중국의 전통적인 가르침과 다르기 때문만은 아니었다. 그들은 대중들이 불교에 집중되는 가장 큰 이유가 바로 삼세 인과응보설 때문이라고 생각하였기 때문에, 이를 무너뜨리지 않고서는 불교를 말살할 수가 없다고 생각하였다.

한편, 당위론적 윤리설의 입장을 취하고 있는 유교 지식인들의 입장에서 볼 때 인과응보설에 기초한 도덕률은 이해관계로서 사람들을 이끄는 매우 잘못된 가르침으로서, 반드시 타파해야만 할 대상이었다. 따라서 불교의 삼세 인과응보설에 대한 비판과 배척은 불교의 중국 전래 초기부터 『현정론』과 『유석질의론』에 이르기까지 끊임없이 이어져 왔다. 이러한 비판에 대하여 『현정론』과 『유석질의론』에서 함허는 『주역』을 비롯한 유교경전들까지 폭넓게 인용함으로써 인과응보설이 불교만의 가르침이 아니라 보편적인 진리임을 내세우고, 더 나아가 인과응보설을 내세운 대중교화의 효용성을 들어 불교의 우월함을 주장하고 있는 것이다.

이와 같이 서로 다른 윤리설적 입장에 서 있는 두 전통에 대해 하나의 기준만을 적용하여 우열을 가린다는 것은 현실적으로 설득력을 지니기 어렵다. 그러나 이러한 저술들은 유교적 윤리설과는 다른 불교의 윤리적 입장을 분명히 인식하고 있고, 이것이 현실적으로 나타나는 당위론적 윤리설의 한계를 극복할 수 있는 방안일 수 있다는 점에서, 고집스럽게 당위성만을 주장하며 다른 어떠한 입장도 인정하지 않는 유학자들보다 한결 더 폭넓고 융통성 있는 태도를 보이는 것으로 평가할 수 있다.

『현정론』과 『유석질의론』에서도 또한 오계(五戒)와 오상(五常)을 동일한 것으로 언급하고 있으나 그 구체적인 내용은 서로 다르다. 먼저 『현정론』에서는 오계가 바로 오상이라고 말하고 있지만, 『유석질의론』에서는 오계가 오상의 단서를 여는 것이라고 말하고 있다.

> 계율에는 간략히 다섯 가지가 있다. 첫째는 죽이지 말라는 것이니 인(仁)의 단서를 여는 것이다. 둘째는 훔치지 말라는 것이니 의(義)의 단서를 여는 것이다. 셋째는 음란한 짓을 하지 말라는 것이니 예(禮)의 단서를 여는 것이다. 넷째는 망령된 말을 하지 말라는 것이니 신(信)의 단서를 여는 것이다. 다섯째는 냄새나는 채소와 술을 먹지 말라는 것이니 지(智)의 단서를 여는 것이다. 다만 '오상이 인륜의 큰 도이다'라고만 말할 뿐 단서를 열어 보여주지 않으면 마치 집을 아름답게 지어놓고도 문을 만들어 놓지 않는 것과 같으니, 거기에 들어가는 것이 또한 어렵지 않겠는가? 부처님의 다섯 가지 계율은 오상의 단서를 열어 보이는 것으로써 어리석은 이들까지도 모두 깨달아 들어가게 할 수 있는 것이니, 가까운 것으로부터 먼 것에 이르는 것이다.

인용문에서 보는 바와 같이, 『현정론』과 『유석질의론』은 오계를 오상이라는 덕으로 볼 것인가, 오상을 여는 단서인 마음의 작용 또는 행위로 볼 것인가 하는 점에서 서로 다르다. 이러한 사실은 성리학 전반에 대한 이해의 차이를 드러내 보이고 있다는 점에서 매우 중요한 문제이다. 인간이 태어나면서부터 인의예지(仁義禮智)의 덕을 가지고 태어난다고 보는 것이 성리학의 입장이다. 여기에 '신'을 더한 것이 오상이다. 따라서 오상은 덕성(德性)이다. 이 덕성이 구체적인 사태에 감응하여 나타나는 것이 사단지심(四端之心)으로, 경험적인 마음의 작용이다. 반면, 불교의 오계는 구체적인 행위이다. 따라서 오계가 바로 오상이라고 한다면, 이는 '덕성'을 '행위'와 동일하게 보기 때문에 다른 범주에 속하는 것을 동일시하는 오류를 범하게 된다는 것이다.

삼성화현설(三聖化現說)과
진리 인식

『현정론』과 『유석질의론』에 나타나는 합리적인 태도와 독단적인 태도의 차이는 '삼성화현설(三聖化現說)'에 대한 견해에서도 찾아볼 수 있다. 『유석질의론』에서는 '삼성화현설'을 의심 없이 받아들여, 이를 근거로 유교나 도가의 가르침 모두 불교 안에 있는 것으로 보고 있다. 중국에서 성인이라고 하는 사람들은 또한 모두 큰 방편을 지닌 보살들이 화현한 인물로 본다. 그러므로 『수미사역경(須彌四域經)』에서 말하기를, "응성(應聲) 보살은 복희씨이고, 길상(吉祥) 보살은 여왜(女媧)이다."라고 하였으며, 『공적소문경(空寂所問經)』에서 말하기를, "가섭보살을 저들(중국인들)은 노담(老聃)이라 부르고, 유동보살을 저들은 공구(孔丘)라 부른다."라고 하였으니, (하도낙서의) 법이 인도에서 시작되어 동쪽으로 점차 전해졌다는 것이 분명하다는 것이다.

반면에『현정론』에는 이에 대한 어떠한 언급도 없다. 그렇다고 해서 함허가 이와 같은 주장을 알지 못하였다고 단정할 수는 없다. 고려시대의 고승이었던 진각혜심(眞覺慧心, 1178~1234) 국사나 진정국사(眞靜國師, 1206~?)도 불교가 유교보다 우월하다고 말할 정도로 이러한 이론이 불교계에 널리 퍼져 있는 상황에서, 당시 불교계에서 가장 폭넓은 관심과 지식을 갖추고 있었던 함허가 이를 몰랐을 리가 없기 때문이다. 따라서 함허가 이를 언급하지 않았던 것은 몰라서가 아니라 그 이론을 받아들이지 않았기 때문이라고 보는 것이 타당할 것이다.

　그렇다면 함허는 왜 이러한 이론을 받아들이지 않았던 것일까? 그것은 이 주장의 비합리적이고 독단적이기 때문으로 추정해볼 수 있는데, 어디까지나 각자의 가르침에 대한 합리적인 이해와 해석에 의존하여 삼교에 대한 논의를 진행시키고 있는 함허의 입장에서 볼 때, 자신에게 유리하다 하여 근거가 부족한 주장을 받아들일 수는 없었기 때문일 것이다. 그에 반하여『유석질의론』에서는 삼성화현설을 아무 거부감 없이 받아들임으로써 분명히 다른 비합리적이고 독단적인 모습을 보여주고 있다.

　이와 같이『현정론』과『유석질의론』은 삼교의 관계에 대한 기본 틀을 공유하면서도, 구체적인 부분들에서 또 다른 모습을 보여주고 있다. 그런데 이러한 차이는 구체적인 부분들에서뿐만 아니라 저술의 전체적인 흐름과 지향이라는 점에서도 나타난다. 전체적으로 볼 때 『현정론』에서는 삼교의 동일성보다는 다른 전통과는 다른 불교만의 가르침을 분명히 드러내고, 그것의 우월함을 강조하는 방향으로 논의를 전개하고 있다. 물론 그 바탕에는 불교의 궁극적 지향점인 해탈이야말로 다른 어떤 것으로도 대체할 수 없는 최고의 가치라는 인식이 깔려 있다. 대부분의 불교인들에게 버릴 수 없는 가치로 받아들여지고 있던 유교적 가치인 충이나 효조차도 해탈을 위해서라면 버려야 한다는 주장이나, '불살생(不殺生)'이나 '불음주(不飮酒)'와 같은 계율들은 해탈의 필수조건이기 때문에 유교적인 질서와 어긋난다고 하더라도 반드시 지켜야 한다는 주장은 바로 이러한 인식을 바탕으로 하고 있는 것이다.

『유석질의론』은 『현정론』과는 달리 진리 인식의 차등성을 설정하고, 그 위에서 삼교의 우열을 가리고 있기 때문에, 다른 전통에 대한 불교의 우월함을 더 본질적인 차원에서 보다 강하게 주장한다고 볼 수 있다. 그러나 부분적으로는 이러한 주장과 일치하지 않는다. 그것은 이 책의 저술 의도가 불교 교리와 『주역』이 얼마나 잘 들어맞는가를 보여주는 데 있는 것처럼 보일 정도로, 역학 상수론과 결합된 불교 교리에 대한 설명이 주류를 이루고 있기 때문이다. 결국 『유석질의론』은 원론적으로는 불교 우월론을 강조하면서도 실질적으로는 유불일치론에 중점을 두고 있는 매우 기이한 모습을 띠고 있다. 그런데 이처럼 서로 다른 현상적인 가르침의 동일성을 강조할 경우 각 전통의 정체성을 모호하게 만드는 결과를 가져올 수 있으며, 결과적으로 세력이 강한 전통에 흡수되어 정체성을 상실케 하는 요인으로 작용할 가능성이 있다. 그리고 유교적인 충효의 가치 체계 속에 불교적 가치가 종속된 형태를 보이고 있는 이후의 조선불교가 바로 그 좋은 예가 될 것이다.

이상에서 살펴본 것처럼 『현정론』과 『유석질의론』에서 함허는 삼교의 원리적인 동일성과 불교의 현상적인 우월성이라는 기본 틀 위에서 그렇게 볼 수밖에 없는 해석상의 근거들을 나름대로 제시하면서 삼교에 대한 논의를 전개시키고 있다. 즉 다른 전통을 인정하지 않는 배타적인 유교지식인들의 극렬한 배불론에 맞서 서로 같고 다른 점을 찾아 이를 받아들이고, 그 위에서 삼교가 평화롭게 공존할 것을 주장한다.

우선 유학자들의 질문 내용은 불교가 당시에 비판의 대상이 되었던 점에 관한 것들로서, 수신에 있어서나 정치에 있어서 쓸모없다는 점과 승려들이 무위도식한다는 점, 교리적으로 삼세인과와 죄복보응이 허구성이라는 것이다. 다음으로 질문자가 불교 교리에 관심을 갖게 되는 것들, 즉 불교를 배우면 얻어지는 성과, 염불하는 이유와 백팔염주의 의미, 화두를 드는 것과 계·정·혜 삼학의 관계 등을 다루고 있다. 이런 문제들에 대해서 답변자는 광범위한 내용으로 상세하게 논리적으로 서술하고 있다.

이러한 내용으로 미루어 볼 때 『유석질의론』은 유가의 불교 비판에 대한 대응 못지않게 불교의 진면목을 드러내기 위한 노력이 큰 비중을 차지한다는 점에서 불교의 입장에서 배불의 논리를 극복한 결정판으로 보인다.

다음의 표는 『유석질의론』에 나타난 『주역』의 우주본체론과 불교의 삼신불 사상을 비교하여 그 상통성 및 성격을 도표로 작성한 것으로, 삼신불의 수인을 『주역』의 무극·음양오행에 배대하여 체(體)·상(相)·용(用)으로 분리하여 각각의 내용과 원리를 치밀하게 설명해 놓은 것이다. 좌·우 손을 음과 양에, 수인의 구부리고 편 것을 천수와 지수로서 표현하였으며, 각각의 불지(佛指)에 오행을

불교의 삼신불 사상과 『주역』의 우주본체론 비교

	주역	삼신불	수인	수인의 형태
체	무극 → 태극	법신 (비로자나불)	지권인	좌: 편 것3, 굽힌 것: 2 우: 편 것2, 굽힌 것: 3
상	태초 → 태시 → 태소 (음양과 사상)	보신 (아미타불)	아미타정인	좌: 편 것3, 굽힌 것: 2 우: 편 것2, 굽힌 것: 3 ※편 것은 천수 　굽힌 것은 지수
용	오행생성	화신 (석가모니불)	전법륜인	좌: 소지(천일)…수 무명지(지이)…화 장지(천이)…목 차지(지사)…금 모지(천오)…토 우: 소지(지육)…수 무명지(천칠)…화 모지(지십)…토

접목시켜『주역』의 우주 본체론과 불교의 삼신불이 그 외적인 형태
는 서로 다르지만 근본적으로는 상통함을 설명하였다.

『유석질의론』이 제시한 문답의 대강을 보면, 첫째, 불교가 당시
사회적·정치적·교리적인 면에서 배척받았던 점에 관한 것들, 예컨
대 불교가 수신과 정치에 있어서 무용무익(無用無益)하다는 것, 승
려의 부역문제, 오랑캐의 교라는 점, 삼세인과·죄복보응설·지리비
보설의 허구성 등을 언급하였다. 둘째, 논의가 진행됨에 따라 답변
자의 불교 교리를 통한 설명에 감화되어 초보자의 입장에서 불교
교리 입문에 대하여 의문을 제기한 내용으로 구분할 수 있다. 즉
불학의 성과, 정토수행과 수주의 이유, 참화와 정·혜에 관한 사항
을 거론하고 있다.

한편 함허는『유석질의론』에서 불교와 유교의 견해 차이에 대해
서 다음과 같이 밝히고 있다.

세간의 법은 각기 그 아버지만을 아버지로 여기며, 각기 그 자
식만을 자식으로 여기고, 각기 그 몸만을 몸으로 여기며, 각기
그 아내만을 아내로 여긴다. 그러므로 물아(物我)가 양립하며
자타가 적을 이루어 윤회의 일이 일어난다.

함허는 세속의 번뇌와 집착의 근본은 나와 모든 대상과의 대립
관계에서 비롯된다고 생각하였다. 더욱이 윤회는 생명으로서 생명

을 바꾸고 힘으로 힘에 앙갚음하는 것이니 세간의 모든 일이 다 그러하여 머리를 고치고 얼굴을 바꾸어 서로 고하가 되는 결과를 초래하는 이기적인 세상이 된다고 논하고 있다. 또한 함허는『유석질의론』에서 출세간법(出世間法), 즉 불법을 나와 대상이 대립되지 않고 일체가 평등한 관계에서 윤회가 일어나지 않는 법으로 보고 있다.

> 부처님께서는 무애한 대비로서 만행을 쌓아 만덕을 이루시고 삼계의 도사 사생의 자부가 되시어 대본으로 포괄하고 일성(一性)으로 평등하게 하여 피차와 물아가 모두 실제로 돌아가게 하시었다.

이와 같이 함허는『유석질의론』에서 불교를 출세간법이라고 비판하는 유교의 세간법과의 비교를 통하여 모든 대립의 차별상을 없앤 다음이라야 진여청정심(眞如淸淨心)을 이룰 수 있으며 진여법성(眞如法性)을 얻을 수 있다고 설명하고 있다. 이렇게 볼 때 '인(仁)'은 모든 사람에게 통하는 공동선(共同善)으로, 이의 실천을 위해 자신의 수양을 바탕으로 사람을 널리 사랑하고 덕을 베푸는 행동 규범이라 할 수 있다.

『현정론』과『유석질의론』은 당대 유학자들의 윤리적 배불론에 대응하여 비교적 충실하고 설득력 있는 논리로써 윤리적 호불론

(護佛論)을 수립하고 있다. 그러나 아쉬운 것은 성리학자들의 불교 비판 이론 가운데 대표적 유형의 하나인 "불교는 작용을 성이라 한다"는 전제에 입각한 불교윤리 비판에 대해서는 불교적 자기변론이 적극적이지 못하다는 점이다. 비록 『현정론』과 『유석질의론』이 정도전의 배불관계 저술과 직접적인 관련은 없다고 할지라도 당대에는 적어도 정도전 류의 성리학적 배불론이 풍미하였을 것이고, 또 양론이 이들 배불론을 숙지하고 있는 것으로 추정됨을 고려할 때, 이 부분에 대한 대응논리가 적극적이지 못하다는 것은 아쉬운 점이라고 할 수 있다.

함허는 『현정론』에서 도교와 유교, 불교의 같고 다른 점과 서로간의 우열을 묻고 있으며, 이에 대해 삼교의 본질을 다음과 같이 말하면서 마음의 때를 씻어 혜안을 얻으면 잘 알 수 있다고 하였다. 또한 도교는 "함이 없으면서 하지 않음이 없고, 함이 있으면서도 함이 없어야 한다"고 했고, 불교는 "고요하면서 항상 비추고, 비추면서 항상 고요하다"고 했으며, 유교는 "역이란 생각이 없고 함이 없으며 적연(寂然)하여 움직이지 않으나 감동하면 통하는 것이다"고 하여 모두 한 입에서 나온 듯하다고 지적하고 있다.

그러나 『현정론』에서는 삼교의 동질성만을 말했을 뿐 그 다른 점과 독자성에 대해서는 언급하고 있지 않은 반면 『유석질의론』에서는 보다 상세히 설명하고 있다. 함허는 『유석질의론』에서는 유교는 마음(心)을 위주로 하고, 도교는 기(氣)를 위주로 하며, 불교는 성(性)

을 위주로 하고 있다고 여겨 그 각각의 독자성을 논하고 있다. 그리고 그는 불교의 독자성에 대하여, "천하를 통하는 것은 하나의 도인데 불교에서는 이것을 성체를 들어서 진공이라 말한다."라고 논하고 있다.

> 지극히 커서 피아(彼我)가 없고 지극히 깊어 작위(作爲)함이 없으며 지극히 비어 시작이 없고 지극히 신령하여 다함이 없어 상묘(象妙)를 적연(寂然)히 움직이지 않고 삼재(三才)의 할아버지가 되며 만법의 근원이 되므로 진공이라 말한다.

인용문은 그가 제시한 불교가 지닌 독자성이다. 그리고 마음에 기준을 두고 볼 때, "불자는 참(眞)에 계합하였다. 참이란 밝히고 깨우침을 말하는데 그 본체는 끝이 없으며 그 밝음은 시작이 없고 신령하여 다함이 없으며 오묘하여 작위함이 없이 삼제(三際)를 다하고 시방에 뻗쳐 감연히 홀로 존재하는 것이다."라고 정의하고 있다. 부처님께서는 "이것을 밝히고 깨달아 대각에 초극하시니 그 몸은 성색으로 구할 수 없으며 그 마음은 사의(思議)로 미칠 수 없으므로 성인의 도가 이보다 큼이 없기 때문이다."라며 불교의 가치를 평하고 있다.

다시 말하면, 함허는 유교는 심(心)을, 도교는 기(氣)를 위주로 하는 데 반해 불교는 성(性)을 위주로 하고 있음을 언급하며, 거시적

조선이여, 법의 등불을 밝혀라 •

천주교 김희중 대주교 일행이 중앙승가대학교를 방문하여 교정을 참배했다. 부처님오신날을 맞아 교황청의 봉축메세지 전달차 방문한 김희중 대주교는 방명록에 '인류의 등불이신 부처님의 자비가 온 누리에 찬란히 비추소서!'라는 메시지를 남겨 종교 간 화합을 실천하는 아름다운 모습을 보여주었다.(2017. 4. 25.)

안목에서 삼교의 독자성을 논하고 있다. 그리고 또한『현정론』과 『유석질의론』에서 다루고 있는 주제 가운데, 그 중요성에 비추어 전혀 다른 모습으로 나타나는 것이 '성'에 대한 논의이다. 그것은『유석질의론』에서는 불교와 유교의 성을 둘러싼 논의가 매우 큰 비중을 차지하며 전개되고 있는 데 반하여,『현정론』에서는 전혀 찾아볼 수 없기 때문이다. 이러한 차이가 나타나게 된 까닭에 대해서 여러 가지 요인을 제시할 수 있겠지만, 가장 중요한 것은 저술될 당시의 시대 상황이 달랐기 때문으로 여겨진다.

『현정론』과 달리『유석질의론』에서는 진리 인식의 차등성(差等性)을 설정하고, 그 위에서 삼교의 우열을 가리고 있기 때문에, 다른 전통에 대한 불교의 우월성을 더 근원적인 차원에서 강하게 주장한다고 볼 수 있다.

이상과 같은 내용을 중심으로『유석질의론』의 논리 전개는 삼교 근본 사상의 독자성과 상통성을 밝히고 그 비교를 통하여 불교의 진면목을 드러내어 교법의 우월성을 주장하며 당시 신진 유학자들의 왜곡된 배불론과 배불정책에 대하여 비판하고 불교를 통하여 교화시켜 나아가는 형식을 취하고 있다. 물론 그 기본적인 태도는 유학자들의 배불이론에 대하여 단순하고 충동적인 반론을 펴지 않고 삼교의 근본사상 및 상호간의 경전에 근거하여 객관적인 입장에서 비교 분석하고자 하는 것이다. 또한 함허는 각 교법의 가치와 독자성을 인정하는 조화론적 입장에서 당시 유학자들의 맹목적인 불교에 대한 배척을 깨우치고 불교에 대한 견해를 현정(顯正)하려는 데 중점을 두고 있다.

『현정론』과 『유석질의론』은 당시 배불론의 집대성이라 할 수 있는 정도전의 『불씨잡변』의 논리를 능가하는 저술로, 함허는 이 저술에서 유학자들의 배불에 대한 논리적으로 반론을 전개하여 그들의 불교에 대한 왜곡된 이해와 판단을 바로 잡고자 하였다. 무엇보다도 함허는 유교적인 이상국가의 건설을 꿈꾸며 혁명군의 무력과 벽이단적 이론을 앞세워 불교를 비롯한 모든 이단 사상들을 배척하던 조선 초기 신진 정치 관료들의 거센 정치적·사상적 공세 속에서, 유·불·도 삼교의 고유한 독자성과 상통성을 인정하면서 서로 간의 조화로운 관계를 모색하고 있다는 점이다.

특히 척불이라는 혹독한 시대적 상황에서 불교의 정체성을 분명히 밝히고 확립함으로써 꺼져 가는 불교의 법등을 지켜나가고자 한 노력은 한국불교사에서 한 획을 긋는 중요한 의미를 지닌다 할 것이다.

글을 마치며

고려 말 조선 초는 변혁의 시기였다. 필자는 유교를 국가의 통치
이념으로 삼았던 조선 초기 성리학 수용, 관료들의 정치 성향, 행
정개혁과 배불론의 형성 및 그 추이 과정을 전제로 불교배척론의
영향과 호불론(護佛論)의 형성 및 그 담론을 살펴보았다. 특히 조
선 초기 호불론의 대표적인 인물인 함허득통(涵虛得通, 1376~1433)
의 『현정론(顯正論)』을 당시의 정치 관료와 유학자들의 불교 비판에
대한 불합리성을 규명하였다. 아울러 조선 중기 백곡처능(白谷處能,
1617~1680)의 「간폐석교소(諫廢釋教疏)」를 중심으로 불교배척과 탄
압이 부당했음을 분석하여 두 스님의 호불론과 유불조화론이 객
관성과 함께 합리성을 지니고 있음을 피력하였다. 이와 같은 호불
담론에 대한 심도 있는 검토는 궁극적으로 오늘날의 정치·행정·사
회 전반에 구조적인 모순을 해결하고 소통의 메시지를 제공해주는

조선이여, 법의 등불을 밝혀라 •

역할을 할 것으로 기대하고 있다.

고려왕조의 몰락과 함께 새로운 세력으로 부상한 강경파 배불론자들인 정도전 일파와 신진사대부들은 새로운 조선왕조를 건국하고 정치·경제·종교·사회 전반에 걸쳐 개혁을 단행하였다. 새로운 정권을 수립하기 위한 선결 사항은 새로운 국가통치 이념의 정립과 그에 따른 경제적 기반의 구축이었으므로, 그들은 고려의 권문세족(權門勢族)과 더불어 막대한 농장을 소유하고 있는 불교세를 정비하지 않을 수 없었다. 따라서 이러한 변혁기에 신진 정치 관료들은 정치권력을 이용하여 비대해진 사원경제를 국가로 환수하여 개혁과 경제회복의 명분으로 삼았다. 아울러 성리학의 이론적인 토대로 불교 교리를 철저하게 비판하고 공격함으로써 척불운동(斥佛運動)을 전개해 나갔던 것이다.

한편 조선 건국의 주체 세력이 불교를 비판하고 탄압하는 기초 이론은 불교가 중국에 정착하는 과정에서 발생했던 사례들, 예를 들어 한퇴지의 불골표(佛骨表), 그리고 중국에서 불교를 탄압한 후위의 도무제, 북주의 무제, 당나라의 무종과 후주의 세종을 통틀어 이르는 말인 삼무일종(三武一宗)의 난과 송대(宋代) 때 주자학을 중심으로 일어난 중화사상(中華思想)을 추종하는 모화사상(慕華思想) 내지 사대주의(事大主義)에 천착되어 있음을 간과한 오류가 있다.

무엇보다도 여말선초의 시대적 상황에서 정도전의 『불씨잡변(佛氏雜辯)』과 같이 불교에 대한 유학자들의 집중적인 공격을 계기로 하여 이러한 사상적 구조개편이 배태(胚胎)되고 배불정책이 강화되었음은 자주민족문화의 말살과 함께 조선의 모든 것이 급격하게 중국에 예속되는 단초가 되었다. 실제로 여말선초에 유교 측의 불교에 대한 집중적인 공격은 새로운 조선이 정치적 안정을 얻고 유교의 이념이 조선사회에 전반적으로 침투될 때까지 지속되었다. 이러한 불교에 대한 유교의 사상적 공세는 정치·경제 등 사회의 모든 영역에 걸쳐 큰 변화의 틀을 요구하는 투쟁의 성격을 가졌기 때문에 고려의 몰락에 상당한 책임이 있었던 불교계의 입장에서는 효율적인 반격이나 강력한 대응이 사실상 불가능하였음을 지적했다.

따라서 신진사대부 정치 관료들의 가혹한 불교 탄압에도 불구하고 불교계의 대응은 소극적이고 수세적일 뿐이었다. 물론 불교를 지지하는 정치세력도 거의 없었고, 다만 일부 학승들의 불교옹호론만이 제기되었을 뿐, 유교 측의 거센 불교 비판과 배척에 타당한 논리로 대응하는 모습을 거의 찾아 볼 수 없었다. 이렇게 계속되는 억불정책으로 삼국시대 이래로 민중들의 정서에 가까웠던 불교는 점차 깊은 산 속으로 밀려나게 되고 부녀자와 서민층의 신앙으로 겨우 명맥을 유지하였다. 그 결과 불교와 귀족 중심이던 사회가 유교와 양반 중심의 사회로 변하였고, 불교는 쇠퇴일로의 길을 걸을 수밖에 없었다.

그러나 숭유억불 정책은 역성혁명(易姓革命)을 일으킨 무력혁명군의 폭거로서 불교가 조직적으로 반항할 여지를 주지 않았을 뿐

조선이여, 법의 등불을 밝혀라 •

만 아니라 신진사대부들이 역성의 당위성을 드러내기 위하여 비재(非才)한 이론과 궤변으로 천 년 동안 지속되어온 민족민중의 문화와 전통을 말살시켜 버린 호도성(糊塗性)의 잘못이 크다.

이와 같은 척불의 시대적 상황에서 함허득통은 『현정론』을 통해서 유교 측의 일방적 비판에 맞서 배불의 부당성을 조목조목 반박하였다. 꺼져가던 불교의 법등(法燈)을 다시 밝히고 호법의 의지를 확실하게 보여준 『현정론』과 『유석질의론』은 한국불교사상사에서 매우 특별한 의미를 지녔다고 말하지 않을 수 없다.

그것은 함허의 이 두 권의 저술이 사상의 정당성만을 내세우지 않고 정치적·사회적 입장에서 불교의 역할과 기능을 변호하고, 아울러 사상적 구조개편의 전환기에 유·불 간의 갈등과 불화를 주장하기보다는 상호회통과 조화로운 상생을 주장했기 때문이라 할 수 있다.

이러한 맥락에서 보면, 『현정론』은 불교에 대한 유학자들의 비판이 본질적인 것이 아니라 그들의 불교에 대한 오해와 왜곡에서 배불론이 비롯되었다고 보고, 그들로 하여금 그러한 오해와 왜곡에서 벗어나 불교의 본질을 바르게 이해시키고 불교를 현양하고자 하는 데서 그 출발점을 찾을 수 있다. 이러한 사실은 '현정(顯正)'이라는 제목에서도 분명하게 드러난다. '현정'이라는 말은 잘못된 것을 없애고 바른 것을 드러낸다는 '파사현정(破邪顯正)'이라는 말로 쓰이는데, 이는 불교 이외의 다른 이론을 논리적으로 격파하는 것과 불교의 논지를 입증하는 두 가지 일을 상호관계로 하여 불교의 정체성을 확립하는 것에 그 목적이 있다. 그런데 함허가 『현정론』에서 '파사'를 의도적으로 빼고 있는 것은 유교를 논리적으로 파헤치기보다는 불교에 대한 성리학자들의 오해와 왜곡을 바로잡는 데 있음을 여실히 보여 준다 할 것이다. 다시 말해, 『현정론』은 유교로 국가의 통치이념이 바뀐 새로운 시대에도 불교가 단절되지 않고 여전히 그 존재가치와 본질적 의미를 인정받아야 하는 필요성을 역설하고 있는 것이다.

필자는 『현정론』의 구성과 유·불 관계의 논리를 먼저 다루었고, 소위 '현정'을 여러 과제로 나누어 개별적으로 짚어 보았다. '현정'의 개별 논제는 첫째, 가장 기본적인 사회적 결속의 윤리인 충·효의 문제, 불살생·불음주·화장 등의 생활윤리문제, 둘째, 인과설·윤회 등의 불교적 세계관의 문제, 셋째, 화이관·승려들의 비생산성의 문제, 넷째, 불경(佛經)의 허탄성의 문제 등 크게 네 부분으로 되어 있다. 또한 이러한 개별적 논제를 구체적으로 다루면서 유학자들이 말하는 사회적 기능과 역할이 불교에도 있음을 밝히려 했다. 그리고 『현정론』과 『유석질의론』과의 관계, 「간폐석교소」를 통해 함허가 백곡에 미친 영향, 그리고 함허의 호불론과 상생회통의 정신이 오늘날 우리에게 던져주는 메시지가 무엇인지를 짚어보았다.

실제로 신진유학자들과 조정 관료들의 강도 높은 배불정책으로, 조선 초기 불교교단은 강제로 축소 통합, 폐지되어 개국 초기에 11종이었던 교단이 태종 6년에는 7종으로, 다시 세종 6년에는 선교 양종으로 통폐합되었으며, 수많은 사찰이 폐허화되고 산중으로 쫓겨 가는 상황을 맞게 되었다. 이러한 맹렬한 배불의 환경 속에서 함허는 호법의 의지로 불교를 불충, 불효의 종교이고, '허무적멸'의 도라고 비판하는 유학자들의 모순에 대하여 『현정론』과 『유석질의론』을 저술하여 반박의 담론을 펴고 삼교회통론을 주장함으로써 꺼져 가는 불법의 등불을 다시 밝혔던 것이다.

당시 유학자들의 불교 비판은 객관적 논리로 배불론을 주장하는 사상적 투쟁이 아니라 불교의 사회적 기능과 역할에 문제가 있음을 지적한 것이었다. 이에 함허는 불교의 본질을 어겨가며 유교의 비판에 비굴하게 변명만 하는 것이 아니라 당당하게 맞서는 결연한 태도를 보이고 있다. 그는 불교 역시 사회적 기능과 역할이 유학자들의 오해와 왜곡처럼 부정적이지 않음을 밝히고, 유교와 불교의 일치점, 치세와 교화수단으로서의 유불융합을 모색하고 있음을 밝혔다. 『현정론』에서 함허는 배불에 대한 반론에 머물지 않고 삼교의 비교를 통해 불교의 우위를 은근히 표현하며, 불교의 본질을 곡해하고 비방하는 자들에게 불교를 올바르게 이해시키고 불교야말로 삼교와 공존하고 회통함을 강조하였다.

『현정론』 저술 당시의 불교계가 당면한 가장 시급한 문제는 유교에 대한 불교의 자기 정당성을 확보하는 일이었다. 함허는 저술을 통해 유학자들의 불교에 대한 왜곡과 오해를 바로잡는 데 치중했고, 유교와 불교 간의 동일과 조화를 강조하기도 했다. 혹자는 함허의 이와 같은 저술의 태도가 한계성과 함께 현실타협적이라고 주장한다. 이와 같은 인식은 함허의 호불 논리와 객관성의 주장이 지닌 궁극적 목적이 갈등과 대립을 지양하고 있음을 간과한 결과인 것이다.

비록 『현정론』이 그러한 한계성을 가지고 있었다 하더라도, 신진 정치 관료들의 불교 비판에 대해 제대로 대응을 하지 못했던 조선 초기의 시대적 상황에서 『현정론』은 불교의 사회적 기능과 역할이 유교 측의 오해와 왜곡처럼 그렇게 부정적이지 않음을 밝힌 귀중한 논서임은 주지의 사실이며, 또한 함허의 이러한 저술은 조선 중기 불교 탄압 정책의 분위기에 위기감을 느낀 백곡처능이 폐불의 부당성을 상소한 「간폐석교소」에 지대한 영향을 미쳤음을 잊어서는 안 될 것이다.

여기에서 백곡은 유교적 가치관에 경도되어 있는 폐불론이 어떠한 문제점을 지니고 있는가 하는 점에 대해 세세하게 밝히고 있다. 백곡의 이러한 호불의 의지는 가혹할 정도로 불교에 대한 비판적 시각을 드러내 보인 당시 유학자들의 불교 비판에 대한 타당성 있는 반박의 논리로 불교를 옹호한 함허의 『현정론』과 『유석질의론』과 더불어 당시 국가의 불교 탄압을 시정하고자 했다는 점에서 중요한 의미가 있다.

함허의 호불론의 골자는 두 가지로 요약된다. 하나는 불교에도 임금에 대한 충성과 부모에 대한 효가 존재한다고 주장함으로써 불교가 결코 반윤리적 종교가 아니라는 점이다. 다른 하나는 삼교의 회통론이다. 함허는 삼교회통을 통해 불교, 유교, 도교의 진리가 상통할 뿐만 아니라 다르지 않음을 강조함으로써 간접적인 대응을 하였다. 유교의 진리관에 대해서 정면으로 논박하지 않은 점에 있어서는 적극적인 호불론이 아니라 다소 수세적인 입장에서 호불론을 주장하였다.

그러나 함허는『현정론』과『유석질의론』에서 유교와 불교의 회통뿐만 아니라 도교까지 포함한 삼교일치를 제창했기 때문에 한국사상사에서 보면 이와 같은 함허의 호불론이 삼교회통이라는 사상사적 흐름을 형성하는 데 크게 기여한 점은 부인할 수 없을 것이다.

'현실적 차별성 및 불교의 우월성'이라는 이중구조를 가지고 있는 함허의 '유불관계론'은 당시 신진 유학자들과 정치 관료들의 배불론에 대해서 합리적인 대화를 통해 배불의 이론적 모순을 타파하고 참다운 불법의 면모를 드러내고자 했으며, 나아가 유교와 비교하여 불교가 결코 뒤지지 않고 오히려 우월함을 강조하였다. 이러한 함허의 입장은 불교와 유교의 관계에 대한 본격적인 논의의 시작이면서 동시에 불교적 입장에서 유교를 바라보는 하나의 틀을 제시하고 있다는 점에서 한국불교사상사의 새로운 지평을 열었다고 할 수 있다.

함허가『현정론』을 쓰지 않을 수 없었던 그 시절처럼, 오늘날 우리 사회에서는 숱한 종교편향 정책과 사례가 터져 나오는 단계를 지나 조직적인 훼불과 왜곡이 자행되고 있다. 개신교 계통의 일부 청년들이 사찰을 돌아다니면서 경내에서 자기들 방식대로 예배를 진행하고 있는 것은 충격이 아닐 수 없으며 소위 '땅 밟기'를 하는 그들에게는 오직 자신들의 종교만이 유일하고 다른 종교는 척결의 대상이 되고 있는 셈이다. 이것은 조선 초 성리학자들과 관료들이 숭유억불을 하면서 벽이단(闢異端)의 독선을 저질렀고, 조선 말 천주교가 전래될 때도 이러한 잣대로 상상하기 어려운 종교적 순교를 강요하였던 무지(無智)와 다를 바 없으므로 지양되어야 한다. 어떠한 형태로든 종교행정과 종교와 종교 간은 엄정하고 바른 시각에서 접근되어야 하고 평등과 화합이 실행되어야 한다.

열린 진리관과 종교 다양성에 대한 존중은 불교가 오늘날 한국 사회의 다원적 상황을 이해하는 관점이며 이웃종교와의 관계 맺기가 바탕을 이루고 있음을 말해 준다. 특히 나의 종교를 선전하기 위해 타종교를 비방하는 것이 아니라 다른 종교와의 공존을 지향하고 다른 종교인들을 이해하고 존중하는 것은 연기적 세계관에 기반을 둔 원효의 화쟁사상(和諍思想)과 무관하지 않다. 따라서 숭유억불에 따른 시대적 상황의 산물이라 할 수 있는 함허의 『현정론』과 『유석질의론』, 그리고 백곡선사의 「간폐석교소」와 같은 논저들이 담고 있는 사상은 오늘날 한국불교가 직면하고 있는 불교의 사회적 기능과 변화에 대한 근본적인 성찰과 갈등을 해결할 수 있는 대안 모색이라고 생각한다.

문재인 대통령은 조계종 총무원장 원행스님 등 7대 종단 지도자를 청와대로 초청하여
오찬 간담회를 열었다. 이날 문재인 대통령은 "우리 국민 통합과 화합을 위해 대통령인
저부터, 우리 정치 모두가 노력해야겠지만 종교 지도자들께서 더 큰 역할을 해달라"고
당부했고, 한국종교지도자협의회 대표회장인 조계종 총무원장 원행스님은 "화쟁의 중
심은 지극히 공정하고 가장 공정한 경지인 '지공(至公)'에 있다"고 답했다.(2019. 10. 21.)

조계종 총무원장 원행스님(오른쪽에서 여섯 번째)은 2019년 8월 19일~24일까지 독일 린다우에서 열린 제10차 세계종교인평화회의 총회에 한국종교인평화회의(KCRP) 대표회장 자격으로 참석했다. 천주교 김희중 대주교, 원불교 오도철 교정원장 등과 함께 한국대표단으로 참여해 종교간 공존과 상생을 위한 교류를 하였다.

조선이여, 법의 등불을 밝혀라 •

한국종교지도자협의회가 2020년 2월 12일부터 스페인을 찾아 가톨릭 문화를 알아가는 시간을 가졌다. 2월 13일 바르셀로나 대성당 앞 종교 지도자들. 사진 앞줄 좌측부터 양덕창 한국천주교주교회의 전국위원회 부장, 오도철 원불교 교정원장, 종지협 대표의장인 조계종 총무원장 원행스님, 김희중 한국천주교주교회의 의장, 송범두 천도교 교령, 권도헌 문체부 담당관이다.

조선이여, 법의 등불을 밝혀라 •

또한 한국과 중국, 그리고 일본에 불교가 정착되기까지는 수많은 정치적 탄압과 갈등이 비등했지만 일단 뿌리를 내린 뒤에는 국가와 민중의 귀의처로서 전통과 문화의 근간이 되어 오늘에 이르렀다. 다시 말하면, 중국에 수많은 왕조가 바뀌어도, 일본에 막부(幕府)가 들어서도 불교의 시폐를 시정할 뿐인 데 반해 조선은 왜 중국에서조차 유례가 없는 유교입국(儒敎立國)의 정책을 세웠는가에 대한 크나큰 성찰이 있어야 할 것이다.

앞에서 밝혔듯이 함허는 조선 초기의 신진 정치 관료들의 끊임없는 불교에 대한 비판과 정책이 가중되는 숭유억불의 시대적 상황에서 삼교의 공존과 회통을 주장함으로써 호불론을 전개하며 대립과 갈등을 넘어 화해와 평화, 그리고 통합과 회통을 지향하는 뜻을 펼쳤다. 또한 원효의 화쟁사상과 지눌의 선교회통 사상을 이어 받으면서 후일에는 백곡과 휴정의 삼교회통 사상에 지대한 영향을 미치고 있음을 고려할 때, 그의 호불관은 고유한 한국불교의 전통의 계승자이면서 조화와 합일의 원융회통이라는 새로운 전통을 모색하고 마련한 점에서 중요한 의미가 있다.

이러한 맥락에서 보면, 함허가 『현정론』에서 주장하고 있는 호불의 담론은 궁극적으로 화합과 조화를 바탕으로 조선 초기의 배불정책의 시대적 상황의 갈등과 고난을 극복하고 평화로운 공존을 모색하는 적극적인 실천의 노력으로써 현재적 의미를 지닌다고 할 수 있을 것이다.

참고문헌

1. 원전

- 『高麗史』
- 『高麗史節要』
- 『金剛經五家解』
- 『經國大典』
- 『大覺登階集』
- 『明谷集』
- 『牧隱文集』
- 『白谷禪師塔銘』
- 『三峰集』
- 『世宗實錄地理志』
- 『陽村集』
- 『儒釋質疑論』
- 『朝鮮佛教通史』
- 『朝鮮王朝實錄』
- 『顯正論』

2. 단행본

고익진, 『한국의 불교사상』, 서울: 동국대학교 출판부, 1991.

김권집, 『한국행정조직론』, 대전: 청솔출판사, 1999.

김규정, 『신고 행정학원론』, 서울: 법문사, 1984.

김만규, "퇴계와 율곡의 이기론적 정치사상", 김운태 편, 『한국 정치·행정의 체계』, 서울: 박영사, 1982.

김기령 역주, 『현정론, 간폐석교소』, 서울: 한국불교연구원, 2003.

김영태, 『불교사상사론』, 서울: 민족사, 1992.

_____, 『한국불교사개설』, 서울: 경서원, 1985.

김영평·최병선, 『행정개혁의 신화와 논리』, 서울: 나남, 1993.

김용옥, 『삼봉 정도전의 건국철학』, 서울: 통나무, 2004.

김운태, 『조선왕조 행정사』 근세편, 서울: 박영사, 1981.

_____, 『조선왕조정치행정사』 2 수정판, 서울: 박영사, 1995.

뢰영해, 『중국불교문화론』, 중국: 중국청년출판사, 1999.

모종감·상천 공저, 『중국종교통사』상, 중국: 사회과학문헌출판사, 2000.

박태원, 『한국사상사』, 서울: 원광대학교출판국, 1991.

불교문화연구원, 『한국 불교사상 연구』, 서울: 동국대출판부, 1984.

불교신문사 편, 『한국 불교인물 사상사』, 서울: 민족사, 1985.

불교신문사 편, 『한국불교의 재조명』, 서울: 불교시대사, 1994.

박병기·추병완 저, 『윤리학과 도덕교육1』, 서울: 인간사랑, 2004.

배종호, "율곡의 이통기국설", 『동방학지』 제27집, 서울: 연세대학교 국학연구소,
        1981.

송천은, 『열린시대의 종교사상』, 서울: 원광대학교출판국, 1992.

안계현, 『한국불교사상사연구』, 서울: 동국대 출판부, 1983.

이기백, 『한국사 근세 전기편』, 서울: 을유문화사, 1966.

_____, 『한국사신론』, 서울: 일조각, 1976.

이기영, 『한국불교연구』, 서울: 한국불교연구원출판부, 1983.

이기훈 역주, 『불씨잡변』, 계명대학교 출판부, 2006.

이능화, 『조선 도교사』, 서울: 보성문화사, 1977.

이봉춘, "조선 개국 초의 배불추진과 그 실제", 『한국불교학』, 한국불교학회 편,
        1995.

이재창, 『한국불교 사원경제 연구』, 서울: 불교시대사, 1993.

증산학회 편, 『주역과 세계』 -대산김석진선생화갑기념대담-, 서울: 동신출판사, 1988.

진래·안영호 옮김, 『송명성리학』, 서울: 예문서원, 1997.

차차석 편저, 『중국의 불교문화』, 서울: 운주사, 2007.

채상식, 『고려 후기 불교사 연구』, 서울: 일조각, 1993.

최승희, 『조선 초기 정치문화의 이해』, 지식산업사, 2005

최창규, 조선조 유학과 한민족의 주체성, 「사문논총」, 1. 서울: 사문학회. 1973.

한국철학회편, 『한국철학사』, 서울: 동명사, 1990.

한영우, 『정도전사상의 연구』, 서울: 서울대출판부, 1983.

한우근, 『유교정치와 불교』, 서울: 일조각, 1993.

_____, 김달진 역, 『현정론』, 서울: 동국대학교 불전간행위원회, 1988.

_____, 『현정론』, 『한국불교전서』 7, 서울: 동국대출판부, 1986.

_____, 『함허당득통화상어록』, 『한국불교전서』 7, 서울: 동국대출판부, 1986.

황광욱·정성식·임선영 공저, 『한권으로 읽는 한국철학』, 서울: 동녘, 2007.

황선명, 『조선종교 사회사 연구』, 서울: 일지사, 1985.

홍윤식, 『한국불교사의 연구』, 서울: 교문사, 1988.

Dunn, William N. Public Policy Analysis, 『정책분석론』, 남궁 근 역, 이희선·김선호·김지원 공역, 서울: 법문사, 2006(3판).

3. 논문

고병익, "유교사상에서의 진보관", 『중국의 역사인식』 상, 창작과 비편, 1985.

고익진, "종교 간의 대립과 불교의 관용", 『불교와 현대세계』, 동국대, 1977.

_____, "함허의 『금강경오가해해설의』에 대하여", 『불교학보』 11집, 동국대 1974.

권기종, "조선전기의 선교관", 『한국 선사상연구』, 동국대학교 불교문화연구 원, 1984.

권명화, "호주제 폐지에 관한 논변구조 분석", 『한국정책학보』 15(3), 한국정 책학회, pp.203~239, 2006.

권정안, "유교의 역사이해", 『현대 한국종교의 역사 이해』, 한국정신문화연구원, 1997.

금장태, "성리학적 가치관의 전통", 『한국사상사대계』 4, 「근세 전기편」, 한국 정신문화연구원, 1991, pp.271~309.

김기령, 「조선시대 호불론 연구」, 동국대 박사논문, 2000.

김영태, "유석질의론 해제", 『불교학보』 9, 동국대 불교문화연구소, 1972.

_____, "조선초 함허의 염불정토관", 『한국불교학』 15, 한국불교학회, 1990.

김재관, "정책논증 분석의 이론과 활용", 『한국정책학회 동계학술대회자료 집』, 한국 정책학회, 2004.

남희영, 「백곡처능의 활동과 호불상소」, 동국대 석사논문, 2005.

박경환, "유불논쟁-현세적 가치와 출세적 가치의 대립-", 『논쟁으로 보는 한 국철학』, 1995.

박병련, 「朝鮮朝 儒敎官僚制의 性格에 관한 硏究」, 박사학위논문, 서울대학 교 행정대학원, 1991.

박영기, 「유석질의론 연구」, 석사학위논문, 동국대학교 대학원 1984.

박해당, "함허의 삼교론", 『태동고전연구』 12, 태동고전연구회, 1995.

송석구, "조선조에 있어서 유불대론", 『성곡논총』 15, 성곡학술문화재단, 1984.

송창한, "정도전의 척불론에 대하여", 『대구사학』 15.16합, 1978.

송천은, "함허의 사상", 『한국불교사상사』, 원광대 원불교사상연구소, 1975.

신황용·이희선, "세종시 건설을 둘러싼 정책과 논쟁의 평가에 관한 연구", 『정책분석평가학회 보』 21(1), 한국정책분석학회, 2011.

안계현, "불교 억제책과 불교계의 동향", 『한국사』 11, 국사편찬위원회, 1974.

오경후, 「조선초 함허당 기화의 『유석질의론』 연구」, 동국대석사논문, 1995.

오영석·고창택, "정책논증의 구조에 관한 고찰", 『한국행정논집』 21(1), 한국 정부학회, 2007.

유명종, 「한국 유불도 삼교교섭의 사적 회고」, 제13회 국제불교문화학술회의, 원광대, 1992.

유민봉, "정책결정의 논변모형에 의한 접근과 논변과정에서의 왜곡", 『한국행 정학보』 25(4), 1992a.

_____, "정책논변모형을 통한 이율규제의 대안 분석", 『한국행정학보』 26(2), 1992b.

_____, "정책분석틀로서 정책논변", 『한국행정학보』 28(4), 한국행정학회 1994.

유승국, "조선조 성리학의 특징과 현대적 의의", 『대동문화연구』 13, 서울: 성 균관대학교 대동문화연구원. 1979.

유인희, 「통일한국에서 유교와 불교의 역학」, 제13회 국제불교문화학술회의 원광대, 1992.

유초하, 「정도전의 사회·윤리사상」, 삼봉 정도전선생기념학술회의, 한국공자
학회, 1992.

윤사순, "한국 성리학의 전개와 특징", 『한국사상의 심층연구』, 서울: 우석.

윤재풍, "茶山의 行政思想에 관한 硏究", 『한국행정학회 추계학술대회 발표
논문집』, 2005.

이상백, "삼봉 인물고", 『진단학보』 2.3호, 1935. 1982.

이영춘, "「불씨잡변」을 통해 본 정도전의 불교 비판", 『다보』 18호, 1996.

이인혜, "함허의 『신종영가집과주설의』 연구", 석사학위논문, 동국대학교대학원,
1989.

이종익, "정도전의 폐불론 비판", 『한국불교』 8, 동국대 불교문화연구소, 1975.

이철헌, 「함허의 『현정론』 연구」, 석사학위논문, 동국대학교 대학원 1988.

조남국, "여말선초 불교교섭에 관한 연구", 『강원대논문집』 15호, 1981.

전종해, "중국인의 전통적 역사관", 차하순 편, 『사관이란 무엇인가』, 청람,
1994.

정도전 저, 이기훈 역, 『불씨잡변』, 계명대학교출판부, 2006.

정중환, "이조 불교의 구조", 『한국불교사상사』, 숭산 박길진박사 화갑기념,
원광대학교, 1975.

채정수, "권근의 불교관", 『동아대대학원 논문집』, 1984.

한국·동양정치사상사학회, 『한국정치사상사』, 서울: 백산서당, 2005.

한자경, "정도전의 불교 비판에 대한 비판적 고찰", 『불교학연구』 제6집,
2003.

한종만, "여말선초의 배불, 호불사상", 『한국불교사상사』, 원광대, 1974.

_____, "조선조 초기의 노불융합론", 『한국종교』 10집, 원광대, 1985.

한형조, "주희와 정도전의 배불론", 『철학』 제61집, 한국철학회, 1999.

Child. J., Organization: A Guide to Problems and Practice. New York: Harper & Row. 1977.

Dunn, W. N. Public Policy Analysis: an Introduction. 4th ed., Pearson Education, Inc. Upper Saddle River, New Jersey. 2008.

Greenberg, J., Managing Behavior in Organizaions. Upper Saddle River, NJ: Prentice. 1996.

Toulmin, S. R., and A. Janik. An Introduction to Reasoning, New York: Macmillan.

벽산 원행(碧山 圓行)

―

수
행
이
력

    벽산원행(碧山圓行) 스님은 '소통과 화합 그리고 혁신으로 미래 불교를 열겠다'는 발원으로 2018년 11월 13일 대한불교조계종 제36대 총무원장에 취임하였다. 소통과 화합 그리고 혁신을 첫 번째 소임으로 정하고, 끊임없이 노력하고 정진해 온 결과 종단이 크게 안정되었다는 평가를 받고 있다. 또한 미래불교를 열어갈 근간으로 백만원력결집(百萬願力結集) 불사를 발원하고 쉼 없이 정진하여 괄목할 만한 성과를 내고 있다.

    태공 월주 대종사를 은사로 1973년 모악산 금산사에서 출가했다. 속리산 법주사에서 행자 생활을 마치고 혜정스님을 계사로 1973년 사미계를 수지했고, 자운스님을 계사로 1985년 비구계를 수지했다.

"공부하러 산에 갔다가 성불하기를 작정하고 출가를 결행하게 됐다"는 스님은 법주사 승가대학에서 수학했으며, 만기 제대 후 출가원력을 다지기 위해 금산사 미륵전에서 천일기도를 성만하였다.

"부처님 경전을 먼저 공부하고 선원으로 가라"는 은사 스님의 뜻을 받들어 해인사 승가대학을, 1987년 중앙승가대학교를 졸업하고, 동국대학교 교육대학원, 불교대학원을 각각 수료했다. 세상과의 원만한 교류 확대와 행정에 관한 전문가적 소양을 갖추기 위해 2009년 한양대 행정대학원에서 석사를, 2013년 동 대학원에서 행정학 박사학위를 취득했다. 2019년에는 중앙승가대학교에서 명예교수에 위촉되고, 명예박사 학위를 받았다.

1984년 영축사 주지를 시작으로 금산사 기획국장, 총무국장, 부주지, 전북불교회관 원감, 전북사암승가회 회장, 안국사와 금산사 주지, 본사주지협의회장 등 주요 종무직을 역임하였고 현재 안국사, 금당사 회주로서 가람수호와 포교 불사에 헌신하고 있다.

2005년부터 두 차례 금산사 본사주지 소임을 맡으면서 화림선원을 복원하고, 템플스테이 체험관, 박물관 수장고, 미륵전 벽화수장고, 개화문, 뇌묵당 처영대사 역사문화기념관 등 주요 전각들의 건축불사를 회향하였다. 특히 2013년 금산사 미륵전 국보 제62호인 삼존불상의 개금 및 보수불사를 회향함으로써 미륵신앙을 대표하는 도량인 금산사의 면모를 일신했다.

1994년 종단의 개혁불사에 참여한 이후 제11·12·13·16대 중앙종회 의원으로서 종헌종법의 합리적인 개정을 위한 입법 활동에 매진했으며, 중앙종회 사무처장과 호계원 사무처장을 역임하며 종단 위계 질서 확립

조선이어, 법의 등불을 밝혀라 ・

에도 기여했다. 특히, 제16대 중앙종회의장으로 선출된 후 종단의 화합과 안정, 총무원과의 협치(協治)와 소통(疏通)을 위해 노력했다.

승가전문교육기관인 중앙승가대학교 총장 및 제11·12대 총동문회장, 해인사 승가대학 총동문회 부회장, 승가학원 이사 및 감사, 종립학교 관리위원을 역임하는 등 균형과 화합의 역량을 발휘하면서 승가교육의 발전을 위한 불사에도 헌신했다. 특히, 중앙승가대학교 총장 재직 시 문화재학과 박사과정을 신설하고 수장고를 건립하였으며, 복지법인 승가원 이사장으로서 승가원 행복마을을 착공하는 등 교육과 복지를 통한 승가대학교 위상 강화에 크게 기여하였다.

중생구제를 위한 대사회 활동에도 진력해 왔다. 대한불교조계종 사회복지재단 대표이사, 지구촌공생회와 나눔의집 상임이사, 인드라망 생명살림불사 공동추진위원장, 복지법인 승가원 이사 및 이사장, 공익법인 아름다운 동행 이사장 등을 맡아 소외되고 고통받는 약자들의 목소리에 귀를 기울여 왔으며, 대통령 직속 사회통합위원회 위원, 불교방송 이사, 국제평화인권센터 대표, 전라북도 갈등조정위원, 전국불자교정인협회 부총재, 전라북도 경승단 단장을 역임하는 등 매순간 사회 통합에 기여했다. 평화통일불교추진협의회 전북본부 회장 및 남북우리민족서로돕기 이사로서 평양을 세 번 방문하는 등 남북교류와 화해를 위한 활동도 지속해 왔다.

현재는 한국불교를 대표하는 한국불교종단협의회 회장 및 한국종교를 대표하는 공식기구인 한국종교지도자협의회 대표의장, 한국종교인평화회의 대표회장을 수행하며 한국종교의 화합과 위상을 높이는 데 힘쓰고 있다.

벽산 원행 (碧山 圓行)

- 1973년 법주사에서 혜정스님을 계사로 사미계 수지
- 1985년 범어사에서 자운스님을 계사로 비구계 수지
- 은사 : 태공 월주 대종사

○ 학력

- 1983. 해인사 승가대학 졸업
- 1987. 중앙승가대학교 졸업
- 1989. 동국대학교 교육대학원 수료
- 1993. 동국대학교 불교대학원 수료
- 2009. 한양대학교 행정자치대학원 행정학 석사
- 2013. 한양대학교 행정자치대학원 행정학 박사
- 2019. 중앙승가대학교 명예박사

○ 주요 종무직

- 1984. 영추사 주지
- 1986. 금산사 총무국장
- 1989. 전북불교회관 원감
- 1990. 4.~2005. 9.   안국사 주지
- 1994. 11.~1998. 11.   제11대 중앙종회의원
- 1997. 승가학원 감사, 총무원장 특보
- 1998. 11.~2002. 11.   제12대 중앙종회의원
- 1999. 1.~2000. 11.   호계원 사무처장
- 2000. 승가학원 이사, 종립학교 관리위원
- 2000. 4.~2004. 4.   중앙승가대학교 제11대, 제12대 총동문회장
- 2000. 11.~2002. 11.   제12대 중앙종회 사무처장
- 2002. 11.~2005. 9.   제13대 중앙종회의원
- 2005. 9.~2013. 9.   제17교구본사 금산사 주지

- 2005. 전북사암승가회 회장
- 2009. 해인승가대학 총동문회 부회장
- 2011. 11.~2012. 11. 교구본사주지협의회 회장
- 2014. 2.~2018. 2. 중앙승가대학교 총장
- 2014. 11.~2018. 9. 제16대 중앙종회의원
- 2014.~현재 안국사, 금당사 회주
- 2016. 11.~2018. 9. 제16대 중앙종회의장
- 2018. 9.~현재 대한불교조계종 제36대 총무원장
- 2018. 10.~현재 대한불교조계종 사회복지재단 대표이사
- 2018. 10.~현재 한국불교종단협의회 회장
- 2018. 12.~현재 중앙승가대학교 이사장
- 2019. 11. 중앙승가대학교 명예교수

○ 대사회활동

- 1995. 평화통일불교추진협의회 전북본부 회장
- 2000. 경기도 NGO 국제평화인권센터 대표. 복지법인 승가원 이사
- 2001. 3.~2018. 9. 나눔의 집 상임이사
- 2002. 우리민족서로돕기 이사
- 2004. 3.~2018. 9. 지구촌공생회 상임이사
- 2004. 인드라망 생명살림불사 공동추진위원장
- 2005. 전북 경승단 단장
- 2007. 전국불자교정인협회 부총재
- 2008. 전북 갈등조정위원
- 2011. 대통령 직속 사회통합위원회 위원
- 2012. 자성과 쇄신 결사위원회 자문위원, 종단쇄신위원회 위원,
  중앙인사위원회 위원, 중앙징계위원회 위원
- 2014. 3.~2018. 3. 복지법인 승가원 이사장
- 2014. 3.~2018. 11. 불교방송 BBS 이사
- 2018. 11.~현재 공익법인 아름다운 동행 이사장
- 2019. 6.~현재 한국종교지도자협의회 대표의장
- 2020. 3.~현재 한국종교인평화회의(KCRP) 대표회장

○ 주요 저서 및 수상 이력

저서 • 『백곡처능, 조선불교 철폐에 맞서다』, 2019.
  • 『백만원력 한송이 꽃을 발원하며』, 2020.
논문 • 「백장청규의 조직 이념과 선사상 연구」
  • 「조선 초기 관료들의 성리학적 정치 이념과 함허 선사의 『현정론』에 관한 연구」
수상이력 • 총무원장 표창
  • 중앙승가대학교 총장 공로상. 감사패
  • 만해대상
  • 경기도지사 표창
  • 무주군 군민의장 문화장

조선이여,
법의 등불을 밝혀라

초판 1쇄 발행일	2021년 5월 10일
초판 3쇄 발행일	2021년 7월 15일
글	원행스님
발행인	현법스님
편집인	오심스님
발행처	대한불교조계종 불교신문사
책임편집	하정은
편집제작	선연
출판등록	2007년 9월 7일(등록 제300-207-133호)
주소	서울시 종로구 우정국로 67 전법회관 5층
전화	02)733-1604
팩스	02)3210-0179
e-mail	ibulgyo@ibulgyo.com

ⓒ 2021, 원행스님

ISBN 979-11-89147-16-7   03220

값 20,000원